“十四五”高等职业院校现代学徒制示范教材
教育部第三批现代学徒制试点项目校企合作教材

物流企业管理

主　编　黄　静　侯心媛
副主编　张秀青　刘美伦　马　乐

中国财富出版社有限公司

图书在版编目（CIP）数据

物流企业管理 / 黄静，侯心媛主编．—北京：中国财富出版社有限公司，2020.9（2023.8 重印）

（"十四五"高等职业院校现代学徒制示范教材　教育部第三批现代学徒制试点项目校企合作教材）

ISBN 978-7-5047-7215-2

Ⅰ.①物…　Ⅱ.①黄…②侯…　Ⅲ.①物流企业—企业管理—高等职业教育—教材　Ⅳ.①F253

中国版本图书馆 CIP 数据核字（2020）第 150797 号

策划编辑　黄正丽　　**责任编辑**　邢有涛　郑泽叶
责任印制　梁　凡　　**责任校对**　杨小静　　**责任发行**　敬　东

出版发行	中国财富出版社有限公司		
社　址	北京市丰台区南四环西路 188 号 5 区 20 楼	**邮政编码**	100070
电　话	010-52227588 转 2098（发行部）		010-52227588 转 321（总编室）
	010-52227566（24 小时读者服务）		010-52227588 转 305（质检部）
网　址	http://www.cfpress.com.cn	**排　版**	宝蕾元
经　销	新华书店	**印　刷**	北京九州迅驰传媒文化有限公司
书　号	ISBN 978-7-5047-7215-2/F·3203		
开　本	787mm×1092mm　1/16	**版　次**	2020 年 12 月第 1 版
印　张	17.75	**印　次**	2023 年 8 月第 2 次印刷
字　数	389 千字	**定　价**	48.00 元

前言

目前，我国物流企业正处于快速成长阶段，为规避发展过程中的种种风险，物流企业必须依靠科学理论的指导。因此，培养具有扎实理论知识和实践技能的物流企业管理人才，显得尤为重要和迫切。“物流企业管理”作为高职高专教育物流管理类专业的一门专业主干课程，正是迎合上述需求而设定的。为满足本课程教学和物流企业管理从业人员学习的需要，笔者在总结本课程多年教学实践经验的基础上，广泛借鉴国内外学科理论研究的新发展成果和物流企业管理实践的新经验，从“实用、应用、发展”出发，编写了《物流企业管理》一书。

物流企业管理课程的教学旨在让学生通过对物流企业管理的基本理论、管理技巧和前沿发展的探讨，能够学以致用，更好地服务于市场经济环境下大流通的实践。

本书紧扣高职高专教育教学特点、人才培养目标和高职高专物流管理类专业对物流企业管理课程的要求，系统地介绍了物流企业管理的基本原理、基本方法和技巧；做到结构上合理、层次上清晰、理论上够用、应用上强化，具有很强的针对性。书中各项目前设置了“学习目标”“导引案例”“任务描述”和“知识链接”，各项目后设置了“解决方案”“学习指导”“思考题”和“拓展项目训练”等栏目，有利于激发学生学习兴趣，引导学生思考和分析相关问题，提高学生动手操作和解决物流企业管理实际问题的能力。

全书共分11个项目：项目一，物流企业管理概述；项目二，物流企业战略管理；项目三，物流企业计划与决策管理；项目四，物流企业组织管理；项目五，物流企业作业管理；项目六，物流企业人力资源管理；项目七，物流企业财务管理；项目八，物流企业内部运营管理；项目九，物流企业质量管理；项目十，物流企业文化管理；项目十一，物流企业创新管理。

本书由辽宁经济职业技术学院、辽宁金融职业学院、内蒙古商贸职业学院联合编写而成。由辽宁经济职业技术学院黄静和辽宁金融职业学院侯心媛担任主编，张秀青（内蒙古商贸职业学院）、刘美伦（辽宁经济职业技术学院）、马乐（内蒙古商贸职业学院）担任副主编。黄静为本书设定总体框架和编写大纲，侯心媛参与了部分章节的统稿工作，张秀青为编写大纲的制定提出了合理化建议。具体编写分工如下：黄静编写项目十、项目十一，侯心媛编写项目三、项目四、项目五及项目六，张秀青编写项目八，刘美伦编写项目七、项目九，马乐编写项目一、项目二，全书由黄静总纂定稿。

本书在编写过程中得到顺丰速运（沈阳）有限公司宋亮及何东的大力支持，特此致以最诚挚的感谢。

本书在编写过程中参阅了国内外同行编著的有关论著，在此向作者致以诚挚的谢意。

物流业尚处在快速发展阶段，物流企业管理的理论与实际操作方法还在探索之中，再加上编者水平有限，书中难免存在不足之处，恳请广大读者批评指正。

编　者

2020 年 5 月

目 录

项目一　物流企业管理概述

学习目标

一、知识目标

1. 了解物流的概念
2. 掌握物流管理的内容
3. 理解物流企业的类型和评级
4. 了解我国物流业的发展方向

二、能力目标

1. 能够区分不同类型的物流企业并对它们进行粗略的等级划分
2. 判断物流企业的组织机构类型
3. 分析我国物流业与发达国家物流业发展的差距

三、素质目标

作为一名初学者，掌握物流的基本理论知识是打开物流领域之门的金钥匙。有了对物流的初步认识，才能为学习管理物流、改善物流的相关内容打下坚实的基础。

本项目包含三个模块：物流企业管理基础知识，物流企业与物流业的构成，物流业现状和发展方向。

导引案例

让物流“苦差事”走向智能化

坐落在四川成都新都区物流大道旁的成都传化公路港，每天有1.2万多辆货车日夜不息地在这里装卸、中转、送货入仓或载货出港后开赴全国各地。它牵动着整个四川乃至西南地区的干线物流，延伸出通往全国的货运“神经末梢”。

全国近80%的国内物流要通过公路运输来完成，其他运输方式的“最前一公里”

和“最后一公里”也都要依赖公路运输。在中国庞大的物流网络中，公路港是中国公路物流高效运转必不可少的地面基础设施，也是公路物流与海运、空运、铁运等形成多式联运体系不可或缺的实体支撑。

在传化集团有限公司（以下简称“传化”）的智能物流平台网络中，公路港就像渔网上的一个结点，把人、车、货聚集起来，形成一座座服务站和信息岛，在补足城市公路物流基础设施“短板”的同时，通过平台化运营，为各类企业提供集、分、储、运、配的物流供应链服务。

目前，传化已有65个智能公路港投入运营，业务覆盖全国27个省区市。依托全国公路港网络，传化形成“仓运配”一体化物流服务解决方案，在化工、快消、家电等行业表现尤为突出。2019年，传化智联股份有限公司（以下简称“传化智联”）仅自营仓发货就超过3.88亿件。

在不断扩大网络规模的同时，传化智联正深耕每一个布局城市，深刻理解城市的规划布局、产业结构、行业现状，研究每一座城市不同的货主企业、物流从业者的需求和“痛点”，为城市“定制”物流中心。

在新冠肺炎疫情阻击战中，物流在抗疫救援物资流通、企业复工复产过程中发挥了重要作用，一些具备较高数字化能力的物流平台表现得尤为突出。可以说，这次新冠肺炎疫情客观上推动了互联网、大数据等数字技术在物流行业的深度应用，推动了智能物流新型基础设施的发展。

在不断推进的数字化、智能化转型过程中，传化公路港一步步变身为“智慧港”。从货车和货物进港的那一刻，配备AR（增强现实技术）的系统就将车辆及货物信息传至后台，司机在园区导航下完成无感停车后，零担仓储中心安排货物揽集、就近入仓，仓库智能机器人实时推荐最短路径导航、协助货位上架。企业有发货需求，不必人工找车，手机端平台会根据运输需求自动向物流企业推送运货订单。物流企业接单后，迅速发货，托盘叉车、数字月台紧密调度，配货流程原先需要几小时甚至十几小时，现在可以缩短至少1/3的时间。

有了技术支撑，精细化运营也有了更大的施展空间。如今，传化公路港形成了“仓储、运输+配送”的全国化网络和一体化能力，能够为货主企业提供定制化的行业供应链解决方案以及“门到门”的物流服务。

2019年，传化按照“聚焦一个行业、做透一个企业、延伸一个产业”的运营战略，发力多个重点行业，成效显著。例如，在化工行业，传化聚焦细分领域的龙头企业，为客户提供“供应链咨询+供应链系统协同+仓运配一体化”服务，解决了客户在跨区域发展业务时需要多方对接物流和仓储服务商，库存管理滞后，运输时效、质量不可控，全程不可视等问题，有效提升了收发货及时率，使供应链整体协同效率提升了30%。

物流水平是经济的晴雨表，畅通的物流也是经济实现复苏的重要保障。传化发挥平台优势，推出了一系列举措，帮助物流企业及时复工复产，为中国经济复苏贡献了自己的力量。

物流是个“苦差事”，时间印证了传化当初的判断，传化正在一条符合国家和行业需要的智能化物流之路上稳步前行，与中国经济的发展相伴相随。

阅读上面的案例，请思考以下问题。

1. 物流企业管理的主要内容包含哪些？

2. 传统物流企业与现代物流企业相比有什么不同？

模块一　物流企业管理基础知识

任务描述

在一家街头的零售店里，某饮料企业的一位理货员来给店里送货，以下是他和零售店老板之间的对话。

企业理货员：“张老板，我来给您送货。”

零售店店主：“你们公司送货怎么这么慢呢？我订的货应该在昨天就送到了！可现在你才来，你看，我的客户都跑掉了！”

企业理货员：“对不起，我们公司那边有点问题。”

零售店店主：“怎么你们送来的货与我的订单内容不一样啊？”

企业理货员：“是吗？”

零售店店主：“这个产品不对，我要的是150ml的饮料，你们送的是500ml的；这个产品也不对，我要30瓶，你们只拿了20瓶！真是乱七八糟的！像你们这样送货，客户全都得跑光了。产品不对！时间也不对！我要退货，真是受不了你们，我不会再和你们打交道了！”

任务一：该饮料企业在经营中存在什么问题？

任务二：你认为应该怎样解决这些问题？

知识链接

一、物流管理的定义

（一）物流的概念

人类社会是由政治、经济和文化构成的，而经济活动中又包括了生产、流通和消费三部分。流通是连接生产和消费的纽带，是社会发展必不可少的经济活动。经济活动主要解决两方面的问题：一是物的所有权的更迭，实现商品价值；二是物的位移，实现供给方向需求方的转移。前者称为商流，后者称为物流，同时在流通的过程中，还伴有大量的信息流动。所以，物流、商流、信息流是现代经济的三大支柱，三者有机结合才能有效地实现商品由供应方向需求方的转移过程。

《物流术语》（GB/T 18354—2006）对物流的定义为："物品从供应地向接收地的实体流动过程。根据实际需要，将运输、储存、装卸、搬运、包装、流通加工、配送、信息处理等基本功能实施有机结合。"

（二）物流管理的概念

物流管理是指应用管理的基本原理和科学方法，在遵循物质资料实体流动规律的基础上，对物流活动进行计划、组织、指挥、协调和控制，其目的是降低物流成本，提高物流效率和经济效益，使各项物流活动实现最佳的协调与配合。

二、物流管理的主要内容

物流管理的主要内容包括：物流作业管理、物流战略管理、物流成本管理、物流服务管理、物流组织管理和供应链管理，其中物流成本管理、物流服务管理和供应链管理对物流管理来说是重中之重。物流是当今企业的"第三利润源泉"，物流成本的缩减意味着企业效益的提升。因此，我们在进行物流活动时，要通过合理规划物流活动来达到物流成本降低的目的，而不是执着于压缩物流费用从而导致服务质量降低。当前物流市场竞争激烈，物流服务的质量直接关系到企业的生存，可以说，对于企业来讲，客户就是企业在市场立足的关键，致力于提高客户响应速度、提升客户满意度是当前物流企业发展的重要考虑因素。供应链管理是指把整个供应链上的所有企业看成一个虚拟的企业共同体，所有企业休戚与共，供应链上的任何一个企业都可以看作这个同盟企业中的一个部门，由于市场需求的变化和波动，这个同盟企业的组成呈现出动态化的特点。

三、物流管理的目标

物流管理的目的就是在尽可能最低的总成本条件下实现既定的客户服务水平，这里所指的总成本和客户服务水平因不同的企业战略定位而有所不同，这是一个相对的概念。如果客户服务水平定位很高，而企业的成本定位很低，实现起来难度也是非常大的。所以实施物流管理就是要寻求服务优势和成本优势之间的一种动态平衡。

物流的各功能要素之间存在着较为明显的效益背反现象，即当某一个功能要素得到优化的同时，其他的功能要素就会有损益的可能性。比如过分强调包装材料的节约，就可能因其易于破损而造成运输和装卸费用的上升。所以，物流系统中的运输、储存、装卸、搬运、包装、流通加工、配送和信息处理这些功能要素之间并不是独立的，它们是一个相互影响、相互制约的有机整体，在优化物流系统的时候，并不能简单地追求各环节成本最低，而是要达到整个系统的总成本最低。

现代物流管理追求的目标可以概括为“7R”：将适当数量（Right Quantity）的适当产品（Right Product），在适当的时间（Right Time）和适当的地点（Right Place），以适当的条件（Right Condition）、适当的质量（Right Quality）和适当的成本（Right Cost）交付给客户。

四、物流企业管理

（一）物流企业管理的概念

物流企业是从事商品实体流通活动的经济组织。作为企业，物流企业同其他企业一样通过为社会提供相应的商品或服务，实现价值增值。企业要想如其所愿地实现价值增值，就需要管理。管理是使组织有效运作的活动和手段。物流企业的管理就是指根据商品流通的客观规律要求，应用管理的基本原则和方法，使物流企业能够以最小的投入，为社会提供最优质的物流服务，实现最好经济效益的活动过程。

概括起来，物流企业管理体现以下基本理念。

（1）物流企业管理是物流企业的有组织的行为。

（2）物流企业管理是提高客户服务效率的手段。

（3）物流企业管理是为了谋求物流总成本最低或者在既定的物流总成本约束下使客户服务水平最高。

（4）物流企业管理最基本的要素活动是围绕仓储和运输的物流服务管理。

（5）物流企业管理的最终目的是实现物流企业的经济效益与社会效益的统一。

（二）物流企业管理的性质

物流企业管理，同其他企业管理一样，其管理手段也是依据科学的原理和方法，管理对象也是在一定生产力水平下和一定生产关系中进行的共同劳动。它既反映了共同劳动的客观要求和生产力性质，又关系到企业所有者、经营者和劳动者的利益要求，反映一定生产关系的性质，因而具有两重性，即自然属性和社会属性。

物流企业管理的自然属性是指物流企业管理在一定生产力水平下同流通生产力相联系，是一种劳动者同一定的物质技术条件相结合，为组织社会商品流通进行共同劳动而产生的属性。

物流企业管理的社会属性是指物流企业的管理同商品流通中一定的生产关系相联系，是一种由企业内部人与人之间、部门与部门之间、企业与其他企业之间、企业与国家之间的经济关系而产生的属性。

（三）物流企业管理的任务

1. 加快物流基础设施建设，发展高科技物流技术设备

现在我国物流企业发展刚刚起步，物流设施相对落后，因此建设相关设施、发展高科技物流技术设备已迫在眉睫。

2. 建立物流企业管理信息系统，提高自身现代化水平

要提高物流企业管理水平，必须开发出符合自身组织运营特点的管理信息系统。从物流企业管理发展的角度看，管理信息系统能够更深入地利用实际经营过程中的信息去研究经营活动的发展趋势、经营计划对经营过程的调节与控制、最佳资源配置、企业的经营发展战略等内容。物流企业管理信息化是物流企业现代化建设的重要组成部分，要增强物流企业的竞争力，提高其经济效益，必须更新物流企业管理信息化的管理理念和管理模式，加速信息社会化，实现物流、商流、信息流一体化。

3. 加强组织与协调功能，提高整体经营效益

由于技术的发展和劳动队伍的专业化、知识化，物流企业要以信息为中心，这改变了原来的组织层次。因此，提高企业组织与协调能力变得非常重要。人员之间、部门之间、本物流企业与用户和供应商之间都需要协调沟通，及时传递信息，增加相互了解，以提高整体经营效益。

4. 重视增值服务，提高物流服务质量

物流服务是各种有形服务和无形服务的结合，包括核心服务、便利性服务和支持性服务。增值服务是在核心服务的基础上，增加便利性服务和支持性服务。

服务质量是指物流企业所提供的物流服务满足用户需要的程度。它要求满足用户在安全、准确、迅速、经济等方面的质量要求。

（四）物流企业管理的内容

1. 战略管理

物流企业的经营战略是指组织为实现自己的目标和使命，在对企业的内外部环境进行充分分析的基础上，为求得企业的长久生存和发展而制定的长远谋划。它是企业战略思想的集中体现，是企业经营范围的科学界定，同时又是企业制订具体计划的基础。

2. 作业管理

物流企业作业管理主要包括运输管理、储存管理、装卸搬运管理、包装管理、流通加工管理、配送管理、物流信息管理和客户服务管理。

3. 质量管理

物流企业质量管理是依据物流系统运作的规律，为了满足物流顾客的服务需要，通过制定科学合理的基本标准，运用经济办法开展策划、组织、计划、稽查和监督、

审核等所有管理活动的过程。

物流企业既要为企业的生产过程和经营过程服务，即内部服务，又要为企业产品和服务的顾客提供全面服务，即外部服务。

4. 财务管理

物流企业财务管理是物流企业管理的重要内容，主要包括财务预测、财务决策、财务预算、筹资管理、投资管理、成本控制、财务分析和评价。

5. 人力资源管理

物流企业人力资源管理是指运用现代化的科学方法，对与一定物力相结合的人力进行合理的培训、组织和调配，使人力、物力经常保持最佳比例，同时对人的思想、心理和行为进行恰当的诱导、控制和协调，充分发挥人的主观能动性，使人尽其才、事得其人、人事相宜，以实现组织目标。其主要内容包括人力资源规划、招聘和选拔人才、培训与开发、激励管理、绩效管理以及为直线部门服务。

另外，随着经营管理的不确定性及知识经济的快速发展，内部控制、企业文化及创新管理已成为物流企业管理的重要内容。

（五）物流企业管理的主要方法

物流企业管理的方法是多种多样的，传统的、最常用的、带有普遍性的方法可归纳为三类，或者说三大方法，即经济方法、行政方法和法律方法。同时，近年来教育方法和各种现代化管理方法在企业管理中也得到广泛推广和应用。这些方法都是适应具有不同特点和作用的管理活动的方法，它们在企业管理工作中都是必要的、不可缺少的。

1. 经济方法

经济方法是运用经济手段，特别是经济杠杆，引导企业进行经济活动、执行管理职能的一类方法。其实质是正确贯彻物质利益原则，从物质利益方面调节各利益主体的经济关系，调动各方面的积极性，使员工从物质利益上主动关心企业的经营成果，提高他们的劳动效率和物流企业的经济效益。

经济方法不具有行政命令的强制性，而是利用经济杠杆间接地从物质利益上调节企业经营活动，以符合全社会的整体利益。具体地说，物流企业是具有自主经营、自负盈亏、自我发展、自我约束的独立的商品实体经营者，有自身独立的经济利益。特别是供应链上的连接，更需要运用经济方法，这是物流企业的性质所要求的。

2. 行政方法

行政方法是依靠领导机构的权威，运用行政命令、指示等手段，采取令行禁止的方式执行管理职能的一类方法。行政方法是管理企业经营的必要方法。管理活动无论是作为社会化大生产和大流通的客观要求，还是作为一定生产关系的体现，都具有权威的性质。行政方法的作用是经济方法所代替不了的，它是用行政命令强制的，是必须执行的。它的作用是能统一目标、统一行动，保证经营目标和任务的完成。运用行政命令，还能保证企业的经营方向以及在紧急情况下迅速排除阻力等。

应该指出的是，行政方法同脱离实际的“长官意志”的命令主义和“瞎指挥”是根本不同的。

3. 法律方法

法律方法是运用经济立法和经济司法的手段，执行管理职能的一类方法。我国的企业法规是调整企业生产经营活动和生产关系的法律规范，如《中华人民共和国会计法》《中华人民共和国统计法》《中华人民共和国公司法》等。物流企业还受商品流通的法规和各项部门法规的制约。物流企业为保证经营活动还会制定企业的规章制度，调整和规范职工的行为，以保证经营活动有秩序地进行。用法律方法管理企业的生产经营活动，可以保证企业的合法权益，禁止违法行为，起到维护经济秩序的作用。

4. 教育方法

教育方法是企业在平等的前提下，以人为本，自我完善，提高素质，充分调动人的积极性、创造性的一种有计划的活动。教育的方式多种多样，可以采取讨论、说理、批评与自我批评、情景表演、敏感性训练、案例分析、业务演习等方式。

5. 现代化管理方法

现代化管理方法是指运用现代社会科学与自然科学的理论、方法和先进技术手段，以达到管理高效率、高质量的一种管理方法。现代化管理方法包含以下两点。

（1）运用科学的管理方法。

科学的管理方法包括计划管理、劳动管理、组织管理、经营业务管理、科技管理、情报管理、市场与价格管理等行之有效的方法。

（2）运用科学的技术方法。

科学的技术方法包括以运筹学为基础的预测与决策技术、线性规划、排队论、模拟方法、统筹方法、系统工程、价值工程、投入产出法及经济责任制、全面经济核算等科学技术方法等。可将它们运用于物流企业管理之中，指导物流企业管理。

上述各类现代化管理方法都有各自的结构、特点及应用的基本原则和范围。它们既可以单独进行运用，也可以相互配合使用，但总的目的是使物流企业管理更加科学、合理和有效。

解决方案

关于任务一：该饮料企业在经营中存在什么问题？

漏洞百出的物流工作和粗糙的物流服务无疑会使该饮料企业信誉受损，进而造成营业额大幅下跌。在市场竞争日趋激烈的今天，频繁出现以上问题的企业是很难生存的。该饮料企业存在的主要问题是：库存管理混乱、订单处理不及时、客服人员不专业、运输配送系统落后等。

关于任务二：你认为应该怎样解决这些问题？

为了避免这些情况，企业物流部门首先就应当做到保持适当的库存、及时补充货品、制订合理的客户配送计划，这是提高经营绩效的第一步；其次，企业应该及时调整自己的配送和运输系统，合理组织运输力量，认真规划物流线路；最后，为和客户直接接触最多的物流工作人员设定客户服务的原则和流程，同时培养他们以良好的态度、亲切的笑容和感恩的心来服务客户。此外，在物流服务出现问题时，物流部门应马上采取对策进行解决，这样才不会发生上述情况。由上可知，如今优质的物流服务已成为企业增强竞争力的有力武器。物流部门的业务水平对提升企业的经营水平、确保利润的实现有很重要的意义。推动物流工作的效率化和合理化成为企业生存的重要战略。

模块二　物流企业与物流业的构成

任务描述

某公司首次承揽三个集装箱的运输业务，时间较紧，从 A 地到 B 地铁路里程 1200 公里，公路里程 1500 公里，水路里程 1000 公里。该公司自有 10 辆 10 吨普通卡车和一个自动化立体仓库，但还是难以支撑该项运输业务。经联系，附近一家联运公司虽无集装箱卡车，但却有专业人才，并拥有货代经验，只是要价比较高，至于为零星集装箱安排和落实车皮和船舱，实在心中无底。

任务一：你认为解决问题的方法有几种？

任务二：这些方法中哪一种最为合适？

知识链接

一、物流企业的概念

（一）传统物流企业的概念

传统的物流企业从严格意义上来说并不能称为物流企业，大多数的此类企业只是由旧式经济体制下一些从事基础行业的企业改制而成。这些企业原本就具有运输、仓储或批发的功能，虽然就单个作业来说专业化程度较高，但是系统总体的效率较低。传统物流企业的特点如下。

（1）组织结构是具有等级的层级结构，机构烦冗，人员数量众多，组织沟通难度较大。

（2）信息技术应用不普遍，员工素质整体偏低，系统运行速度慢、差错率高。

（3）只能提供相对单一的位移或仓储服务，且无统一的服务标准。

（4）侧重点为点到点或线到线服务，实行人工控制和单一环节管理。

（二）现代物流企业的概念

现代物流企业与传统物流企业最大的区别在于现代物流企业的系统性、专门性和信息化。现代物流企业的功能从建立之初就是为了满足客户的物流需求，对运输、储存、装卸、搬运、包装、流通加工、配送、信息处理功能进行组织和管理。在这个过程中，现代物流企业不仅为生产企业和消费者搭建起了沟通交流的服务桥梁，同时也致力于提升物流效率、提高客户满意度和降低物流成本。

现代物流的本质特征包括物流目标系统化、物流要素集成化、物流组织网络化、物流接口无缝化、物流信息电子化、物流运作规范化、物流经营市场化、物流管理现代、物流服务系列化。

在这里还要注意一点，无论是传统物流企业还是现代物流企业，都是实行独立核算、独立承担民事责任的经济组织。

二、物流企业的类型

根据国家标准化管理委员会（以下简称“国家标准委”）2013 年 12 月 31 日批准发布并于 2014 年 7 月 1 日起开始实施的《物流企业分类与评估指标》（GB/T 19680—2013），物流企业一共可以分为三种类型：运输型物流企业、仓储型物流企业和综合型物流企业。三种类型的物流企业特点如下。

1. 运输型物流企业

（1）以从事货物运输业务为主，包括货物快递服务或运输代理服务，具备一定规模。

（2）可以提供门到门运输、门到站运输、站到门运输、站到站运输服务和其他物流服务。

（3）企业自有一定数量的运输设备。

（4）具备网络化信息服务功能，应用信息系统可对运输货场进行状态查询、监控。

2. 仓储型物流企业

（1）以从事仓储业务为主，为客户提供货物储存、保管、中转等仓储服务，具备一定规模。

（2）企业能为客户提供配送服务以及商品经销、流通加工等其他服务。

（3）企业自有一定规模的仓储设施、设备，自有或租用必要的货运车辆。

（4）具备网络化信息服务功能，应用信息系统可对货物进行状态查询、监控。

3. 综合型物流企业

（1）从事多种物流服务业务，可以为客户提供运输、货运代理、仓储、配送等多种物流服务，具备一定规模。

（2）根据客户的需求，为客户制定整合物流资源的运作方案，为客户提供契约性的综合物流服务。

（3）按照业务要求，企业自有或租用必要的运输设备、仓储设施及设备。

（4）企业具有一定运营范围的货物集散、分拨网络。

（5）企业配置专门的机构和人员，建立完备的客户服务体系，能及时、有效地提供客户服务。

（6）具备网络化信息服务功能，应用信息系统可对物流服务全过程进行状态查询和监控。

三、物流企业的评级

为了能够全面、系统地反映物流企业的服务能力，对于具备一定服务水平的三种类型的物流企业，按照不同的评估指标分为AAAAA、AAAA、AAA、AA、A五个等级，其中，AAAAA级最高，其余依次降低。这五个等级把不同类型不同级别的物流企业进行了详细的区分，本书只对其中的一部分进行详细介绍（见表1－1至表1－3）。

表1－1 运输型物流企业评估指标

评估指标		级别				
		AAAAA级	AAAA级	AAA级	AA级	A级
经营状况	1. 年物流营业收入（元）*	16.5亿以上	3亿以上	6000万以上	1000万以上	300万以上
	2. 营业时间*	5年以上	3年以上		2年以上	
资产	3. 资产总额（元）*	11亿以上	2亿以上	4000万以上	800万以上	300万以上
	4. 资产负债率*	不高于70%				

续表

评估指标		级别				
		AAAAA 级	AAAA 级	AAA 级	AA 级	A 级
人员要求	5. 中高层管理人员*	80% 以上具有大专及以上学历或全国性行业组织物流师认证	60% 以上具有大专及以上学历或全国性行业组织物流师认证		30% 以上具有大专及以上学历或全国性行业组织物流师认证	
	6. 基层物流业务人员	60% 以上具有中等及以上学历或物流职业资格	50% 以上具有中等及以上学历或物流职业资格		30% 以上具有中等及以上学历或物流职业资格	

注：在这个指标体系中，标注＊的指标为企业达到评估等级的必备指标项目，其他为参考指标项目；基层物流业务人员是指从事物流业务执行活动的企业成员。下表同注。

表 1－2　　仓储型物流企业评估指标

评估指标		级别				
		AAAAA 级	AAAA 级	AAA 级	AA 级	A 级
经营状况	1. 年物流营业收入（元）*	7.2 亿以上	1.2 亿以上	2500 万以上	500 万以上	200 万以上
	2. 营业时间*	5 年以上	3 年以上		2 年以上	
资产	3. 资产总额（元）*	11 亿以上	2 亿以上	4000 万以上	800 万以上	300 万以上
	4. 资产负债率*	不高于 70%				
人员要求	5. 中高层管理人员*	80% 以上具有大专及以上学历或全国性行业组织物流师认证	60% 以上具有大专及以上学历或全国性行业组织物流师认证		30% 以上具有大专及以上学历或全国性行业组织物流师认证	
	6. 基层物流业务人员	60% 以上具有中等及以上学历或物流职业资格	50% 以上具有中等及以上学历或物流职业资格		30% 以上具有中等及以上学历或物流职业资格	

表 1－3　　综合型物流企业评估标准

评估指标		级别				
		AAAAA 级	AAAA 级	AAA 级	AA 级	A 级
经营状况	1. 年物流营业收入（元）*	16.5 亿以上	2 亿以上	4000 万以上	800 万以上	300 万以上
	2. 营业时间*	5 年以上	3 年以上		2 年以上	
资产	3. 资产总额（元）*	5.5 亿以上	1 亿以上	2000 万以上	600 万以上	200 万以上
	4. 资产负债率*	不高于 75%				
人员要求	5. 中高层管理人员*	80% 以上具有大专及以上学历或全国性行业组织物流师认证	70% 以上具有大专及以上学历或全国性行业组织物流师认证		50% 以上具有大专及以上学历或全国性行业组织物流师认证	
	6. 基层物流业务人员	60% 以上具有中等及以上学历或物流职业资格	50% 以上具有中等及以上学历或物流职业资格		40% 以上具有中等及以上学历或物流职业资格	

四、物流业的构成

物流业由四大主体行业构成，分别是交通运输业、储运业、通运业和配送业，在这四大行业之下又可分为若干小行业，但是很多小行业同时隶属于几个大行业，所以我们只对这些行业进行列举而不进行归类。

（一）四大主体行业

（1）交通运输业。交通运输业是物流业的主体行业，自身包含众多小行业内容，这些小行业对主体行业起支撑、保障和衔接作用。

（2）储运业。储运业之所以不称作仓储业，是因为其不仅包含储存行业，还包含某些和储存密切相关的运输业。我国目前的储运业主要有五个行业，分别是军队储运业、物资储运业、粮食储运业、商业储运业和乡镇储运业，我国储运业规模远远小于交通运输业。

（3）通运业。通运业是货主与运输业之间专门从事托运和货运委托的行业，各种运输业除了直接办理承运手续以外，都由通运业从事委托、承办、代办等业务以实现货主的运输要求。通运业的发展情况是物流业发展的一个重要指标，我国的通运业刚刚起步，而发达国家的通运业发展速度很快，已经达到了相当可观的规模。

（4）配送业。配送业包括以配送为主体的各类行业，是商流、物流一体化的行业。这些行业要从事大量商流活动，伴随着大量的物流信息。因此完备的物流信息系统是配送业高效、准确运转的前提条件。

（二）主体行业下的小行业

（1）铁道货运业。物流领域中的铁道货运业是指排除了铁道领域中生产性行业的铁道货运业，主要包括与铁道运输有关的装卸、储运、小搬运等。铁道货运业主要从事的业务有四类，包括整车运输业务、集装箱运输业务、混载货物运输业务和行李货物运输业务。

（2）汽车货运业。汽车货运业在我国主要包括特殊汽车货运和一般汽车货运，主要从事长途或区域内货运，区分的标准是所运输物品的特性。特殊汽车货运运输的是超长、超大、笨重、危险品或其他有特殊运输要求的物品，一般汽车货运业运输的则是普通物品。汽车货运业一般都附属在其他行业之下，不自成行业或不进行独自核算。例如，为配合仓储存发货的汽车货运，为实现配送的汽车货运，为增加铁道、航空、水运等服务功能的汽车货运等，都各自隶属于主体行业。

（3）航运业。航运业是水上运输业的统称，分内河航运业、沿海航运业和远洋航运业，指的是利用船舶进行水上运输的行业。内河航运业是指在内河水道从事船舶货运的行业；沿海航运业是指主要在近海沿海从事船舶货运的行业；远洋航运业是通过船舶在本国海港与其他国家（或地区）海港间跨越大洋运送旅客和货物而形成的生产行业。这三种运输方式在物流中被统称为水路运输，但是三种运输形态使用的船舶吨位、技术性能、管理方式都有所区别，因而各自形成独立的行业。

（4）航空货运业。航空货运业又可分为航空货运和航空货运代理。前者直接受货运委托；后者是中间人行业，主要受货主委托代办航空货运。航空货运业的主要业务有国际航空货运、国内航空货运、快运、包机运输等。

（5）集装箱联运业。集装箱联运业是指专门办理集装箱“一票到底”联运的集装箱运输办理业，可以代货主委托完成各种运输方式的联合运输，并组织集装箱门到门运输、集装箱回运等业务。

（6）仓库业。仓库业是指以仓库存货为主体的行业，包括代存、代储、自存自储等。

（7）中转储运业。中转储运业是指以中转货物为主的仓储业。

（8）托运业。托运业是指以代办各种小量、零担运输和代包装为主体的行业。

（9）运输代办业。运输代办业是指以代办大规模、大批量货物运输为主体的行业。

（10）起重装卸业。起重装卸业是指以大件、笨重货物装卸、安装及搬运为主体的行业。

（11）快递业。快递业是指以承接并组织快运快送服务为主体的行业。

（12）拆船业。拆船业是指以拆船加工为主体的“再生物流”行业。

（13）拆车业。拆车业是指以拆解汽车为主体的行业。

（14）集装箱租赁业。集装箱租赁业是指专门从事集装箱出租的行业。

（15）托盘联营业。托盘联营业是指组织托盘出租、交换等业务的行业。

解决方案

关于任务一：你认为解决问题的方法有几种？

（1）自己购买若干辆集装箱卡车组织运输。

（2）协调铁路部门安排运输。

（3）水路里程最短，请航运公司来解决运输。

（4）联运公司虽无集装箱卡车，但可叫其租车完成此项运输。

（5）没有合适解决方案，推掉该项业务。

关于任务二：这些方法中哪一种最为合适？

请联运公司来承担此项任务比较稳妥。联运公司是第三方物流服务供应商。第三方物流服务供应商，根据是否拥有资产可分为资产基础供应商和非资产基础供应商，衡量的标准绝不是它有无实际的物流资产，而是看专业人才和业务经验，资产基础供应商价格可低些，但灵活性差；而非资产基础供应商，则可根据不同需要“量体裁衣”，非常灵活。邀请第三方物流服务供应商，应该做好如下工作：首先，对该联运公司做前期调查，看其信誉度如何；其次，进行必要的合同磋商，确定合同的执行标准、衡量标准、违约责任以及价格等；再次，尽力维护双方合作关系；最后，向对方说明如果服务质量好，可考虑长期合作。其他方案相比来讲各有缺点：方案一成本太高，后期资产灵活性差；方案二无把握，风险太高；方案三速度太慢，影响客户满意度；方案五处理方式草率，影响企业声誉。

模块三 物流业现状和发展方向

任务描述

美国联合包裹速递服务公司（UPS）是一家大型国际快递公司，其在 2020 年《财富》全球最受赞赏公司榜单中排名第33，在福布斯全球企业2000强中排名第143，在《财富》美国500强排名第43。UPS拥有超过250架自营飞机和290多架租赁飞机，每日有1180个国际航段在400多个国际机场间提供服务。UPS在全球有12.3万多辆包括货车和摩托车在内的运输车辆，1800多个运营设施，30000多个快递取寄件服务点和800多个全场现场库存点，保证货物顺利送达。UPS还有500多个供应链设施遍及120多个国家和地区，平均每日约有2190万件包裹正通过UPS全球智慧物流网络在全世界流转。UPS的主营业务主要包括信函、文件及包裹速递，它在世界大部分国家和地区均取得了进出的航空权。在中国，UPS建立了许多快递中心，公司充分利用高科技手段，塑造了迅速安全、物流服务内容广泛的完美形象。

任务一：为什么说UPS是一家国际物流企业，其与一般运输物流企业有什么不同?

任务二：UPS在各地开设快递业务与哪些因素有关?

知识链接

一、发达国家物流业现状

从20世纪80年代开始，伴随着技术与制度的持续创新，物流业成为众多发达国家经济增长的新兴点，全球物流市场规模从2010年的5416亿美元扩大至2018年的9534亿美元，增长近1倍。根据前瞻产业研究院发布的《2020—2025年中国电商物流行业发展模式与投资战略规划分析报告》预测，2024年全球电商物流市场规模将会达到14700亿美元。从全球物流产业发展情况来看，在欧、美、日本等发达国家和地区，电商物流已经形成了相对完善的交通运输系统和信息网络系统，物流成本占国内生产总值（GDP）的比重随着经济发展而降低。

美国是世界上最早发展物流业的国家之一，虽然美国没有统一管理物流业的政府专职部门，但是得益于美国政府宏观调控的引导，美国物流业的发展速度仍然很快。例如我们熟知的联邦速递（FedEx）、敦豪航空货运公司（DHL）、UPS、普洛斯集团（ProLogis）等，都是全球范围内的物流巨头。美国物流模式强调“整体化的物流管理系统”，主要强调系统的整体利益，打破了系统内部原来各自为政的条块分割，同时强调物流的一站式服务，将原本分散、单一的服务交易模式（如运输、仓储）转向提供一站式的、端到端的物流综合服务模式（如亚马逊和沃尔玛）。美国物流业的发展主要注重传统企业的信息化和标准化改造、跨地区速递、电子商务企业物流以及企业与第三方物流企业的同盟关系。

日本的物流业虽然起步比美国要晚，但是发展的速度和质量在全球范围内都名列前茅。例如制造业的花王公司和第三方物流菱食公司，都是世界上典型的先进物流企业，还有我们在物流管理中耳熟能详的“JUST IN TIME”，就是日本丰田汽车公司率先提出的。日本最早主管物流的部门是运输省，但是1984年实施机构改革后，运输省的职能就由直接行政管理和指挥转为交通运输综合政策的设计和组织。日本物流发展的特点：政府系统规划，物流配送社会化程度高，跨地区发展，重视商流渠道建设，物流信息系统发达。

二、我国物流业的发展方向

（一）我国物流业发展的局限

虽然目前我国的物流业呈现飞速发展的态势，但总体来说，我国物流业总体水平不高，与发达国家相比还有相当一段的距离，我国物流业目前发展的主要劣势有以下几点。

1. 配套设施不够完善

物流的发展离不开基础设施的完善，我国的物流基础设施在最近几年有了很大的发展。据国家统计局数据统计，截至 2019 年年末，全国铁路、公路运营里程分别为 13. 9 万公里和 501. 25 万公里，内河航道通航里程达 12. 73 万公里，全国港口万吨级及以上泊位有 2520 个，有颁证民用航空机场 238 个。相比而言，我国的物流配套设施整体处在较低的水平，很多物流企业无力承担较为复杂的物流业务，且物流效率较为低下。

2. 信息化、智能化水平低

我国物流业总体信息化水平较低的原因主要有两个。一是我国物流行业发展的历史原因。很多物流企业都是由传统企业中具有物流职能的部门改制而来，这些部门管理死板、人员专业素质较低、信息化和自动化水平很差。二是我国物流早期发展中技术水平的限制。我国的信息技术在近几年开始迅猛提升，在世界范围内都是领先的，但是在早期却处于落后状态。虽然我国物流业目前的信息化水平不断提高，物联网、云技术在物流中得到了广泛的应用。但是由于信息化程度不够深入，缺少核心的分析、决策和互动功能，我们和发达国家信息化、智能化的水平还有一段距离。

3. 社会物流总费用偏高

社会物流总费用是指用于社会物流活动中各项费用的支出总额，包括运输费用、保管费用和管理费用，社会物流总费用可以直观地反映出物流成本的高低。据国家统计局数据显示，2019 年我国社会物流总费用为 14. 6 万亿元，GDP 总额为 99. 1 万亿元，社会物流总费用约占 GDP 总额的 14. 7%。虽然相较于往年有所降低，这一比例仍是发达国家的近 2 倍，高于全球平均水平约 3. 13 个百分点。这说明我国的物流成本仍然很高，但也说明我们的物流业还有很大的上升空间。

4. 物流业竞争力弱

我国的物流业近几年增长的速度很快，但是行业竞争力整体偏弱，尤其是我国的物流企业在国际高端物流市场上基本没有特别大的优势可言。一是因为我国的物流业起步较晚；二是因为我国的物流市场格局过于分散。我国的物流企业虽然数量众多，但是多数企业规模较小、信息化和智能化水平低、产品和服务的同质化严重，造成物流企业在中低端市场竞争激烈，而在定制化、系统化的高端市场门可罗雀。这就直接导致了我国物流企业的盈利能力弱，行业统一标准难以实施，现代技术推广困难。

（二）我国物流业的发展趋势

1. 智慧物流得到进一步发展

智慧物流是指通过智能硬件、物联网、大数据等智慧化技术与手段，提高物流系统分析决策和智能执行的能力，提升整个物流系统的智能化、自动化水平。大力发展“智慧物流”不仅可以有效提升我国物流行业的总体竞争力、降低物流行业成本、提高物流效率、提升高端物流服务能力，而且对于我国物流行业的分工与协作都有很大的促进作用。

2. 区域物流一体化加速推进

2018 年，港珠澳大桥通车，京津冀、长三角、粤港澳大湾区等城市圈（群）和区域一体化正成为引领高质量发展的重要动力源。推动城市圈（群）一体化发展，要求打破传统的城市行政边界，在更大的范围内调整物流布局。未来，以京津冀协同发展、粤港澳大湾区、长三角高质量一体化三大战略为核心，以基础设施互联互通、运输组织协同高效、信息资源共享应用、管理政策规范统一、推动区域物流与产业协同为重点，区域物流一体化将加速推进。

3. 物流市场监管转向信用和数据

2018 年，物流信息化建设深入推进，国家综合物流信息平台实体化运营，部分地区交通运输、海关、税务、工商等部门积极开展政府物流信息平台建设。20 家部委就物流业严重违法失信市场主体及其有关人员实施联合惩戒，物流业信用体系建设步入规范化轨道。信息技术的进步为政府监管提供了新的手段，货运市场监管向实时监管、视频监管、远程监管、平台监管发展，监管信息透明化程度和监管力度将得到加强。

4. 跨境电商物流将成市场蓝海

习近平总书记在首届中国国际进口博览会开幕式上强调“加快跨境电子商务等新业态新模式发展”。国务院先后批准在上海、杭州、宁波等 35 个城市设立跨境电子商务综合试验区，在跨境电商模式上进行有益探索。菜鸟网络已在杭州、香港、吉隆坡等城市设立首批 6 个电子商务枢纽，电子世界贸易平台（e－WTP）已落地马来西亚、卢旺达、比利时三站。跨境电商的业务模式已经基本成熟。随着我国消费水平的升级，国内消费者对国外优质产品和服务的需求将会大大增加，推动跨境电子商务等新业态新模式的快速发展，进口导向的跨境电商物流将成为市场蓝海。

5. 兼并联合大量出现

传统商务通道中，企业多半以自我为中心，追求自身利益，往往造成企业间对立的局面。然而在现代物流中，企业在更大的竞争力的驱动力下，将根据各自的技能进行整合，建立覆盖全国主要城市的物流网络。各成员单位间相互协作，优化资源配置，实现资源互补和共享，并对顾客实施统一单据和标准操作过程。通过联合规划和作业，形成高度整合的供应链体系，使通道整体绩效大幅提升。这种以联盟方式形成的群体合力，对于发挥国内储运企业独特的网络优势、加快本地储运企业向第三方物流企业转变的步伐是十分有效的。

解决方案

关于任务一：为什么说 UPS 是一家国际物流企业，其与一般运输物流企业有什么不同？

UPS 拥有覆盖 220 多个国家和地区的强大物流网络，UPS 始终在不断变化的商业环境中升级全球智慧物流网络，支持客户与自身的发展。作为全球贸易的促进者，UPS 拥有高度整合的全球服务运输网络，支持多种不同运输方式的立体综合交流网络体系，可实现海、陆、空多式联运“无缝连接”运作，可帮助客户的货件畅达全球市场。

关于任务二：UPS 在各地开设快递业务与哪些因素有关？

作为国际物流公司，UPS 在各地快递业务的开设与当地地理环境、风俗习惯、消费观念、收入有密切的关系，甚至是受其决定。推动和影响国际物流发展的最为重要的因素有：①经济发展水平；②全球供应链形成水平；③制度环境；④技术条件，包括信息技术和物流装备技术等；⑤区域经济的发展水平等。

学习指导

在学习物流管理的基础内容时，会发现内容比较枯燥，有时还比较抽象。对于初学者来讲，在学习的过程中可以通过以下几点来达到学习目标：第一，对物流中所涉及的物流、物流管理、物流企业、物流行业等最基本概念进行充分的理解和记忆；第二，掌握物流中的核心内容，包括物流的效用、物流企业的分类、组织结构、评级以及物流管理的主要内容等；第三，通过每一节的案例分析实现从理论到实践的过渡。

思考题

1. 试述物流的概念。
2. 试述物流、商流、信息流的关系。
3. 试述物流的价值和效用。
4. 试述物流系统的组成。
5. 试述物流企业管理的概念。
6. 试述怎样对物流企业进行评级？

拓展项目训练

1. 通过网络和其他途径，查找物流行业不同类型的物流企业，针对每种类型列举出两个有代表性的企业，并分析这些企业的发展历程、所属等级、管理方式、组织机构以及未来发展方向等。

2. 假设自己成立一家物流企业，为自己的物流企业进行以下安排。

（1）给公司起一个有吸引力的名字。

（2）确定公司的主营业务。

（3）根据规模选择恰当的组织机构形式。

项目二　物流企业战略管理

学习目标

一、知识目标

1. 物流企业的内外部环境
2. 物流企业战略制定的方法
3. 物流企业战略实施的注意事项

二、能力目标

1. 能结合物流企业自身的优势、劣势选择合适的战略
2. 掌握物流企业实施战略过程

三、素质目标

作为一名物流企业的管理者，首要目标就是使企业盈利。这就要求管理者能够准确把握企业所面临的内外部环境，适时选择合适的战略、控制实施的过程，并在市场发生变化时及时调整战略方向。

本项目包含两个模块：物流企业环境分析，物流企业战略制定与实施。

导引案例

电商新零售：找出路还是抄近路?

新零售是指个人、企业以互联网为依托，通过运用大数据、人工智能等先进技术手段，对商品的生产、流通与销售过程进行升级改造，进而重塑业态结构与生态圈，并对线上服务、线下体验以及现代物流进行深度融合的零售新模式。新零售是个新事物，其所展现出的商业形态有生鲜超市、无人超市、精选体验店及轻体量的无人零售四类。

不难发现，四种新零售形态无不折射了一个核心思想：通过场景化的体验，解决

用户的购买决策问题。有所不同的是，新零售的轻与重、繁与杂似乎反映了不同玩家对于新零售的不同心态，也将直接影响新零售的走向和格局。

新零售的出现有时代背景，也有玩家们各自的考量，可以归结为以下两大心态。

1. 找出路

电商行业的从业者集体回归线下，流量成本是最核心的原因。比如，2014 年京东的获客成本是 82 元，到了 2016 年已经攀升至 148 元，而线下的边际获客成本一直维持在比较平稳的状态。或许线下谈不上所谓的红利，但当线上流量成本压力凸显的时候，线下渠道重新成为“香饽饽”是无可厚非的。

在品牌方看来，线上流量成本和线下渠道逐渐接近，加上居高不下的营销和推广费用，互联网的优势逐渐式微。对于渠道方来说，则是在线下找出路，以改变流量红利见底的现状。

2. 抄近路

抄近路的心态决定了新零售布局上的“单点突破”，京东、阿里相继发起了“百万小店”计划。网易考拉的“海淘爆品店”很难遵循这样的轨迹。倒是 Zara 的生存姿态更适合参考，其对供应链进行了高效整合，实现了对市场的快速反应，并使之成为企业的核心竞争力。

不过网易考拉还是给出了自己的玩法，线下实体店上架的产品不是一成不变的，而是根据用户的消费数据，从全球数十万款进口商品中精选出来，并随着数据的更新定期更换的。这不失为一种巧妙的方式，同时也点明了线下实体店在新零售布局中的定位，通过零距离的接触、使用、体验和场景化，完成用户占领和抄近路的目的。

阅读上面的案例，请思考以下问题。

1. 物流企业的内外部环境分别指什么？
2. 物流企业怎样选择合适的发展战略？

模块一　物流企业环境分析

任务描述

为战略而生：联邦速递青睐商业科技

随着中国经济的发展与物流市场的开放，联邦速递公司的中国战略逐步升温。早在 20 年前，联邦速递公司就已经开始在中国开展业务，1999 年，联邦速递公司与国内物流企业大田集团合资成立了大田—联邦速递有限公司，并由此逐渐建立并巩固了在中国市场的领导地位。

2004 年，联邦速递公司先后在北京、上海、深圳等城市全面启动了基于 GPRS 技术的服务升级计划，推出了“掌上宝”无线掌上快件信息处理系统。“掌上宝”是由联邦速递公司在 GPRS 技术基础上自行开发，用于追踪包裹递送状态的一套系统，中国则是联邦速递公司内部首个运用此项先进技术的国家。“中国的手机应用市场很大，无线技术比较流行，因此在中国推广无线技术相对比较容易。”柏勤解释说。

联邦速递公司“掌上宝”集成了安全控制、将信息上传下载至公司信息库等多项功能，实时监控每一个快件的处理过程，通过无线传输，实现了实时扫描并上传信息。联邦速递公司“掌上宝”不仅可以传输递送信息，同时还能够加强快件取送及查询服务。

此外，在中国，联邦速递公司的速递员们还在使用着一种个人数据助理设备——FedEx Power Pad，该设备可以挂在速递员的腰带上，与公司的打印机进行数据交换，自动打印出包裹的条码。

任务：联邦速递公司是如何进行战略分析的？

知识链接

一、企业环境的概念

企业环境是指可以影响企业管理决策和生产经营活动的各种因素的总和，这些因素相互依存、相互制约且不断变化。企业环境可分为外部环境和内部环境，外部环境包括人口、经济、技术、政治及社会文化方面的力量和因素，也包括直接影响企业履行其使命状况的行动者、供应商、各种市场中间商、顾客、竞争对手等。企业内部环境主要是指企业的内部资源，包括企业的资金、人力资源、科研力量、信息、信誉等。

二、物流企业环境的特点

1. 物流企业环境的可变性

物流企业的环境因素具有可变性，有渐变也有突变。例如市场环境变化的速度就非常快，而自然条件变化的速度就相对较慢。物流企业在面对环境变化时，要善于把握机遇，合理规避风险。

2. 物流企业环境的复杂性

物流企业环境是由多方面因素构成的，这些因素涉及区域广泛，和物流企业有着千丝万缕的联系。它们有的可直接对物流企业产生影响，有的和其他因素共同对物流企业产生影响。

3. 物流企业环境的交互性

物流企业环境的构成因素之间是相互依存、相互制约的关系，无论其中哪一个因素发生变化，都会直接或间接地引起其他因素的变化，因此企业在制定战略时要注意这些因素间的联系，避免顾此失彼的局面。

三、物流企业的外部环境分析

（一）PEST 模型

PEST 分析是指企业对宏观环境的分析，四个字母代表的意义如下：P 是政治（Politics），E 是经济（Economy），S 是社会（Society），T 是技术（Technology）。PEST 是企业分析当前所处环境时较为常用的一种方法。在进行 PEST 分析时，需要掌握大量的、充分的相关研究资料，并且对所分析的企业有着深刻的认识，否则，此种分析很难进行下去。政治方面主要内容有政治制度、政策、相关法律及法规等；经济方面主要内容有经济发展水平、规模、增长率，政府收支，通货膨胀率等；社会方面主要内容有人口数量、价值观念、道德水平等；技术方面主要内容有高新技术、工艺技术和基础研究的突破性进展情况等。下面，我们就采用 PEST 方法对物流企业的外部环境做一个简单的分析（见表2－1）。

表 2－1　物流企业外部环境的 PEST 分析

政治	P（Politics） 1. 物流业的政府监管措施、相关法律法规逐步健全 2. 物流业管理体制逐渐完善 3. 物流业的发展规划明确 4. 国家加大对物流业的扶持力度	E（Economy） 1. 国际经济运行平稳 2. 国内经济增长态势良好，GDP 和国内三大产业稳步上升 3. 国家进出口总额持续增加 4. 居民可支配收入增加	经济
社会	S（Society） 1. 基础设施逐渐完善 2. 消费观念改变，网上购物已成为大众趋势 3. 国民素质显著提高	T（Technology） 1. 国际物流技术发展迅速 2. 国内物流信息技术显著提高，向着“智慧物流”和“绿色物流”的方向发展	技术

（二）波特五力模型

波特五力模型是迈克尔·波特于20 世纪80 年代初提出的。他认为行业中存在着决定竞争规模和程度的五种力量，这五种力量综合起来影响着产业的吸引力以及现有企业的竞争战略决策。五种力量分别为行业内现有竞争者的竞争能力、潜在竞争者的进入能力、供应商的议价能力、购买者的议价能力以及替代品的替代能力（见图 2－1）。

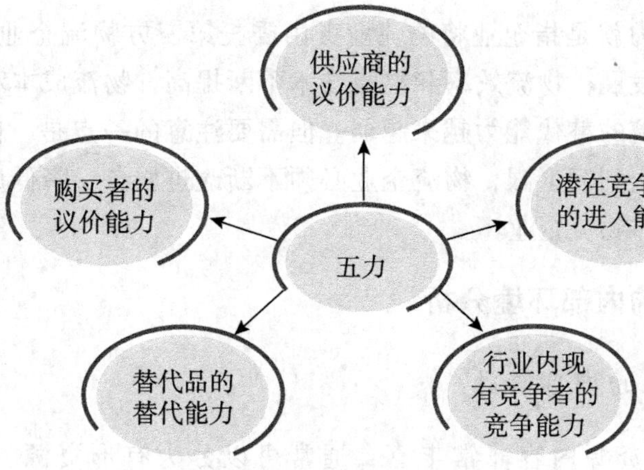

图 2-1　波特五力模型

1. 行业内现有竞争者的竞争能力

我国的物流业起步比较晚，信息技术、管理方法、经营模式相对落后，加之很多物流企业都是由传统的运输、仓储企业改制而来，所以行业内的竞争者总体水平不高，提供的物流服务同质性很强，难以形成以服务和技术差异化为主导的竞争模式。事实上，我国物流业的竞争模式主要是以价格为主导的。

2. 潜在竞争者的进入能力

从 2000 年之后，我国的物流行业开始快速增长，国内物流市场迅速扩大，造就了“顺丰”“三通一达”这些颇具规模和实力的物流企业，很多企业和投资者也开始跃跃欲试。就目前来说，物流行业的潜在竞争者主要有某些传统领域的国有企业，例如中国远洋、中国邮政等，这类企业资金雄厚、规模超大，竞争力很强；还有一类是大型跨国物流企业，受政策的影响，这类企业目前数量不多，但是这些企业具有先进的物流技术、管理经验和经营理念，能够提供个性化服务，具有相当的影响力。

3. 供应商的议价能力

物流行业的供应商主要体现在运输和仓储方面，议价能力的强弱，主要与物流企业自身的实力有关。如果物流企业本身拥有较为完善的运输、仓储设备等，那么供应商的议价能力就较弱，但是这类企业所占比重非常小，很多企业都是以租赁的形式来保障企业的正常运营；如果供应商的实力雄厚或处于垄断地位，或有数量众多的客户时，例如民航、铁路，这时物流企业供应商的议价能力就很强。

4. 购买者的议价能力

购买者的议价能力主要与购买者的实力有关。物流企业中实力雄厚且物流需求量较大的大客户议价能力较强，这类客户约占总体客户数量的 20%，但可以为企业创造约 80% 的收益；物流企业中实力较弱且物流需求有限的中小型客户议价能力较弱，这类客户约占总体客户数量的 80%，但只为企业创造约 20% 的收益。

5. 替代品的替代能力

物流业的替代能力就是指企业将物流业务由委托第三方物流企业代营转为自营。随着物流行业的不断发展，物流效率和物流技术不断提高，物流成本和物流业务耗时不断降低，使自营物流的替代能力越来越弱。但需要注意的一点是，自营物流其实是给物流企业设定了一个利润上限，物流企业必须不断改进服务、降低成本才能让企业持续倾向于选择第三方物流企业。

四、物流企业的内部环境分析

（一）物流企业的内部资源

现代物流企业的资源内容非常丰富，通常可以分为有形资源、无形资源和人力资源。每个企业的资源优势不同，不同的资源组合会塑造出具有不同竞争优势的企业。

（1）有形资源是能够看见且容易识别和加以评估的资源。一般包括：经营场地、设施设备、能源、原材料、加工工具、仓储系统与设施、交通路线与运输工具、产品库存等。

（2）无形资源是根植于企业的历史、随时间而积累起来的资产，一般比较难以识别和评估。无形资产一般包括：技术、专利、服务质量、商标、品牌形象、营销网络与渠道、管理模式、公共关系、经营信誉与企业文化等。

（3）人力资源是人们通过技能、知识、推理和决策能力为企业提供的服务。人力资源一般包括：人员素质、人员数量、人员结构、人员培训、团队精神、员工的投入度和忠诚度以及人员的劳动保护等方面。

（二）物流企业的内部资源评价

物流企业的内部资源可以用 IFE 矩阵来进行评价，IFE 矩阵是内部因素评价矩阵（Internal Factor Evaluation Matrix）的英文简称，是一种对内部因素进行分析的工具。具体做法是从优势和劣势两个方面找出影响企业未来发展的关键因素，根据各个因素影响程度的大小确定权数，再按企业对各关键因素的有效反应程度对各关键因素进行评分，最后算出企业的总加权分数。

IFE 矩阵可以按如下五个步骤来建立。

（1）列出 10 ~ 20 个在内部分析过程中确定的关键因素，首先列出优势方面的，然后列出劣势方面的。在列的过程中要尽可能具体，要采用百分比、比率和比较数字等形式。

（2）赋予每个因素以 0（不重要）到 1.0（非常重要）的权重，权重标志着各因素对企业在产业中成败的影响的相对大小，所有权重之和等于 1.0。

（3）为各因素进行评分。1 分代表重要弱点；2 分代表次要弱点；3 分代表次要优势；4分代表重要优势，评分以公司为基准，权重则以产业为基准。

（4）用每个因素的权重乘以对应的评分，即得到每个因素的加权分数。

（5）将所有因素的加权分数相加，得到企业的总加权分数。

无论IFE矩阵包含多少因素，总加权分数的范围都是从最低的1.0到最高的4.0，平均分为2.5。总加权分数远低于2.5的企业的内部状况处于弱势，而总加权分数远高于2.5的企业的内部状况则处于强势。IFE矩阵应包含10～20个关键因素，因素数不影响总加权分数的范围，因为权重总和永远等于1。

国美电器（GOME）（以下简称"国美"）成立于1987年1月1日，总部位于香港，是中国内地家电零售连锁企业。国美以商品经营为核心，提供低成本、高效率的供应链平台，同时通过开放ERP（企业资源计划）信息化平台，在订单、库存、对账、结算等环节与供应商实现信息共享，以提升周转效率、降低缺货率，并提高与供应商合作效率，降低交易成本。

1998年，国美立足中国家电零售行业，建设了高度信息化的物流系统，从门店库房模式，过渡到集中配送模式，提高了物流系统的运作效率。2005年10月，国美在总部成立了物流中心。国美物流中心下设项目部、运营管理部、检查培训部三大部门。其中，项目部负责对全国仓储资源进行整合，引进物流新技术并规划国美物流系统的发展方向；运营管理部负责全国的商品调拨、市内配送指导、库存商品全程跟踪监督与管理。截至2020年2月，国美在全国有49个分部物流中心，200多个二、三级市场外设库。国美IFE矩阵分析如表2－2所示。

表2－2　　国美IFE矩阵分析

	关键内部因素	权重	评分	加权分数
内部优势	1. 资金雄厚、财务状况良好	0.05	3	0.15
	2. 拥有1165家门店，规模经济优势明显	0.1	4	0.4
	3. 营销渠道遍布全国198个大、中城市	0.1	4	0.4
	4. 产品丰富，促销力度大，客户源稳定	0.08	4	0.32
	5. 高素质的员工队伍，具有人力资源优势	0.05	3	0.15
	6. 信誉好，市场影响力较大	0.02	3	0.06
	7. 内部人员调动频繁，便于培养全才	0.04	3	0.12
	8. 首开网店营销模式，具有一定优势	0.03	3	0.09

续表

	关键内部因素	权重	评分	加权分数
内部劣势	1. 盈利能力减弱，由4.77%下降到3.87%	0.06	2	0.12
	2. 领导层矛盾，内部管理混乱	0.12	2	0.24
	3. 物流平台和ERP系统滞后	0.1	1	0.1
	4. 低成本竞争模式，低价采购，客户关系紧张	0.05	2	0.1
	5. 372家非上市店面暂未剥离，前景不明朗	0.08	1	0.08
	6. 运营效率下降，存货周转天数增加	0.03	2	0.06
	7. 市场份额下降，竞争对手的市场份额由70.09%上升到96.37%	0.04	2	0.08
	8. 增长速度远低于同行，苏宁销售收入增长31.9%，而国美仅21.6%	0.05	2	0.1
	合计	1	—	2.57

国美IFE矩阵分析结果：总加权分数为2.57，说明内部优势处于主导地位，实力雄厚。在此，我们期待国美尽早结束公司目前的不良状态，走上正常经营之路。

解决方案

关于任务：联邦速递公司是如何进行战略分析的？

本案例给我们提供了一些重要的启示，那就是要进行周密的战略分析，战略分析一般包括以下三个方面。

第一，确定企业的使命和目标。它们是企业战略制定和评估的依据。

第二，外部环境分析。战略分析要了解企业所处的环境（包括宏观环境、微观环境）正在发生哪些变化，这些变化将给企业带来更多的机会还是更多的威胁。

第三，内部条件分析。战略分析还要了解企业自身所处的相对地位，具有哪些资源以及战略制定能力；还需要了解与企业有关的利益和相关者的利益期望，在战略制定、评价和实施的过程中，这些利益相关者会有哪些反应，这些反应又会对组织行为产生怎样的影响和制约。

模块二 物流企业战略制定与实施

任务描述

深圳赛格储运有限公司下属的深圳福保赛格实业有限公司（以下简称“福保赛格”）在深圳市福田保税区拥有28000平方米的保税仓。公司的问题主要是保税仓的固定资产超过8000万元，而每年的利润却不到500万元，资产回报率太低。提高保税仓库区工作人员士气，努力增强服务意识，注重品质提升；增大物流增值服务的比例，大幅提高仓租费以外的收入来源，争取到更多利润贡献率高的优质客户，淘汰利润率低的C类客户等，这些都是势在必行的举措。

福保赛格的主要客户包括日本理光国际通运有限公司、华立船务有限公司、伯灵顿国际物流有限公司、华润物流等近百家外资、港资物流企业和分布于珠三角地区的制造企业。福保赛格面向这些企业，提供保税仓的长租和短租服务，并附带从事流通加工等物流增值服务。

福保赛格的在职员工有40多人。包括5名管理人员，10名左右的叉车工人和搬运工人，另外还有报关员、报检员、客户服务人员、仓库管理员、勤杂人员（含门卫和设备检修人员）等20多人。

福保赛格的利润来源是以仓库库位出租为核心的物流服务项目，基本收费项目是仓租费。另外还有装车、卸车、并柜/拼箱，对货品进行贴标、缩膜/打板、换包装、简单加工（如分包、重新组合包装、简单装配等），以及代客户进行报关、报检等服务项目。主要支出是人工、水电、仓储物和设备折旧带来的维修维护费用等。

福田保税区的特点在于有通向香港落马洲的进出境通道（一号通道）和通向深圳市区的进出关通道（二号通道）。货物进出境只需向海关备案，而进出关则需要报关。客户可以利用保税区境内关外的政策优势，实现整批进境、分批入关的延迟纳税优惠或提前退税的好处。

任务一：福保赛格目前面临的主要问题是什么？

任务二：如何从战略决策上解决这个问题？

知识链接

一、物流企业战略的含义

（一）物流企业战略管理的概念

我国于 2006 年正式颁布，2007 年 5 月 1 日起正式实施的中国国家标准《物流术语》（GB/T 18354—2006）中给物流战略管理下的定义是：通过物流战略设计、战略实施、战略评价与控制等环节，调节物流资源、组织机构等最终实现物流系统宗旨和战略目标等一系列动态过程的总和。

物流企业的战略管理就是为了使企业能够更好地开展物流活动、更好地增强企业的竞争力而制定的更为具体、更为适合、更易操作的行动指南。选择好的物流战略，不仅需要结合企业的内外部环境，也需要打破惯性思维，发展创新思维。

（二）物流企业战略的特征

（1）目的性。物流企业战略具有非常明确的目的性，就是使物流企业在快速变化的市场环境中求得生存和发展。

（2）长期性。物流企业的战略要具有长期性，朝令夕改的物流战略不仅无法执行，也无法实现。物流企业在战略制定的过程中不仅要分析内外部环境，还要结合企业未来的发展方向，为谋求企业长期发展制定相应的目标与对策。

（3）竞争性。物流企业在制定发展战略时一定要具备对抗性和战斗性。当今的市场风云万变，如果只是一味地“明哲保身”，很容易被竞争对手超越。

（4）系统性。物流企业的战略是一个包含方向目标、实施措施和控制手段等的网络系统，在制定的过程中，要注意各部分的协调，否则很容易造成各元素间的矛盾和冲突。

（三）物流企业战略的目标

（1）降低企业物流活动中的成本，也就是将与运输和存储有关的可变成本降到最低。

（2）在保障服务水平的前提下，使物流系统的直接投资最小化。

（3）通过高效快捷的物流服务提高客户服务水平，并获得企业的差异化竞争优势。

二、物流企业战略的决策内容

（一）物流企业战略的层次

物流企业战略的内容可以分成四个层次——全局性战略层、结构性战略层、功能性战略层、基础性战略层。

1. 全局性战略

物流企业战略是以满足客户的需求为目标的，所以客户服务是全局性战略目标。企业可以通过提高客户服务水平来提高企业的信誉，增加企业的亲和力并留住客户，使企业获得更高的利润。制定客户服务战略时，必须要清晰地了解客户需要什么，并开发能够满足这些需要的客户服务战略。企业通过细分客户群，提供基本的客户服务需求；通过掌握买方价值与每个细分区域的客户服务需求，满足每个细分区域需求的增值服务。客户服务战略的简单或复杂取决于企业的产品、所处市场和客户服务目标。

2. 结构性战略

物流企业战略的第二层是结构性战略，包括渠道设计和网络分析。渠道设计主要包括优化物流渠道，提高物流系统的敏捷性和适应性，使物流系统成本最低。网络分析主要包括对物流系统各环节的库存状态进行分析，找出降低库存成本的改进目标；通过调查和分析，发现客户需求并获得市场信息反馈，找出服务水平与服务成本的关系；通过分析，使运输渠道更加合理化，提高物流信息传递过程的速度，增加信息反馈，提高信息透明度，以及完成对合作伙伴业绩的评估与考核。

3. 功能性战略

功能性战略包括物料管理、仓库管理、运输管理 3 个方面，主要涉及运输工具的使用与调度、采购与供应、库存控制的方法与策略以及仓库的作业管理等。

4. 基础性战略

基础性战略是保证物流系统正常运行的基础性保障，包括支持物流运作的信息系统、指导日常物流运作的方针与程序、设施设备的配置及维护以及组织与人员管理。

（二）物流企业战略的内容

物流规划领域和核心内容主要体现在，通过物流规划对 8 个方面的关键问题做出安排，这些问题具体如下。物流企业战略内容层次如图 2－2 所示。

（1）每个细分市场的服务要求是什么？

（2）在供应链成员中，如何实现运作的基础集成？

（3）什么样的供应链结构最能使物流成本实现最小化，并提供具有竞争力的服务？

（4）什么样的物料流动方式和技术能够在设施和设备方面处于最佳投资水平的条件下实现服务目标？

（5）是否存在降低短期和长期运输成本的机会和方法？

（6）制定什么样的库存管理程序能够更好地支持服务需求？

（7）可运用什么样的信息技术来实现物流运作的最大效率？

（8）应如何组织资源以实现最佳的物流服务和运作目标？

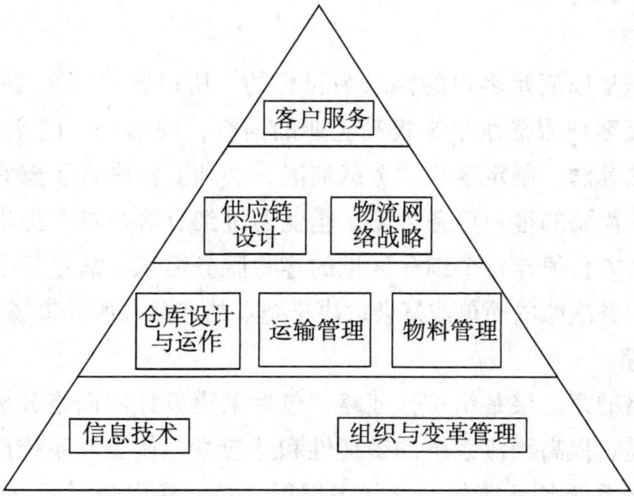

图 2－2　物流企业战略内容层次

三、物流企业战略的制定

物流企业战略的制定需要在分析企业内外部环境的基础上，按照系统的方法和程序，制定出符合企业长远发展的全局性规划。物流企业战略制定的过程一般包括以下几个步骤。

1. 树立正确的战略思想

战略思想最初被用于军事领域，后泛指决策过程中的指导思想。在制定物流企业战略时树立正确的战略思想，有助于企业在制定战略的过程中明确目标、分清主次，进行系统规划。企业的战略思想主要包括竞争观念、市场营销观念、服务观念、创新观念和效益观念等。

2. 分析战略环境

战略环境分析是制定战略的基础，有助于物流企业实现发展目标与内外部环境的动态平衡。战略环境分析主要包括外部环境分析和企业内部资源分析。

3. 选择战略目标

战略目标的制定和选择是一个完整的系统决策过程。在物流战略的制定之初，会出现多个战略目标方向，企业要根据自身的经营领域、竞争优势、市场定位等选择合适的战略目标。

4. 制定战略政策

战略政策是战略目标实现的措施和手段。在制定战略政策时，要注意与战略目标的一致性，为了保证战略目标的实现，最好拟定多个战略政策和应变措施。

5. 调整组织机构

战略的实施最终是由组织来贯彻执行的，建立适合战略发展的组织机构是保障战略目标实现的重要因素。当战略目标出现调整后，组织内部的各项资源必然会发生变化，组织机构也会因此而进行调整。

6. 战略实施

战略实施是指采取一系列的措施和手段将制定好的战略计划付诸实施的过程，这个过程将检验之前所做工作是否是正确的、符合实际的。

四、物流企业战略的实施

物流企业战略的实施包括以下内容。

1. 对总体物流战略的说明

即说明什么是企业的总体物流战略、为什么做这些选择、实现此战略将会给企业带来什么样的重大发展机遇。这种说明还包括总体物流战略目标和实现总体物流战略的方针政策。被说明的物流战略目标是总体物流战略所预期的未来目的地，它既可以定量表达，又可以定性描述。

2. 企业分阶段物流目标

分阶段物流目标是企业向总目标前进时，达到的有时间限制的里程碑。一般需要对分阶段物流目标加以尽可能具体与定量的阐述，这也有利于保障实现总目标。企业的分阶段物流目标常常与具体的行动计划和项目捆在一起，而这些行动计划与项目均为达成总目标的活动环节和手段。

3. 物流企业战略的行动计划和项目

行动计划是组织为实施其物流战略而进行的一系列资源重组活动的汇总。行动计划往往通过具体的项目来实施。

4. 物流企业战略的资源配置

资源配置是物流战略实施的重要内容。在企业的物流战略实施过程中，必须对所属资源进行优化配置。

物流企业战略资源是指企业用于物流战略行动及其计划推行的人力、物力、财力等的总和。具体来讲，战略资源包括：采购与供应实力、生产能力和产品实力、财务实力、人力资源实力、物流技术开发实力、物流管理实力、时间与物流信息等无形资源的把握能力。战略资源的分配是指按物流战略资源配置的原则方案，对企业所属物流战略资源进行的具体分配。企业在推进战略过程中所需要的物流战略转换往往就是通过资源分配的变化来实现的。物流企业战略资源的分配一般可以分为人力资源的分配和资金的分配。

1）人力资源的分配

人力资源的分配一般有以下三个内容。

（1）为各个物流战略岗位配备管理和技术人才，特别是关键岗位上关键物流人才的配备。

（2）为物流战略实施建立人才及技能的储备，不断为物流战略实施输送有效的人才。

（3）在物流战略实施过程中，注意整个队伍综合力量的搭配和权衡。

2）资金的分配

企业一般采取预算的方法来分配物流资金资源。而预算是一种通过财务指标或数量指标来表示企业目标的方法。物流战略通常采取以下几种现代预算方式。

（1）零基预算。即一切从零开始的预算。它不是根据上年度的预算编制的，而是将一切经营活动从成本效益开始分析，以防止预算无效。

（2）规划预算。它是按照规划项目而非职能来分配物流资源的。规划预算所需的期限较长，常与项目规划期同步，以便获取某项具体规划对资源的需求及考察成效。

（3）灵活预算。它允许费用随产出指标而变动，因而有较好的弹性。

物流战略的实施需要设备、资金、人力资源等。因此，对各种行动计划的物流资源配置的优先程度应在战略计划系统中得到明确规定。同时，物流战略计划系统应指明在实施物流战略中需要的各种资源。并且，所有必要的资源应尽可能折算成货币价值，并以预算和财务计划的方式表达出来。预算及财务计划对理解物流战略计划系统来说具有重要意义。

5. 企业组织结构的物流战略调整及物流战略子系统的接口协调

为了实现企业的物流战略目标，必须以相应的组织结构来适应企业物流战略发展的要求，由于企业物流战略需要适应动态发展的环境，因此组织结构必须具备相当的动态弹性。另外，企业物流战略计划系统往往包括若干子系统。应当明确如何协调、控制这些子系统，以及如何实现计划系统对这些子系统衔接处的管理、控制。企业组织结构是实施物流战略的一项重要工具，一个好的企业物流战略还需要通过与其相适应的组织结构去完成。此外，在物流战略实施过程中，企业文化也是相当重要的，它既可以成为物流战略的推动因素，又可能对物流战略的执行起阻碍作用。

6. 制订应变计划

有效的物流战略要求一个企业必须具备较强的环境适应能力。要获得这种能力，就要有相应的应变计划作为保障。要能看到在一定时间内可能发生的突如其来的变化，不能仓促应战。

解决方案

关于任务一：福保赛格目前面临的主要问题是什么？

福保赛格的仓库主要是平面仓库，有部分库区采用立体货架。以托盘为基本搬运单元，用叉车（以及地牛）进行进出库搬运和库内搬运。一楼是越仓区，有五辆燃气动力的叉车；二楼到十楼为储存区，每层都有一到两台电动叉车（用蓄电池驱动）。车辆停靠的月台有十多个车位，可以停靠货柜车、箱式车等多种型号的运输车辆。

福保赛格目前仍然是以订单为驱动、以业务为中心进行运作的仓储服务企业，还没有转型到以客户服务为中心。在该公司管理层的推动下，公司上下全体员工已经树立了全面质量管理的理念，并以 ISO 9000 质量管理体系的要求建立了规范化的质量文档体系。但该公司尚未正式申请 ISO 9000 质量体系认证。

福保赛格目前面临的主要问题是如何提高资产回报率。保税仓的固定资产超过 8000 万元，而每年的利润却不到 500 万元，与运输业务相比（货柜车辆的固定资产只有 1000 多万元，每年贡献的利润却达到 2000 万元以上），资产回报率太低。提高保税仓库区工作人员士气，努力增强服务意识，注重品质提升；增大物流增值服务的比例，大幅提高仓租费以外的收入来源，争取到更多利润贡献率高的优质客户，淘汰利润率低的 C 类客户等都是可能的解决途径。

关于任务二：如何从战略决策上解决这个问题？

建议福宝赛格对内提出进行 ISO 9000 认证。首先，要建立现代岗位培训制度，制订严谨的教育及培训计划。其次，通过在部门中持续不断地开展培训和监控流程，消除内部部门之间的隔阂，提升所有员工主动为客户服务的意识，并且消除员工对于管理层的恐惧感，让其敢于提出自己的观点和看法；逐步取消妨碍基层员工工作的因素以及量化考核指标；并且通过高层领导的积极参与，在企业内部形成一种包含计划、执行、检查、处理（PDCA）流程的、全体员工认同的管理文化。最后，开发更多的高端客户，树立以客户为中心的意识，提出“服务在客户没有想到之前”的口号。通过对内部的管理流程进行挖潜和为客户提供优质的增值服务来获得新的竞争优势。

学习指导

物流企业作为一种商业组织，和其他类型的企业一样都是以盈利为目的的。在竞争激烈的物流市场中，必须要有独特的竞争优势才能够赢得先机。在学习本部分内容时，要注意从以下几个方面进行把握：第一，了解物流企业的内部环境和外部环境主要包括哪些内容。第二，掌握分析物流企业的内部环境和外部环境的方法。第三，掌握如何根据所面临的内外部环境制定合理的、不同类型的物流企业物流战略。第四，掌握战略制定之后进行有效实施的办法。

思考题

1. 试述物流企业的内部环境和外部环境主要包括哪些内容？

2. 如何对物流企业的内外部环境进行分析？

3. 物流战略的决策内容有哪些？

4. 如何制定物流企业的战略？怎样实施？

拓展项目训练

1. 通过网络和其他途径，查找物流业中不同类型的、具有代表性的物流企业，然后分析这些企业的发展战略。

2. 假设自己成立一家物流企业，为自己的物流企业进行如下安排。

（1）用 PEST 模型分析物流企业当前的外部环境。

（2）用波特五力模型分析当前的物流行业环境。

（3）用 IFE 矩阵模型分析企业自身的优势与劣势。

（4）根据内外部环境分析的结果制定合适的企业战略。

项目三　物流企业计划与决策管理

学习目标

一、知识目标

1. 理解物流企业计划的概念与类型
2. 掌握物流企业计划的编制步骤
3. 掌握物流企业计划的制订方法
4. 理解物流企业决策的概念与类型
5. 熟悉物流企业决策的过程与方法

二、能力目标

1. 灵活运用所学知识分析案例
2. 具有熟练应用计划和决策方法的技能

三、素质目标

作为一个物流企业的管理人员，应该对物流企业的计划与决策工作有一定的重视，懂得“凡事预则立，不预则废”的道理。

本项目包含两个模块：物流企业计划管理，物流企业决策管理。

导引案例

双汇集团的内部物流外包

一、企业简介

双汇集团是以屠宰和肉制品加工为主的大型食品集团，总部位于河南省漯河市，总资产达200多亿元，拥有员工6万多人，年肉类总产量达300万吨。双汇集团是跨区域经营的大型食品集团，在全国15个省市建有20多家现代化的肉类加工基地并设有配套产业，在31个省市建有200多个销售分公司和现代化的物流配送中心，每天有8000

多吨产品通过完善的供应链配送到全国各地。

双汇集团坚持用大工业的思路发展现代肉类工业，先后投资40多亿元，从发达国家引进先进的技术设备4000多台/套，以高起点、上规模、高速度、高效益的思路建设工业基地，形成了以屠宰和肉制品加工业为主，以养殖业、饲料业、肉制品加工业、化工包装、彩色印刷、物流配送、商业外贸等为辅的主业突出、产业配套的产业群。

二、双汇集团物流外包决策分析

2011年3月15日，因“瘦肉精事件”，双汇集团供应链质量管理安全受到社会各界人士的关注与质疑。事件爆发后，双汇集团急需解决的问题是如何确保产品的质量安全，通过什么方式来管理自身的供应链。

经历了“瘦肉精事件”的重大打击之后，双汇集团逐渐加大了对供应链上游的控制力度，以防类似问题再次出现。双汇集团的发展战略是通过全产业链的整合来控制产品的质量安全，从而获取自身的竞争优势，其整合的环节包括饲料加工、养殖、屠宰分割、肉制品加工、化工包装、物流配送和商业连锁经营，即从生产到销售的整个产品流通过程。

双汇集团全产业链整合的发展战略得益于其对物流运营方式的高度重视，更为重要的是他们选择了自营物流的供应链管理方式来实现自己的经营战略。双汇集团生产过程中多个阶段的物流环节都需要物流服务供应商提供相应的物流服务。从物流服务需求方的角度来看，在不同的环节之间，双汇集团都需要投入一定的交易成本和生产成本。因为生产规模较大，所以由此产生的成本也较大。从物流服务供给方来看，巨大的生产规模和多个环节的物流服务意味着有创造价值和获取利润的巨大机会。

双汇集团将成本和利润进行了转化，做到将上下游物流环节有机整合，实现了物流一体化。双汇集团自身拥有一家专业性的物流服务企业——双汇物流投资有限公司，因此他们能够自营物流，无须将物流外包给第三方物流服务供应商。自营物流的供应管理方式使得双汇集团自身既充当了物流需求方的角色，又充当了物流服务供给方的角色。在双汇集团的供应链内部，各个部门和子公司之间形成了一个内部的服务供需市场，相当于在内部实现了物流外包，将各个生产部门产生的物流成本内化成物流企业自身的利润，有效地削减了生产过程中的成本，提高了自有资源的利用效率，同时为各个环节创造了一定的价值和利润。

除了拥有自营的物流服务企业之外，双汇集团还拥有一家ERP软件服务公司——双汇软件公司。双汇集团成立此公司的目的是解决众多经营活动中物流环节的信息共享问题。如果说双汇物流投资有限公司为双汇集团的物流管理活动提供了硬件设施的保障，那么双汇软件公司便为双汇集团提供了软件服务的支持。双汇集团自身的产业链涉及多个物流环节，各个环节的物流活动由自身的物流公司承担，在此过程中，定会产生大量的管理信息。管理信息的共享对于上下各环节而言都十分重要。凭借着自有软件公司开发的ERP软件，双汇集团实现了每个环节管理信息的实时共享，确保了供应链的高效运行。

三、与6家车企大鳄“联姻”

通过业务重构、转型升级，双汇物流计划用三五年的时间从传统物流企业转变为具有强大社会服务能力的开放型现代物流企业，发展成为具备完善产业链服务功能的食品服务企业，使营业收入达到100亿元，打造食品服务业中国版Sysco（西斯科）。双汇物流此次与冷王、开利、东风、解放、中集、红宇6家企业集中签约，通过战略合作，构建合作发展的新平台、新机制，促进双汇物流战略转型目标的实现。同时，双汇物流还将与6家公司在车辆代理销售、汽车零配件代理销售、融资租赁、安全协同等方面有更深的合作。

由上可见，消减成本、获取资源和创造价值均为双汇集团采取自营物流的动因，自有物流公司使得双汇集团实现了在内部进行物流外包，形成了客户企业与物流供应企业紧密的合作伙伴关系。与此同时，自有软件公司先进的物流信息服务为双汇集团自营物流的物流外包方式提供了较强的技术支持。自营物流以在内部进行物流外包的方式使得双汇集团的全产业链整合成为了可能，也令其对自身上下游产业链有了更好的控制能力，进一步确保其产品的质量安全。

阅读上面的案例，请思考以下问题。

1. 什么是企业决策管理？
2. 什么是企业计划？
3. 企业决策的程序？

模块一　物流企业计划管理

任务描述

小李从某职业学院经济管理系物流管理专业毕业后，通过招聘会被天津某物流公司选中，招收为计划部的实习生，将进行为期3个月的实习。在这期间要进行与岗位相关的培训和学习，如果实习合格则被聘为正式员工。

小李在实习的第一天到计划部报到，然后到培训部进行相关的培训。培训部的老师对小李进行了业务培训，要求小李完成下面的任务。

任务一：试述编制物流企业计划的方法。

任务二：简单编制物流企业计划。

知识链接

一、物流企业计划的概述

物流计划就是对现代物流活动的一种预测与构想，也就是预先对物流运营活动进行安排。物流企业计划是按照决策所确定的方案，从时间和空间上对企业生产经营活动及其所需各种资源，做出具体统筹安排。

（一）物流企业计划的作用

物流企业计划是物流企业组织开展活动的指南，是企业管理者实现有效指挥与控制的依据与标准。短期计划可以使具体的工作被迅速而又有序地顺利完成，长期计划可以推动企业战略目标的达成。除此之外，计划还可以监控工作完成的质量好坏，以便及时进行计划修正。物流企业计划的作用具体表现在以下几点。

1. 物流企业计划是决策落实的基础

首先，每一个计划及其派生计划都旨在促进企业或其他物流组织的总目标和一定时期目标的实现。具体来说，计划工作首先就是确立目标，使今后的行动集中于目标，并预测和确定哪些行动有利于达到目标，哪些行动不利于达到目标或者与目标无关，使得物流企业在作出各种决策的时候，有明确的指示和指导，从而能够协调一致地按计划实现企业的目标。所以说，在由现实状态过渡到目标状态的过程中，经常需要物流企业管理者在企业计划的指导下作出各种决策，以实现企业的长期目标。

其次，物流企业计划主要对物流企业生产活动及其所需各种资源进行安排，以保证管理者决策的顺利执行。所以说，物流企业经营计划的合理与否，影响着决策执行的效果。

2. 物流企业计划具有指导性

制订计划的目的就是为了指导实际工作，既要体现政策要求，又要结合实际情况，往往还要经过充分的论证和领导层的决策，因而指导性是计划的首要作用。一方面，对于正式公布的计划，相关单位和个人必须遵照执行；另一方面，用建立在科学的分析预测基础上的计划指导工作，有利于实现人力、物力、财力的合理安排与使用，查漏补缺，进而增强工作的自觉性，使得各项工作按部就班地持续开展。

3. 物流企业计划是实施控制的手段

在执行计划、实现目标的过程中，各种活动和工作都会出现前后协调不一、联系脱节等情况，这就需要通过计划科学合理地协调各工种、各组织单位之间的关系，充分利用时间和空间，保证各项工作有序地进行，通过比较和优化各种经济和技术指标，提高整体效益。而大部分评价指标来源于计划，所以说，计划是企业实施控制的手段。物流企业对一切工作的管理都必须始于物流企业计划，终于物流企业计划。

（二）物流企业计划的种类

物流企业计划建立在广泛的物流调研及准确预测的基础上，为未来一定时期内的企业经营活动制定目标和任务。物流企业的计划可以表现为很多种形式和种类，本书将根据不同的划分标准对物流企业计划进行分类。

1. 按照计划的时间界限划分

按照计划的时间界限划分，物流企业计划可以分为长期计划、中期计划和短期计划。

（1）长期计划。长期计划是对企业未来较长一段时间内资源和需求之间的平衡进行的概括性设想，是根据企业所拥有的生产能力和需求预测，对企业未来较长一段时间内的组织、生产、营销等问题作出的决策性描述。长期计划的时间通常为 5 年以上，由于 5 年以上的不确定因素较多，市场环境变化较大，产品生命周期慢慢在缩短，所以，长期计划一般都比较抽象和不具体，可以说是一种目标计划，体现了企业发展方向和资源分配的标准。计划方案也比较有弹性。

（2）中期计划。中期计划是为了实现企业的经营目标，将长期计划分解和具体化，计划时间通常为 3 ~ 5 年。中期计划依据长期计划的要求，一般应用滚动计划法编制详细的计划内容，可以说是一种发展计划，用以执行长期计划，体现了各职能部门的发展目标，主要起衔接长期计划和短期计划的作用。

（3）短期计划。短期计划是各职能部门为实现中期计划，将中期目标分解，针对日常处理活动制定更具体的绩效目标。如采购计划、生产计划等，不仅包含数字，还有负责人、进度、方法、预算等内容。短期计划时间通常为 1 年，也有具体到按半年、季度、月、旬、周、工作日、班次、小时、分钟和秒来安排活动的计划，一般称为执行计划，体现了各部门的最优化调度。特别是为企业员工在较短时期内应该做什么、做到什么程度提供了依据。

目前，在我国部分大型企业中，长期计划只有粗略的目标数字，无细节措施。企业一般以中期计划为中心，编制年度计划、短期计划可以体现出企业的生产效率和管理技术的先进性。

2. 按照计划制订者的层次划分

物流企业里的计划也是分层次的，按照计划制订者的层次划分，可以分为战略层计划、策略层计划、战术层计划和作业层计划。

（1）战略层计划。战略层计划也叫远景规划，主要由企业高层领导根据物流企业所拥有的资源和物流企业所处的外部环境条件，对未来若干年（一般为 5 年以上）发展规模、物流服务活动、设备自动化程度、企业盈利形式、企业核心竞争优势、企业的组织发展形式、人才资源利用水平等的预测，是企业对未来发展的目标和如何实现目标的方案的总计划，强调整体的协调，是物流企业总体的发展方向，是物流企业对各项工作和资源进行分配的指南。

（2）策略层计划。策略层计划一般是企业3～5年的策略与战略规划，包括市场开发策略、商务拓展策略、合作伙伴选择策略、客户服务策略、物流成本控制策略以及绩效分析评价策略等。策略层计划根据战略层计划的要求，一般是由企业高层管理人员制定出的针对企业在某个特定时期、某个领域的策略，以保证战略层计划目标的实现。

（3）战术层计划。战术层计划是根据策略层计划的内容，由企业的中层领导部门制定的一年内要达到的目标，一般是局部性的、阶段性的计划，它多用于指导、组织和协调企业内部某些部门的共同行动，以完成某些具体任务，实现某些具体的阶段性目标，包括设备的更新、维修计划，绩效目标等。

（4）作业层计划。作业层计划也称实施计划，是根据战术层计划的内容，由企业基层管理人员，如车队领导，对日常活动处理、作业数量和质量等方面制订具体详细的实施计划等。作业层计划是实际执行和现场控制的依据，可以是季计划、月计划、旬计划、日计划、小时计划，一般情况下是必须执行的命令性计划。

战略层计划、策略层计划、战术层计划和作业层计划，体现的是企业中各级组织纵向层次的指导和衔接。战略层计划对策略层计划、战术层计划和作业层计划具有指导作用，而策略层计划、战术层计划和作业层计划的实施能够确保战略层计划的实现。

3. 按照计划的表现形式划分

按照计划不同的表现形式分类，可以将计划分为宗旨、目标、战略、政策、程序、规则、规划和预算等。

（1）宗旨。任何一个物流企业和物流组织都有自己的目的和宗旨，这种宗旨指明了一定的组织机构在社会上应起的作用、所处的地位。宗旨回答了企业和组织是干什么的及应该干什么的问题。例如，高等院校的宗旨是教书育人和科学研究，医院的宗旨是救死扶伤和治病救人，企业的宗旨是提供服务或生产产品以满足客户的需要，物流企业的宗旨是物畅其流等。当然，每个物流企业核心竞争力的不同，物流企业的内部条件和所处外部环境的不同，企业领导的经营理念、文化层次和智慧的不同，决定了不同的物流企业从事的物流服务内容有所不同。企业的文化不同，企业奉行的宗旨不同。

（2）目标。目标是在宗旨的指导下提出来的，是宗旨的具体化，是在一定时期内要达到的具体成果。目标不仅是计划的终点，也是组织工作、配备人员以及进行指挥、领导和控制等活动所要实现的结果。从确定目标起，到不同时期和不同组织机构对目标的具体分解，直至形成一个目标网络，构成计划工作的基础。例如，一家物流企业一年的利润目标是多少，营业额目标是多少，客户满意率要达到多少，缺货率和货损率要控制在多少等。

（3）战略。战略是为了达到总目标而采取的行动和利用资源的总计划，是为实现组织长远目标所选择的发展方向、所确定的行动方针以及资源分配方案的一个总纲。其目的是通过一系列的主要目标和政策去决定和传达其希望成为什么样的组织，并指明方向、重点和资源分配的优先次序，而不是具体地说明怎样去完成目标。例如，物流企业的整合营销战略、特色服务战略等。

（4）政策。政策是指导或沟通决策思想与行动方针的全面的陈述书或理解书，也可以是从主管人员的行动中反映出来的原则。政策指明了活动的方向和范围，它允许对某些事情有酌情处理的自由，但又有鼓励和限制的内容，以保证行动同目标一致，并有助于目标的实现。例如，对客户的优惠政策，国家的现行税收政策等。

（5）程序。程序是制订处理未来活动的一种必须例行的方法的计划。它详细列出了活动的方式，并按时间顺序加以排列，可以看作行动的指南。在企业的各级组织中都有程序，并且基层的程序更多、更具体。例如，物流企业的订单处理程序、分拣程序、结算程序等。

（6）规则。规则是对在具体场合和具体情况下，允许或不允许采取某种特定行动的规定。规则也是一种计划，通常是一种最简单形式的计划。规则常与政策和程序相混淆，应特别注意区分。规则不同于政策，政策主要是明确方向，有调整余地；而规则运用时，执行人员没有调整的权利。规则不同于程序，规则指导行动，却不说明时间顺序，而程序可以看作一系列有前后顺序的规则。

（7）规划。规划是为完成既定行动方针所必需的目标、政策、程序、规则、任务分配、执行步骤、使用的资源等因素而制订的一个综合性的计划。规划可以很大，也可以很小，通常需要很多辅助性计划，而所有这些计划都必须加以协调，以辅助实施。

（8）预算。预算是为规划服务的，其本身也可能是一项规划，只是把某项支出预期结果用数字化的形式表示出来。所以预算可以看作一种数字化的计划。

4. 按照职能部门划分

按照职能部门划分，计划可以分为新产品开发计划、销售计划、业务计划、人事计划和财务计划。

（1）新产品开发计划。激烈的现代市场竞争使得企业要想生存和发展下去，就必须以客户需求为中心开发产品、提供服务。而客户的需求量是有限的，企业必须在众多的企业中凸显本企业的优势和特色，才能吸引客户的眼球。在物流服务水平和定价趋向社会一致性时，企业只有挖掘客户的潜在需求，开发新产品，抢占新市场，满足客户个性化需求，才能巩固市场地位，获取更多的效益，所以企业必须做好新产品的开发。而新产品的开发计划则是重中之重，成功的计划必须以客户的需求为导向，以客户的意识为中心进行设计，同时要选好时机。一般在产品发展到成长期时，就要有计划地制订下一个新产品的开发计划，明确客户的潜在需求，了解同行技术水平，并组织有创新能力的开发人员，按时间进度推进。当然，新产品开发计划还要注意优先考虑安全、健康和环境因素。

（2）销售计划。销售计划主要是为促进销售、扩大规模、形成良好企业形象而制订的计划。销售计划可以看作企业为实现一定时期内的销售目标或指标，而设计的销售渠道计划，主要包括销售策略、销售手段、网络的利用等。

（3）业务计划。业务计划包括运输计划、仓储计划、搬运装卸计划等。运输计划是对运输量和所需运输工具所编制的计划，一般要在合理选择运输路线和运输工具的基础上，计算确定货运量，再经过讨论、修改，编制出运输计划；仓储计划，主要是安排仓储业务，保证购销业务的正常开展；搬运装卸计划，是运输和仓储计划的重要补充，以保证物流的均衡顺畅。

（4）人事计划和财务计划。人事计划和财务计划是围绕其他职能部门业务的计划而展开的。人事计划分析的是如何为企业业务规模的维持或扩展提供人力资源的保证。例如，准备必要的干部力量，制订提高员工素质的计划、岗位轮换计划、操作员进修培训计划等。财务计划分析的是如何从资本的筹集和利用上促进企业经营业务的有效进行。例如，融资渠道和融资方式的选择、资本的供应和利用、资金利用率和周转率的绩效评价等问题。

二、物流企业计划的编制

（一）物流企业计划编制的原则

在编制物流企业计划时，应遵守一些基本原则，如承诺原则、弹性原则、限定因素原则、改变航道原则等。其中承诺原则是计划对客户的保证，对未来的承诺。弹性原则是指在计划的编制过程中为了适应未来的不确定因素，要留有发展或变动的余地。如仓储计划的制订，要注意市场货物供需变化，随着经济周期性涨落，仓储需求周期性变化，制订的仓储计划也要在不同的时间段体现出这种变化，并为这种变化准备出能够规避风险、促进企业发展的备选方案和计划。限定因素原则是指管理人员越是能够了解掌握限制目标实现的因素，就越能够有针对性地、有效地拟订各种行动方案。改变航道原则是指计划的总目标不变，但实现目标的进程（即航道）可以因情况的变化随时改变。

（二）物流企业计划编制的步骤

为了保证计划编制的合理性和科学性，物流企业计划的编制一般应遵循以下步骤。

1. 分析机会

对机会的分析和明确是编制计划的起点。对于物流企业来说，制订企业经营计划时，首先要在充分客观的调研基础上预测未来企业外部环境变化带来的机会和风险，分析组织内部的优势和弱势，明确物流企业希望解决什么问题、为什么要解决这些问题，以及期望的结果。编制计划需要实事求是地对各种情况作出判断，对现在物流企业面临的环境和未来发展趋势进行分析，主要包括宏观资源情况、市场全球化进程、供应链管理水平、物流技术先进性、人力资源管理水平等；对企业组织内部条件进行评价，主要包括物流技术水平、设备设施情况、人员素质、销售能力以及生产能力、资金等。

2. 确立目标

根据对机会的分析，确定需要解决的问题的以及目标，这是企业组织行动的出发点和归宿。主要表现为确定服务产品、顾客群以及与其他竞争者的区别；确定为达到目标需要做哪些工作，重点在哪里；确定如何运用战略、程序、规章、预算等计划形式去完成计划工作的任务等。

3. 明确前提条件

前提条件是关于计划实施的环境的假设，前提条件越明确，计划越有效。明确前提条件就是对预期内部和外部的环境条件的制约有明确的对策及措施。其中，有的环境制约因素是企业可以控制的，如资源分配、产品的开发等；有的则无法控制，如税率、国家政策等；有的在一定范围内可以控制，如市场占有率、企业内的价格政策等。

4. 拟订可供选择的方案

由于企业内部组织和外部环境制约条件较多，不可能通过一个方案使各种条件得到满足，实现最优化，这就需要将众多影响因素按照对企业经营的重要性分类，尽可能多地发掘可供选择的方案，以备后续评选。可供选择的方案越多，比较得越充分，最终选择就越合理，决策就越有效。

5. 评价各种备选方案

评价各种备选方案的目的是选出更好的方案。通常要确定对企业经营的影响因素，并对其重要性进行分级，分配不同的权重，综合评价哪个方案更好。影响因素确定不当、权重分配不当都会影响结果的合理性。有的企业依靠管理的经验和主观判断来评价备选方案，对某项影响因素更关注的时候可以借助运筹学、数学方法和分析技术进行方案评价。特别要注意的是，要提高评价的有效性，最好从定性和定量两个方面加以比较，综合衡量效益。

6. 选择方案

从多个可行方案中选择一个或几个较合理的方案。如果出现多个较合理的方案，必须确定首先采取哪个方案，并对其他方案也进行细化和完善，作为后备方案。另外，还需制订主要计划作为管理文件，主要计划要明确做什么（What）、为什么做（Why）、谁去做（Who）、何时做（When）、何地做（Where）、怎样做（How）。

7. 拟订派生计划

派生计划是在确定较合理的方案后，围绕主要计划制订一系列辅助性的计划。例如，投资计划、人员配备计划、培训计划等。

8. 编制预算

在确定计划后，最后一步是把计划转变成预算。所谓预算是数字化的计划，是计划的数量说明，是用数字形式对预期结果的一种表示。预算是企业各种计划的综合反映，既是定量评估计划的重要标准，也是协调部门活动和实现有效控制的主要手段。

三、编制物流企业计划的方法

计划工作效率的高低和质量的好坏，很大程度上取决于计划编制的方法。传统的计划方法是综合平衡法，现在看来已难以适应企业所面对的复杂而多变的外部环境。现代计划方法大量采用数学、计算机科学的成果，如线性规划、非线性规划、概率论和数理统计、滚动计划法、网络计划技术法等。以下向大家介绍滚动计划法、网络计划技术法。

（一）滚动计划法

滚动计划法是一种定期修订未来计划的方法，具有灵活性，能适应环境变化。这种计划是每经过一段固定的时期（如一年或一季度等，这段固定的时期称为滚动期），根据前期计划的执行情况和环境变化情况定期修订计划，并逐期向前推移，使计划不断滚动、延伸，将短期计划、中期计划和长期计划有机结合起来，所以称为滚动计划法。

1. 滚动计划法的思想

由于在计划工作中很难准确地预测将来影响组织生存与发展的经济、政治、文化、技术、产业等各种变化因素，而且随着计划期的延长，这种不确定性会越来越大。因此，若机械地按几年以前编制的计划实施，或机械地、静态地执行战略性计划，则可能导致巨大的错误和损失。滚动计划法可以避免这种不确定性带来的不良后果。滚动计划法是用“近细远粗”的基本方法制订计划的。例如，在 2018 年年底，某物流企业制订了该企业的一个五年计划（2019—2023 年），计划的详细情况如表 3－1 所示。

表 3－1　五年计划（2019—2023 年）

2019 年	2020 年	2021 年	2022 年	2023 年
很细	较细	一般	较粗	很粗

2019 年年底，该企业根据 2019 年计划任务的实际完成情况，分析计划与完成情况的差异，结合外部环境变化和内部组织调整情况及时调整经营方针，生成新的五年计划（2020—2024 年），如表 3－2 所示。

表 3－2　调整后的五年计划（2020—2024 年）

2020 年	2021 年	2022 年	2023 年	2024 年
很细	较细	一般	较粗	很粗

2. 滚动计划法的评价

滚动计划方法虽然加大了计划编制和实施工作的任务量，但在计算机普遍应用的今天，其优点十分明显。其最突出的优点是使战略性计划的实施更加切合实际。战略性计划是指应用于整体组织的、为组织未来较长时期（通常为5年以上）设立总体目标和寻求组织在环境中的地位的计划。由于人们无法对未来的环境变化作出准确的估计和判断，所以计划涵盖的时间越长，其实施难度也越大。滚动计划相对缩短了计划时间，加大了计划的准确性和可操作性，从而成为实施战略性计划的有效办法。其次，滚动计划方法使长期计划、中期计划与短期计划相互衔接。这就保证了由于环境变化出现某些不平衡时，也能及时地进行调解，使各期计划基本保持一致。最后，滚动计划方法大大加强了计划的弹性，这在环境剧烈变化的时代显得尤为重要，它可以提高组织的应变能力。

（二）网络计划技术法

网络计划技术法是于20世纪50年代后期在美国产生和发展起来的。网络计划技术法是一种科学的计划管理方法，是利用网络理论制订计划，并对计划进行评价、审定的方法，特别适用于大型项目。

1. 基本原理

网络计划技术法的基本原理是：首先把一项工作或项目分成各种作业，然后应用网络图描述计划中各项工作的先后顺序和相互关系，再通过计算找出计划中关键工序和关键路线，抓住其中的主要矛盾，通过不断改善网络图，选择最优方案，并在计划执行过程中进行有效的控制，以最短的时间和最少的人力、物力、财力完成工作，保证取得最佳的经济效益。网络计划技术法的基本步骤如图3－1所示。

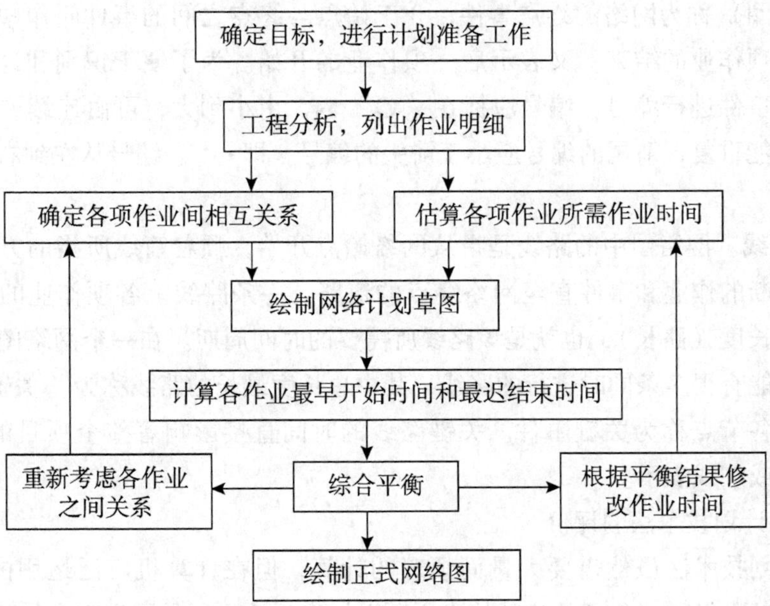

图3－1　网络计划技术法的基本步骤

2. 网络图的构成

网络计划技术法应用网络图描述各项作业的顺序和相互之间的关系，这是制订计划的基础。所以，应用网络计划技术首先要从网络图入手。

网络图是用来描述一个项目中各个作业的前后顺序和相互关系的图形，主要由作业、事件和路线三个因素组成，因图形呈网状，故称为网络图。

（1）作业。网络图中的作业是指一项具体的工作或一道工序，需要消耗一定的资源（人力、物力、财力），经过一定时间才能完成。在网络图中用箭线表示作业，箭线所指方向代表作业前进方向，箭线的箭尾编号和箭头编号分别表示为 i 和 j，箭尾 i 表示作业的开始，箭头 j 表示作业结束，作业的名称或代码标注在箭线的上面，完成该作业所需的时间（或工时）T 以数字形式标注在箭线的下面。网络图中作业的画法如图3－2 所示。

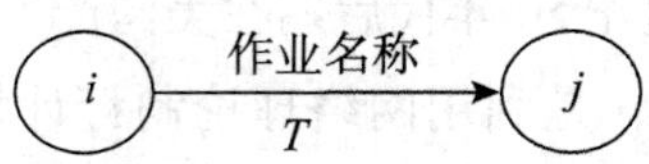

图 3－2　网络图中作业的画法

（2）事件。网络图中的事件是指某项作业或工序的开始或结束。在网络图中用“○”表示，“○”是两条或两条以上箭线的交接点，故又称为节点。节点不消耗资源，也不占用时间和空间，是表示某个工序开始或结束的符号。每个网络图中只有一个起始点和一个终点，分别表示一项计划或工程的开始和结束，起始点表示的第一个事件（即第一个圆圈）称为网络的起始事件；网络图中终点表示的最后一个事件（即最后一个圆圈）称为网络的终点事件；介于始点与终点之间的事件叫作中间事件，它既表示前一项作业的结束，又表示后一项作业的开始。为了便于识别和计算，在网络图中往往对事件进行编号，编号应标在“○”内，由小到大，可由连续或间断的数字编号，但不能重复，箭尾的编号应小于箭头的编号，即 $i<j$。编号从左到右、从上到下进行。

（3）路线。网络图中的路线是指从网络始点开始，顺着箭线所指的方向，经过一系列连续不断的作业和事件直至网络终点的道路。一条路线上各项作业的时间之和是该路线的总长度（路长），也就是该路线所需要的时间周期。在一个网络图中，完成一个项目，可能有很多条同时进行的路线，其中总长度最长的路线称为“关键路线”，关键路线上的各节点称为关键事件。关键路线的时间直接影响着整个项目的完成期限，一般用粗线或红线表示。

3. 网络计划技术法的评价

网络计划技术法虽然需要大量而烦琐的计算，但在计算机广泛运用的现代社会，这些计算大都已经程序化了。这种技术之所以被广泛地运用是因为它有如下优点。

（1）该技术能清晰地表明整个工程各项目的时间顺序和相互关系，并指出了完成任务的关键环节和路线。因此，管理者在制订计划时可以统筹安排，全面考虑又不失重点。在实施过程中，管理者可以进行重点管理。

（2）可对工程的时间进度和资源利用实施优化。在计划实施过程中，管理者调动非关键路线上的人力、物力和财力从事关键作业，进行综合平衡。这既可节省资源，又能加快工程进度。

（3）可提高达到目标的可能性。该技术指出了计划实施过程中可能出现的困难点，以及这些困难点对整个任务产生的影响，准备好应急措施，从而减少任务完不成的风险。

（4）便于组织与控制。管理者可以将工程，特别是复杂项目，分成许多支持系统，分别组织实施与控制，这种既化整为零又聚零为整的管理方法，可以达到局部和整体的协调一致。

（5）易于操作，并具有广泛的应用范围，适用于各行各业以及各种任务。

解决方案

小李所在的物流公司在天津市，以北京、天津、河北为主要经营地区。公司核心服务是通过网络、电话、传真等快捷方式进行一站式、直销式第三方物流服务。其经营宗旨是在规定的时间、规定的地点、以规定的数量、合适的价格为顾客提供服务。

关于任务一：试述编制物流企业计划的方法。

经小李的学习和查询，除了滚动计划法和网络计划技术法外，小李又了解到了目标管理法和运筹学法。

1. 目标管理法

目标管理是以泰罗的科学管理和行为科学管理理论为基础形成的一套管理制度，其概念是管理专家彼得·德鲁克（Peter Drucker）于1954年在其名著《管理的实践》中最先提出的，其后他又提出“目标管理和自我控制”的主张。

德鲁克认为，并不是有了工作才有了目标，而是相反，有了目标才能确定每个人的工作。所以“企业的使命和任务，必须转化为目标”，如果一个领域没有目标，这个领域的工作必然被忽视。因此管理者应该通过目标对下级进行管理，当组织最高层管理者确定了组织目标后，必须对其进行有效分解，转变成各个部门以及各个人的分目标，管理者根据分目标的完成情况对下级进行考核、评价和奖惩。

2. 运筹学法

运筹学法也是一种有效的计划方法，其核心是运用数学模型，力求将相关因素都转化为变量形式反映在模型中，然后通过数学和统计学的方法在一定的范围内解决问题。其具体步骤如下。

(1) 建立问题的数学模型。

首先根据研究目的对问题的范围进行界定，确定每个问题都需要的主要决策变量和问题的约束条件，然后根据问题的性质建立数学模型。为了简化问题和突出重点影响因素，还需要做各种必要的假定，列出约束条件，使方程组或不等式组在满足一定条件时下成立。

(2) 建立目标函数。

根据模型中变量和结果之间的关系，建立目标函数，可以作为对各种可能的行动方案进行比较的尺度。通过目标函数计算出各种可能的行动方案中的最大值或最小值，所以所建立的目标函数要能达到比较的目的。

(3) 确定各参数值。

将运筹学应用到具体的实际问题中，需要收集确定的参数数值信息，使方程组或不等式成立，方便在此条件下求解。参数数值估计的准确性将影响求解的准确性，所以要合理地确定目标函数中各参数的具体数值。

(4) 求解模型。

求解模型是运用各种手段（主要是数学方法）找出目标函数的最大值或最小值，以此求得模型的最优解，即问题的最佳解决方法。复杂模型的求解需借助计算机，解的精度要求可由决策者提出。

关于任务二：简单编制物流企业计划。

小李根据所学专业知识及对公司的情况，就目标定位编写了简要的工作计划书，主要内容如下。

物流公司工作计划书

一、企业自身分析

1. 优势

(1) 市场上同类企业极少，我们公司将直销体系和个性化服务应用于第三方物流产业，是一个地区性、针对性极强，依靠高度的信息化来经营的小、精、专的新型物流公司。

(2) 我们的市场价格较低，并依靠优质的服务和客户关系管理吸引客户，从而依靠规模经营来盈利。

(3) 我们以双赢为最终目标，以合作为竞争手段，无形中扩大了自身规模，提高了公司在行业内的影响力。

(4) 我们将与社会机构合作。公司每年拿出利润的10%建立基金组织，无偿捐赠，用于中国物流基础设施建设，并将此作为一种事件营销手段。

2. 劣势

(1) 公司在起步阶段经营规模小，资金少，没有充足的资金来源，资金运转方面可能会不太灵活。

(2) 市场经验不足，面对突发事件应对经验不足，缺乏对策。

二、目标客户定位

(1) 京、津、冀地区自身没有物流系统的公司。

(2) 其他地区，在京、津、冀地区有物流业务，但自身没有物流系统的公司和机构。

(3) 京、津、冀地区需要物流项目外包的政府部门和事业部门。

(4) 其他在京、津、冀地区有业务的物流公司。

(5) 其他与我们有联合业务的地区性物流公司。

(6) 京、津、冀地区农村的乡镇企业。

模块二　物流企业决策管理

任务描述

小李在对计划工作有了更深的了解后，和其他实习生都提交了一份计划书，培训部又要求小李完成另一项任务。

任务：试论述如何做出科学决策。

知识链接

一般来说，决策这个词很容易让人联想到是高层领导做的事情。可其实，在企业环境中任何一个人都需要决策，决策作为企业发展过程中最重要、最基本的职能，其正确与错误往往决定了企业经营的成败。企业经营管理的每一个环节和每一个阶段都离不开决策。

一、物流企业决策的概述

（一）物流企业决策的概念

通常来说，决策就是要做出决定和选择，通过分析、比较，在若干种可供选择的方案中选定最优方案的过程。当前，对决策概念的界定有上百种，但仍未形成统一的认识，归纳起来，基本有以下三种理解：第一种是把决策看作一个包括提出问题、确立目标、设计和选择方案的过程，这是广义的理解；第二种是把决策看作从几种备选的方案中做出最终选择的过程，是决策者的决定，这是狭义的理解；第三种是把决策看作对不确定条件下发生的偶发的、随机的事件所做的处理决定。这类事件既无先例，又没有可遵循的规律，做出选择要冒一定的风险。也就是说，只有冒一定风险的选择才是决策，这是最狭义的理解。

以上对决策概念的解释是从不同的角度出发的，从科学角度来看，大部分人比较认同美国学者西蒙在决策理论中对决策内涵的看法。西蒙认为："决策是为了达到一定的目标，从两个或多个可行方案中选择一个合理方案的分析和判断过程。"

从决策的概念中不难总结出决策的要素，主要包括：①决策者，即决策过程的主体；②方案，指的是为实现既定目标而采取的一系列活动或措施；③自然状态，即决策者将要遇到的不受决策者控制的客观状况，要预先估计；④损益值，也就是每一个可行方案在每一种客观情况下产生的后果。

所谓企业决策，是企业决策者在拥有大量经营形势信息和个人丰富经验的基础上，对未来行为（包括企业的总体活动以及重要经营活动的目标、方针、战略和策略等）确定目标，并借助一定的计算手段、方法和技巧，对影响决策的因素进行综合分析研究后，从两个及以上可行方案中选择一个合理方案的分析判断过程。

物流企业决策是管理者在分析环境、洞察市场、确立优势的基础上做出的理性决策，是物流企业提出的物流目标、任务、方向以及据此制定出用以实现企业自身分阶段目标和总目标的各项政策和措施。

（二）企业决策的类型

企业的活动很复杂，企业决策包括的内容也很多，可以根据决策的重要程度、重复程度、所用方法、所处条件等不同标准，将企业的决策分为不同的类型。

1. 按决策的重要程度分类

按决策的重要程度分类，可以将决策分为战略决策、管理决策和业务决策。

（1）战略决策。战略决策由高层管理人员决定，也称为高层决策，是关系企业全局性、长远性、决定性的大政方针的决策，主要确定企业发展的经营目标、产品或服务、投资方向和规模发展等，重点解决企业与外部环境的关系问题。

（2）管理决策。管理决策由中层管理人员做出，也称为中层决策、战术决策，是指企业为实现战略决策对企业的各种经营资源做出合理安排的策略性决策，重点解决企业经营策略性问题。如企业生产计划和营销计划的制订、设备的更新、新产品的定价以及资金的筹措等。

（3）业务决策。业务决策由基层管理人员做出，也称为基层决策，是日常生产和业务活动中旨在提高工作效率和质量所进行的决策，重点解决生产、销售过程中常见的一些技术性较强、时间紧迫的具体问题。

2. 按决策时间的长短分类

按决策时间的长短分类，可以将决策分为长期决策（3 年以上）、中期决策（1 ~ 3 年）、短期决策（1 年以内）。

3. 按决策问题的重复程度分类

按决策问题的重复程度分类，可以将决策分为程序化决策和非程序化决策。

（1）程序化决策。程序化决策多是为了解决在企业日常经营管理过程中经常重复发生的问题，一般已有了处理经验、方法和程序，可以按照常规的方法来解决，如订货等。

（2）非程序化决策。非程序化决策是指在企业经营管理过程中不常出现的问题或新的问题，没有处理经验可参考，没有固定程序和常规处理办法，需要依靠决策者的判断和信念来做出决策，如新产品开发等。

4. 按决策问题追求的目标数目分类

按决策问题追求的目标数目分类，可以将决策分为单目标决策和多目标决策。

（1）单目标决策。单目标决策是只有一个决策目标的决策。决策是为了满足某一个指标的要求。所以单目标决策的关键是选择准确的决策目标，以做出科学的决策，而决策目标要根据所要解决的问题来确定。如成本最低目标、服务差异化目标等。

（2）多目标决策。多目标决策是单目标决策的推广，它更接近人们的日常决策。因为一项实际活动的决策总是涉及多个追求的目标。根据多个目标准则来确定一个方案是否可行的决策过程，是现代决策理论的重要内容之一。而各个目标之间通常都不能用一个标准来衡量，甚至会存在此消彼长的矛盾，各个目标的重要程度也不一样，所以追求多个目标同时实现最优是非常困难的，一般要把各目标特征量转化为效用函数，然后赋予各个目标相应的权重，再做综合评价，从而确定最优方案。如选址问题就是常见的多目标决策问题。

5. 按决策问题的确定性分类

按决策问题的确定性分类，可以将决策分为确定型决策、非确定型决策、风险型决策。

（1）确定型决策。确定型决策是指在可供选择的几种方案中确定一种自然状态时的决策，决策的环境是完全确定的，做出选择的结果也是确定的，即决策的条件是确定的。

（2）非确定型决策。非确定型决策指在可供选择的方案中存在两种或两种以上的自然状态，而且这些自然状态所发生的概率是无法估计的。决策者对将要发生的结果的概率一无所知，只能凭借决策者的主观推测及综合考虑各种情况下发生的利弊和得失的大小进行决策。

（3）风险型决策。风险型决策是指在可供选择的方案中，决策的环境不是完全确定的，存在两种或两种以上的自然状态，但每种自然状态所发生概率的大小是可以估计的，不论选择哪个方案，都有一定的风险性。

二、企业决策的程序

1. 调查研究经营形势与环境，制定经营目标

在做出决策之前，首先要对市场进行深入细致的调查研究，对企业所处外部环境和内部条件有充分的了解，客观地分析企业所面临的发展机会和威胁以及企业优势与劣势，明确经营问题，制定经营目标并及时调整。

2. 拟订可行方案

企业要在已确定的经营目标下，根据对信息资料的分析研究，拟订出两个或两个以上可供选择的可行方案。这个过程是发现、探索、创新的过程，也是淘汰、修订、选取反复进行的过程。

拟订可行方案是决策的关键，一定要注意方案的可塑性、可操作性、经济性及目标可实现性。

3. 对可行方案进行评价和优选

这是决策程序中的关键步骤。它是在对各个可行方案进行计算分析、比较、评价的基础上，由决策者通过总体权衡，选择出一个令人满意的方案。为此，需要满足两个条件：一是合理的选择标准，即从现实出发，比较“令人满意”；二是科学的选择方法，主要有经验判断法、数学分析法、实验法。

4. 执行决策

经过大量反复的分析研究，给决策者提供大量的决策信息，以供决策者做出选择，并落实决策。决策实施过程中要做好以下工作：制定相应的具体措施，保证方案的正确实施；确保与方案有关的各种指令被所有有关人员充分接受和彻底了解；应用目标管理方法把决策目标层层分解，落实到每一个执行单位和个人；建立重要工作报告制度，以便及时了解方案进展情况并进行调整。决策不是一次选择和决定就能完成的，需要经过反复的修正，直到各方面都尽可能达到满意为止。在决策实施过程中还要根据实施实际情况不断进行调整和完善，寻求新机遇、新目标、新方案。

三、物流企业决策的方法

决策不是选择方案的瞬间行动，而是一个提出问题、分析问题、解决问题的系统过程。在企业生产经营活动中，需要决策的各种问题往往具有复杂性和不确定性，正确的决策，需要有正确的经营思想和市场观念，掌握现代化的管理理论、方法和手段。

决策的方法主要有定性决策方法和定量决策方法。定性决策方法是指在决策过程中充分发挥专家集体的智慧、能力和经验，在系统调查研究分析的基础上，根据所掌握的情况与资料进行决策的方法，包括头脑风暴法、哥顿法、德尔菲法等；定量决策方法是指运用数学模型及计算机手段，在对决策问题进行定量化分析的基础上进行决

策的方法，包括确定型决策方法、风险型决策方法、非确定型决策方法等。

（一）定性决策方法

定性决策方法是在决策过程中充分发挥人们的主观能动性，运用社会学、心理学、组织行为学、政治经济学等有关专业知识、能力和经验，探索所决策事物的规律性，从而做出科学、合理的决策。其优点是可以充分利用集体的经验和智慧，进行逻辑推理和创造，灵活简便、省时省力；缺点是主观成分强，易受决策者个人对决策问题的感知方式、处理信息的能力和个人价值观的影响。以下主要介绍头脑风暴法、哥顿法和德尔菲法三种定性决策方法。

1. 头脑风暴法

头脑风暴法是比较常用的群体决策方法，将对解决某一问题有兴趣的人集合在一起，在完全不受约束的条件下，敞开思路，畅所欲言，时长为1～2小时，参与者以5～6人为宜。通过有关专家之间的信息交流，引起思维共振，产生组合效应，从而激发创造性思维，鼓励提出任何种类的方案设计思想，不允许任何批判。这种方法主要用于收集新设想。

头脑风暴法的创始人心理学家奥斯本为这一决策方法的实施提出了以下四项原则。

（1）对别人的建议不作任何评价，将讨论限制在最低限度内。

（2）建议越多越好。在这个阶段，参与者不要考虑自己建议的质量，想到什么就应该说什么。

（3）鼓励每个人独立思考、广开思路，想法越新颖奇异越好。

（4）可以补充和完善已有的建议以使其更具有说服力。

2. 哥顿法

哥顿法是美国人哥顿于1964年提出的决策方法。该方法先由会议主持人把决策问题向会议成员进行粗略介绍，然后由会议成员（即专家成员）讨论解决方案。当会议进行到适当时机，决策者将决策的具体问题提出，使会议成员的讨论进一步深化，最后由决策者吸收讨论结果，进行决策。

3. 德尔菲法

德尔菲法又名专家意见法，是由美国著名的兰德公司在20世纪中期首先提出和使用的一种专家调查法，后来该方法在各领域被迅速广泛采用，如军事预测、人口预测、医疗保健预测、经营和需求预测、教育预测等。此外，该方法还用来进行评价、决策、管理沟通和规划工作。

1）实施步骤

德尔菲法是依据系统的程序，采用匿名发表意见的方式，集结问卷填写人的共识及收集各方意见，以应对复杂任务难题的管理技术。其主要有以下几个步骤。

（1）确定目标和主题。确定目标和主题，就是要确定专家调查的主要目的，明确调查提纲，要求专家们书面回答，并提供资料。其中，预测主题要具体明确，适合实际需要。

（2）选择专家。选择专家是德尔菲法的重要环节，因为预测结果的可靠性取决于所选专家对预测主题了解的深度和广度。所以，选择专家要注意，宜选择在预测主题所属领域从事预测或决策工作 10 年以上的技术人员或管理者，通常应包括技术专家、管理专家、经济专家等。另外，还应考虑专家的职称、年龄、性别、国别等因素，而且人数不宜太多，一般以 10 ~ 15 人为宜。对于重大问题的预测或决策，专家人数可相应增加。

（3）设计调查表。把预测或决策问题按顺序排列成表格形式，调查表的设计要简明扼要，无歧义，易于填写。为使专家对德尔菲法有所了解，调查表的前言部分还应对德尔菲法进行介绍。

（4）征询专家意见。把调查表发给各位专家，调查表只提出决策主题，让各专家提出相应决策的事件，专家们根据提供的调查表独立回答。可以采取信函、电话、电子邮件等方式征询。

（5）整理意见。收到专家的回复后，由决策者对调查结果进行综合整理，包括归并同类事件、排除次要事件、定量地统计分析。在得出结果后，做出第二轮调查表再返给各专家。由各专家对第二轮调查表所列事件作出评价，阐明自己的意见，尤其是要求持异端意见的专家充分阐述理由。如此往复，进行三到四次调查统计，直到满意为止，最后由决策者在统计分析基础上作出结论。

（6）得出决策结论。经过多次反馈后，意见渐趋一致，此时便可把资料整理出来，得出决策结论。

2）德尔菲法的特点

德尔菲法可以归纳出如下三个特点。

（1）匿名性。为克服专家之间在决策时可能因名望、权力、尊重等产生心理波动，德尔菲法采用匿名征询意见的方式，以保证各成员能独立地作出自己的判断，避免尴尬。

（2）反馈性。通过多次调查表的填写和意见反馈，将专家的意见汇总统计，可使各专家充分借鉴其他专家的意见，并不断修正自己的意见。

（3）统计性。德尔菲法属于定性决策，但是为了提高决策的科学性，要采用统计方法对专家的意见予以定量处理，得出合理的结论。

当然，多次的调查和反馈，使德尔菲法的过程较复杂，所需时间和成本较高，当需要进行一个快速决策时，这种方法通常行不通。

（二）定量决策方法

定量决策方法分为确定型、风险型、非确定型 3 类。

1. 确定型决策方法

这种方法运用的前提是，人们对未来的认识比较充分，了解未来市场可能会呈现某种状况，能够比较准确地估计未来的市场需求情况，从而可以比较有把握地计算各方案在未来的经济效果，并据此做出决策。如盈亏平衡分析法。

盈亏平衡分析法又称量本利分析法或保本分析法，是进行决策的重要工具。该方法的基本特点是把成本分为变动成本和固定成本两部分，然后与总收益进行对比，以确定盈亏平衡时的产量或某一盈利水平的产量，进而分析有关因素变动对企业盈亏的影响，以得出最佳方案。企业进行盈亏平衡分析时，掌握好盈亏界限十分重要。求盈亏平衡点有两种方法：图解法和公式计算法。

1）图解法

盈亏平衡图解法是用盈亏平衡图表示销售收入、成本与利润之间的关系。其中，销售总收入线与总成本线的交点为盈亏平衡点，这个点表示销售总收入与总成本相等，是保本点。当销售总收入高于保本点时，表明企业有盈利；当销售总收入低于保本点时，表明企业出现了亏损。安全边际指的是计划产量与保本产量之差，保本产量就是盈亏平衡点 P 对应的横坐标 P_x，当计划产量高于 P_x 时，企业有盈利。如图 3－3 所示。

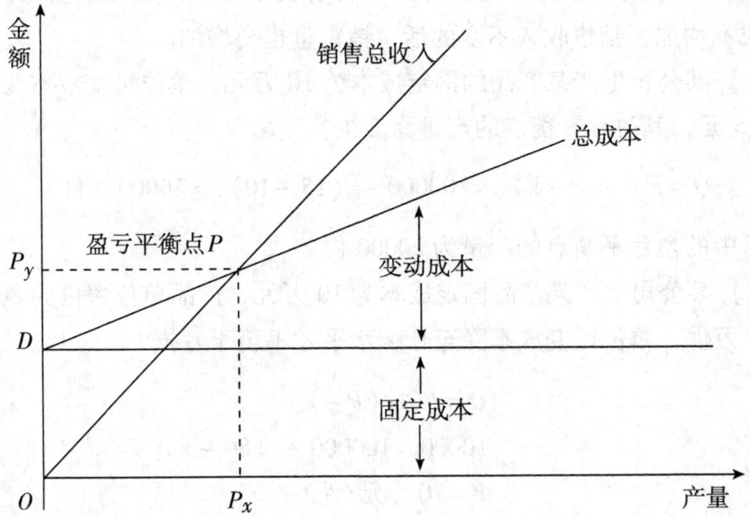

图 3－3　盈亏平衡图解法示例

2）公式计算法

公式计算法就是利用公式来计算盈亏平衡点、保本产量和收入。

假设 P 表示产品或服务的单价，Q 代表产量或销售量，F 表示固定成本，V 表示单位产品变动成本，π 为总利润，C 为单位产品贡献（多生产一个单位产品给企业带来的利润增量）。

其中，

$$C = P - V \quad (3-1)$$

（1）盈亏平衡时，求保本产量：

$$Q = F/(P - V) = F/C \quad (3-2)$$

（2）求保目标利润的产量，设目标利润为 π，则：

$$Q = (F + \pi)/(P - V) = (F + \pi)/C \quad (3-3)$$

（3）求利润：

$$\pi = PQ - F - VQ \quad (3-4)$$

（4）求安全边际和安全边际率：

安全边际＝方案带来的产量－保本产量

安全边际率＝安全边际÷方案带来的产量

从式（3－1）～式（3－4）可以看出，固定成本增加，盈亏平衡点的销售量也要增加；变动成本增加，销售收入不变的话，销售量也要增加。

【例3－1】某公司生产某产品的固定成本为10万元，单位可变成本为10元，产品单位售价为15元，其盈亏平衡点的产量为多少？

解：$Q = F \div (P - V) = 100000 \div (15 - 10) = 20000$（件）

所以题目中的盈亏平衡点的产量为20000件。

【例3－2】某公司生产某产品固定成本为10万元，产品单位售价为80元，本年度产品订单为1万件，单位可变成本降至什么水平才不至于亏损？

解：

$$Q = F \div (P - V)$$
$$10000 = 100000 \div (80 - V)$$
$$V = 70 \text{（元/件）}$$

所以，单位可变成本降到70元/件时，才不至于亏损。

2. 风险型决策方法

风险型决策方法又称随机型决策，也称为贝叶斯决策，指未来自然状态是不确定的，在明确目标的情况下，依据通过预测得到的几种不同自然状态下的经济效果及其出现的概率进行决策。由于自然状态并非决策人所能控制，所以决策的结果客观上要承担一定的风险，因此称为风险型决策。风险型决策方法是决策分析中研究运用得最多的一类决策方法，通常使用期望收益法或决策树法进行计算决策。

（1）期望收益法。期望收益法是在风险型决策和不确定性决策中，以矩阵形式分别计算可行方案的期望值（期望收益或损失），选择最佳（最大）期望值进行决策的方法。其中，期望值是用概率加权计算的平均值。如式（3－5）所示。

$$期望收益值 = \sum（每个自然状态下的损益值 \times 相应概率） \quad (3-5)$$

【例3－3】某企业设计了A、B、C三种方案，市场可能出现需求量大、中、小三种状态，其概率分布及各种方案在不同需求量状态下的收益值如表3－3所示。哪一种方案期望收益值最大?

表3－3　不同需求量状态下的收益值　　单位：百万元

需求量状态	概率	收益值		
		A	B	C
大	0.3	2	3	4
中	0.4	1	2	－2
小	0.3	5	－1	－3

解：首先，在表中计算出每个方案在不同需求状态下的期望收益值，然后从中选取期望收益值最大的方案作为比较满意的方案。具体计算如表3－4所示。

$$期望收益值 = \sum（每个自然状态下的损益值 \times 相应概率）$$

表3－4　损益值计算　　单位：百万元

需求状态	概率	收益值			期望收益值		
		A	B	C	A	B	C
大	0.3	2	3	4	0.6	0.9	1.2
中	0.4	1	2	－2	0.4	0.8	－0.8
小	0.3	5	－1	－3	1.5	－0.3	－0.9
合计					2.5	1.4	－0.5

从表3－4所示的计算结果可以看出，A方案的期望收益值（250万元）最大，故选A方案为比较满意的方案。

（2）决策树法。对于可行方案较多或未来周期较长的复杂风险型决策问题，决策树是应用较广的一种决策分析工具。决策树法就是用树状图来描述各种方案在不同情况（自然状态）下的收益，据此计算每种方案的期望收益从而做出决策的方法。

决策树的结构如图3－4所示，决策树从决策节点“□”开始从左往右画，引出多条方案分支，每个方案分支代表一个方案，每个方案分支的末端有一个状态节点

"○"，从状态节点引出多条概率分支，每个概率分支代表一种自然状态，在概率分支的最末端是效益点"△"，注明了每个自然状态的收益或损失。

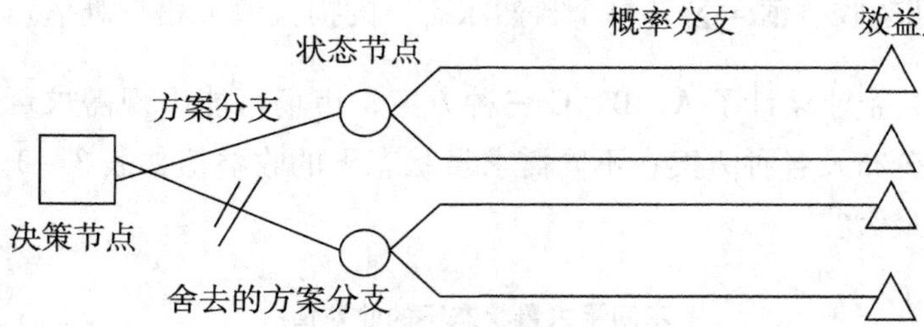

图3－4　决策树的结构

利用决策树决策，计算时从右往左算。首先计算各节点期望值，每一个状态节点的数值等于其各概率分支数值之和，并标在状态节点的上方；然后比较各状态节点上期望收益值的大小，从中选出比较满意的方案，将其期望收益值标注在决策节点上，同时在舍弃的方案分支上打上修支记号"//"，表示该方案已被删除掉。

【例3－4】某企业为了扩大产品的生产，拟建设新厂。据市场预测，产品销路好的概率为0.7，销路差的概率为0.3。有两种方案可供企业选择。

方案1：新建大厂，需投资100万元。据初步估计，销路好时，每年可获利100万元；销路差时，每年亏损20万元。服务期为10年。

方案2：新建小厂，需投资40万元。初步估计，销路好时，每年可获利40万元；销路差时，每年仍可获利30万元。服务期为10年。

哪种方案最好？

解：绘制该问题的决策树，如图3－5所示。

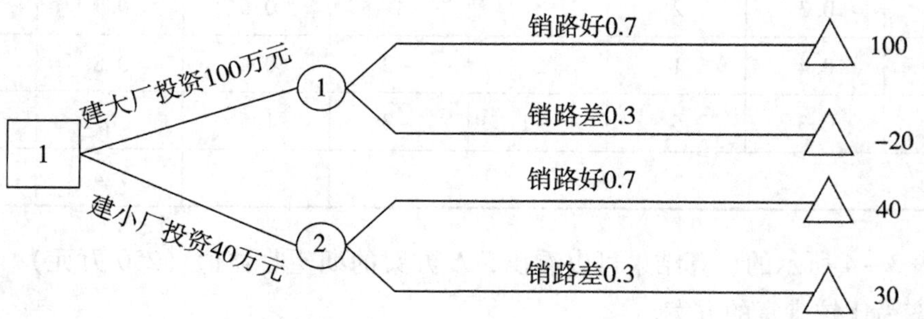

图3－5　拟建新厂决策树

方案1（节点①）的期望收益为：$[0.7\times100+0.3\times(-20)]\times10-100=540$（万元）

方案2（节点②）的期望收益为：$(0.7\times40+0.3\times30)\times10-40=330$（万元）

计算结果表明，在两种方案中，方案1更好。

3. 非确定型决策方法

非确定型决策方法是指由于存在不可控因素，一个方案可能出现几种不同的结果，而对各种可能的结果没有客观概率作为依据的决策。在企业经营中有许多决策问题常常是出现一次或极少几次的事件，例如，某种新产品是否应当投产？某个工厂或商店是否应当新建？某种机器设备是否应当购买？人们不可能获得全部必要的统计资料，所以也无法确定这些事件在未来各种自然状态下发生的概率。在这种情况下，决策主要决定于决策者的经验、素质和决策风格，此时决策就带有很大的主观随意性。但也有一些公认的决策准则可供选择方案时参考，主要包括：悲观主义准则、乐观主义准则、折中主义准则、等概率准则和最小机会损失准则。下面结合例题分别说明。

【例 3－5】某企业开发新产品的方案有以下三种。

（1）引进一条高效自动生产线。

（2）改建本企业原有的生产线。

（3）按专业化协作生产。

预估未来两年市场需求有需求量较高、需求量一般和需求量很低三种情况，对应的三种方案在未来两年的三种自然状态下的损益额，如表 3－5 所示。应如何决策？

表 3－5　　某企业开发新产品的三种方案在各种状态下的损益额　　单位：万元

自然状态	方案		
	①引进生产线	②改建生产线	③专业化协作生产
需求量较高	100	70	30
需求量一般	－20	30	10
需求量很低	－50	－10	－2

下面利用五种准则分别进行决策。

（1）悲观主义准则。悲观主义准则又叫瓦尔德决策准则、保守主义决策准则。主导思想是“小中取大”，首先从每一个方案中选择一个在不同自然状态下的最小收益值（或最大损失值）作为评价方案的基础。实际上是对每个局部方案持悲观态度，从最不利角度考虑，把最小收益值（或最大损失值）作为必然发生的自然状态，将非确定型决策问题变为确定型决策问题来处理。然后，再从这些最小收益值（或最大损失值）的方案中，选择一个收益值最大（或损失值最小）的方案，作为满意的方案。

例 3－5 用本方法求解时，首先计算三种方案的最小收益值分别为：－50，－10，－2。然后选其中损失值最小的第③种方案作为满意的方案。因为该方案在需求量很低的情况下，只亏损 2 万元，比其他方案的损失都少。显然，这是一种非常保守的决策，适用于把握很小、风险较大的问题的决策。

（2）乐观主义准则。乐观主义准则是指决策者对待风险的态度与悲观主义者不同，总是抱有乐观的态度，认为事情的发展绝对是对自己有利的。主导思想是，首先从每一个方案中选择一个最大收益值（或最小损失值），看作必然发生的自然状态；然后在这些最大收益值的方案中，再选择一个最大收益值（或最小损失值）的方案作为满意的方案。

例 3－5 用本方法求解时，首先计算三种方案的最大收益值分别为：100，70，30。然后选其中收益值最大的第①种方案作为满意的方案。因为该方案在需求量较高的情况下，可获得100万元的收益，比其他方案的收益值都高。显然，这是一种比较冒险的决策，适用于把握较大、风险较小的问题决策。

（3）折中主义准则。折中主义准则也叫乐观系数准则或赫维斯准则。决策者对客观情况的估计既不像乐观主义者那么冒险，又不像悲观主义者那么保守，于是提出折中考虑，找出折中的标准，在两种极端情况中求得平衡。主导思想是，找出各方案在所有状态下的最小值和最大值；根据决策者的估计，确定一个乐观系数 α，α 的取值范围是 $0\leqslant\alpha\leqslant1$。其中，当 $\alpha=0$ 时，为悲观的准则；当 $\alpha=1$ 时，为乐观的准则。给最好的结果和最坏的结果分别赋以相应的权数 α 和 $(1-\alpha)$，中间结果不予考虑。然后用给定的乐观系数 α 和对应的各方案最大和最小损益值计算各方案的加权平均值，即各个方案的折中损益值，并按最大的折中损益值选择方案。

$$折中损益值=\alpha\times最大收益值+(1-\alpha)\times最小收益值$$

例 3－5 用本方法求解时，如果决策者估计出现需求量较高的情况为30%，则出现需求量很低的情况为70%，则乐观系数 $\alpha=0.3$。各个方案的折中损益值如表 3－6 所示。

表 3－6　　折中主义准则计算结果　　单位：万元

自然状态	方案		
	①引进生产线	②改建生产线	③专业化协作生产
需求量较高	100×0.3＝30	70×0.3＝21	30×0.3＝9
需求量一般	－20	30	10
需求量很低	－50×（1－0.3）＝－35	－10×（1－0.3）＝－7	－2×（1－0.3）＝－1.4
加权平均值	30－35＝－5	21－7＝14	9－1.4＝7.6

从表 3－6 中计算的结果可以看出，方案②的折中损益值最大，可以选方案②为满意方案。

（4）等概率准则。等概率准则也叫拉普拉斯决策准则。在进行决策时，将每个自然状态结合其概率一起进行考虑和计算。主导思想是，当无法确定某种自然状态发生的可能性大小及其顺序时，可以假定每一自然状态具有相等的概率，如果有 N 种自然状态，则每种自然状态发生的概率为 $P_1=P_2=\cdots=P_n=1/N$，并以此计算各方案在各种自然状态下收益的加权平均数作为期望值，然后进行方案选择，这实质上也是简单算术平均法。

例 3 - 5 用本方法求解时，每种自然状态发生的概率为 1/3。各个方案的损益额加权平均数计算如表 3 - 7 所示。

表 3 - 7　等概率准则计算结果　单位：万元

自然状态	方案		
	①引进生产线	②改建生产线	③专业化协作生产
需求量较高	100 × 1/3	70 × 1/3	30 × 1/3
需求量一般	-20 × 1/3	30 × 1/3	10 × 1/3
需求量很低	-50 × 1/3	-10 × 1/3	-2 × 1/3
加权平均值	10	30	12.67

从表 3 - 7 中计算的加权平均值可以看出，加权平均值最大的方案②是比较满意的方案。

（5）最小机会损失准则。最小机会损失准则也叫后悔值准则，亦称沙万奇准则。这种决策方法是以每个方案在不同的自然状态下的最大收益值定为理想目标。如果没有采取这一理想方案，而采取了其他方案，这时就会感到"后悔"，这样每个自然状态下的理想最大收益值与它在其他方案的收益值之差所形成的损失值，称为"后悔值"。然后选出每一方案的最大后悔值，并从中选一个后悔值最小的方案作为比较满意的方案。

例 3 - 5 用本方法求解时，首先根据所给的资料计算出各种自然状态下各方案的后悔值，如表 3 - 8 所示。

表 3 - 8　最小机会损失准则计算结果　单位：万元

自然状态	方案		
	①引进生产线	②改建生产线	③专业化协作生产
需求量较高	100 - 100 = 0	100 - 70 = 30	100 - 30 = 70
需求量一般	30 - （-20）= 50	30 - 30 = 0	30 - 10 = 20
需求量很低	-2 - （-50）= 48	-2 - （-10）= 8	-2 - （-2）= 0

从表 3 - 8 中可以看出各个方案的最大后悔值分别是：50，30，70。其中最小的是方案②的后悔值，所以选择该方案是比较满意的方案。这也是一种比较保险的决策。

以上的五种准则作为非确定型决策的依据，可以看出，对于同一个决策问题，由于决策标准不同，会得出不同的结论，有的偏于保守，有的偏于冒险。不管采用哪个准则进行决策，都与决策者的主观意识有很大关系。所以，在实际工作中，决策者一定要获取准确及时的有关信息，这样有助于合理决策。

解决方案

关于任务：试论述如何做出科学决策。

小李经过查阅相关资料和网上搜索，总结出科学决策的内容如下。

科学决策是指决策者为了实现某种特定的目标，运用科学的理论和方法，系统地分析主客观条件做出正确决策的过程。科学决策的根本是实事求是，决策的依据要实在，决策的方案要实际，决策的结果要实惠。

1. 科学决策的特点

（1）程序性。正确的理论指导下，按照一定的程序，充分依靠领导班子、广大群众的集体智慧，正确运用决策技术和方法来选择行为方案。

（2）创造性。决策总是针对需要解决的问题和需要完成的新任务而做出选择，运用逻辑思维、形象思维、直觉思维等多种思维进行创造性的劳动。

（3）择优性。在多个方案的对比中寻求能获取较大效益的行动方案，择优是决策的核心。

（4）指导性。科学决策一经做出就对整个管理活动、系统内的每一个人都具有约束作用，指导每一个人的行为方向。

2. 科学决策的基本原则

（1）客观原则。客观原则是科学决策的首要原则。在决策过程中一定要从各部门各单位的实际出发，尊重事物的客观发展规律，客观原则是领导决策的先决性条件。

（2）信息原则。决策的过程就是信息的输入—处理（决策）—输出（执行决策）的过程，决策的科学性是同信息的准确性、及时性、适用性成正比的。没有调查就没有发言权。一个公司企业的领导对本行业的市场需求、产品优劣、顾客心理、新技术方向等各种情况了如指掌，才能做出正确的决策。信息原则是实现客观原则的基础。

（3）预测原则。科学预测是科学决策的前提，科学的决策必须要有科学的预测。对各种信息的科学分析以及对市场进行的科学预测，对领导决策起着至关重要的作用。

（4）程序原则。严重遵循科学的决策程序，是科学决策的又一条重要原则。这是区别于传统的经验决策方式的一个重要方面。这样可以避免领导独断专行，因为每一个人的知识面是有限的，如果在决策之前能集思广益的话，就能取得事半功倍的效果。

（5）可行原则。科学决策的可行原则，要求对决策方案进行充分的可行性研究，只有在决策方案经过可行性分析论证的基础上，才能进行最终选择，这是科学决策的又一重要原则。一个决策方案涉及方方面面的利益，只有对决策方案进行科学论证和可行性分析，才能提供给领导最后的抉择。

（6）选优原则。决策就是行动目标和方案的设计和选择，没有选择，就没有决策，而只有一种方案就无法对比选择。多方案选择是现代决策的一个重要特点，在实际工作中，许多领导者不懂得决策需要选择，往往只有一个方案就轻率拍板实施，而一个方案是无法对比判断优劣的。

（7）外脑原则。“谋”与“断”的相对分离，科学的决策强调建立合理的决策体制，在决策过程中，要充分发挥智囊团外脑的作用。

学习指导

学习物流企业计划和决策管理课程，第一，要掌握计划和决策的基本概念、类型和步骤。第二，学会应用计划和决策的方法。第三，计划和决策不是做出来后就不变，且不同的人做的计划和决策也有不同。第四，做计划和决策之前，要对市场环境有一定的了解和掌握，才能对计划和决策工作进行科学的指导。

思考题

1. 什么是物流企业的计划？
2. 制订物流企业计划的方法有哪些？
3. 什么是物流企业的决策？
4. 物流企业决策的方法有哪些？

拓展项目训练

1. 通过网络和其他途径，查找一些物流企业，并结合本部分内容阅读这些企业的计划书。

2. 通过网络或其他途径，查找一些物流企业，看看这些物流企业都做出过哪些重要决策。

项目四　物流企业组织管理

学习目标

一、知识目标

1. 了解物流企业组织结构的相关概念
2. 熟悉物流企业的组织变革相关内容
3. 理解集权与分权
4. 掌握企业重组的几种模式

二、能力目标

1. 灵活运用所学知识分析案例
2. 具有对物流企业组织设计的技能

三、素质目标

作为一个物流企业的管理人员，应该对物流企业的组织结构有一定的了解，如什么样的物流企业适合什么样的组织结构；在物流企业重组的过程中，应该做什么。

本项目包含三个模块：物流企业组织结构，物流企业组织变革，物流企业组织重组。

导引案例

A物流公司的组织变革

A物流公司是一家广州市的专业性物流公司。公司成立之初，主营业务为公路汽车货物运输，并提供仓储、中转配送等服务。由于经营规模小，业务范围主要集中在广东省内，公司采取了简单的直线职能制组织结构，设物流经理一名，全面负责业务部、运输部、仓储部和配送部等四个业务部门。同时，公司还设有行政事务处、财务处、人事处和信息管理部四个职能部门。

经过几年经营，公司省外、海运和空运业务得到发展，但由于组织不善，经常出现送货不准时、货物出错和货物损坏等现象，因此接到了客户大量的投诉，给公司经营和声誉都带来了较大的负面影响。

为了提高服务质量，A 物流公司首先在武汉和上海两个地区设立了分公司，组织结构开始由直线职能制向事业部制转型。分公司设立后，A 物流公司的物流运作状况有了显著改善，客户投诉减少。A 物流公司又先后在北京、成都、长沙、沈阳和南宁等地区成立了分公司，发展成物流网络遍布全国的大型物流公司。通过总公司与分公司相配合的物流组织结构，采取总部集权式物流运作模式，实现了物流一体化管理。

这一案例表明：物流企业的组织结构要与其发展状况相适应。随着物流企业经营规模的扩大，企业的组织结构也要相应地进行调整。由于物流业务的复杂性，物流企业应具有更灵活的组织结构。因此，如何设计合适的组织结构是物流企业普遍关注的问题。

阅读上面的案例，请思考以下问题。

1. 什么是组织结构？

2. 该物流企业为什么要进行组织结构变革？

模块一 物流企业组织结构

任务描述

小王在某职业学院经济管理系物流管理专业毕业后，通过招聘会被一家物流公司选中，招收为组织部的实习生，进行为期 3 个月的实习，在这期间要进行与岗位相关的培训和学习，如果实习合格则被聘为正式员工。

小王在实习的第一天到组织部报到，然后到培训部进行相关的培训。培训部的老师对小王进行了业务培训，要求小王完成下面的任务。

任务一：试阐述什么是非正式组织？

任务二：绘制组织工作的基本程序。

知识链接

一、组织管理工作的含义和作用

（一）组织管理工作的含义

1. 组织的定义

组织是管理的又一职能。计划的实施要靠他人的合作，组织正是因人类对合作的需要而产生的。人类发展的历史证明：人总是要参加组织的，而组织也一直是为了实现人类的目标而存在的。

“组织”一词也具有两种词性。作为名词来使用时，组织是指按照一定的目的、任务和正式结构建立起来的社会实体，如企业单位、政府机关、学校、医院等；作为动词来使用时，就是指管理的一项基本职能，即组织工作。

如果说一个人就能完成某项工作，那么就不需要组织。而如果一件事情一个人无法完成，而是需要多个人共同完成的时候，就需要合理安排这些人的分工，如何分工与合作，这就是组织工作。组织工作的结果就是形成一个分工合理、团结一致的组织。

2. 组织工作的基本内容

从组织管理工作来看，设计、建立并保持一种适宜的组织结构并使其合理运转，基本上就是管理人员进行组织管理工作的内容。具体地说，组织职能的内容包括以下四个方面。

（1）根据计划所定的目标，列出达到目标所必须进行的工作和活动，并设置相应的部门和人员来分别负责这些工作和活动。

（2）制定各部门和人员的权力和责任范围，以及组织内人员之间的权责关系，明确各项工作之间的上下左右协调关系。

（3）制定一系列保证组织良好运转的制度，使组织发挥出最大的效能。

（4）推进组织的协调与变革。根据组织内外部要素的变化，适时地调整组织结构和人员。

（二）组织管理工作的作用

由于人类受到生理、心理和社会的种种限制，为了达到某种目的就必须进行合作。合作之所以能提升效率、更有效地实现某种目标，在多数情况下就是组织工作执行得当的缘故。

不难发现，在每项管理业务中，都要做大量的组织工作，组织工作的优劣在很大程度上决定着这些管理活动的成败。例如，实际生活中，既有“三个臭皮匠顶个诸葛亮”的现象，也有“三个和尚没水吃”的状况。因此，组织工作是管理活动的根本职能，是其他一切管理活动的保证和依托。

1. 通过组织管理工作可以形成整体的合力

一个人对于整个组织而言，力量是渺小的，只有把人们组织起来，互相协作，才能把每个人的力量汇集起来，发挥集体力量的优势。组织工作就是通过各种形式把个人力量汇集成一个整体力量，进而借助集体的力量人们才能在复杂的环境之中实现个人的价值，集体才能有效地发挥个人的力量实现集体的目标。

2. 通过组织管理工作可以使个体和整体的能力得到提升

当个体汇集成整体之后，个体的能力和整体的能力就会发生变化。整体的能力有可能等于组成整体的个体能力的简单相加，也可能大于或小于个体能力之和。组织工作的作用就在于使整体的能力大于组成整体的各个体能力之和，即“整体大于部分之和”。这既是对个体能力的超越，也是对整体能力的超越。组织职能的产生是人类为了克服个人能力的限制而进行有意识的集体协作的结果。例如：如果一个人无法推动一块巨石，而当两人或多人合力就能推动这块巨石时，他们就会认识到两人或多人的力量大于个人的力量，他们之间就会建立起一种协作关系。将这种关系固定下来，就形成了组织职能。

3. 实现组织目标的重要保证

要创建一个组织，就是要把适当的人在适当的时候将其放到适当的位置上，也就是把组织活动的各个要素、各个环节，从时间上、空间上组合成纵横交错的关系网，使每一个成员都能职责分明地工作，为实现组织的目标提供重要保障，这就是组织工作。因此，可以这样讲，组织职能就是确保“事有人做，人有事做，事得其人，人得其事”，以保证组织目标的实现。

二、物流企业的组织结构

物流企业的组织结构是指企业全体员工为实现企业目标而进行的分工协作，在职务范围、责任、权力等方面所形成的结构体系。随着物流市场竞争环境的激烈变化，使得物流企业需具备很强的灵活性和快速反应的能力。一般来说，传统的企业组织结构的基本类型包括：直线制、直线职能制、事业部制、矩阵制等。而现代物流企业除传统的组织结构外还出现了项目制、团队制、网络制等新的组织结构模式。

物流企业要选择适当的组织结构形式，因为不同的组织有不同的特点。下面介绍几种基本的组织结构形式。

（一）直线制组织结构

1. 基本特点

直线制组织结构是最早、最简单的一种组织结构形式。它产生于手工业作坊中，当时老板和工厂主都实行“个人管理”，对生产、技术、销售、财务等各项事务都亲自处理。它的特点是：组织中各种职务按垂直系统直线排列，各级主管人员对所属下级拥有直接的一切职权，组织中每一个下属只能向一个直接上级报告。直线制组织结构示意如图 4-1 所示。

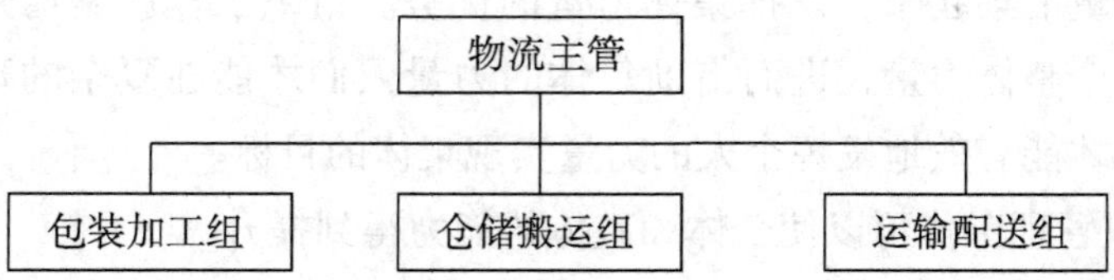

图 4-1　直线制组织结构示意

2. 优缺点

直线制组织结构的优点在于结构比较简单，权力集中，责任分明，命令统一，联系简捷。其缺点是缺乏弹性，容易导致专制，不利于组织总体管理水平的提高。另外，所有的管理职能都由一人承担，往往由于个人的知识及能力有限而难于应付，顾此失彼，可能会发生较多失误。

3. 适用范围

直线制组织结构形式一般只适用于生产规模较小、产品单一、管理简单、业务性质单纯且没有必要按职能实行专业化管理的小型组织或者是现场的作业管理。

（二）直线职能制组织结构

1. 基本特点

从名称上就可以看出这是一种综合直线制和职能制两种类型的组织特点而形成的组织结构形式。其特点在于将组织中的管理人员划分为两类：一类是直线指挥人员，他们拥有指挥和命令下级的权力，并对该组织的工作负全部责任；另一类是职能管理人员，他们是直接指挥人员的参谋，只能对下级机构进行业务指导，而不能直接进行指挥和命令。直线职能制把直线指挥的统一化思想和职能分工的专业化思想相结合，在组织中设置纵向的直线指挥系统和横向的职能参谋系统。与直线制的区别在于设置了职能机构；与职能制的区别在于，职能机构只是作为直线管理者的参谋和助手，它们不具有对下面直接进行指挥的权力。直线职能制组织结构示意如图 4-2 所示。

2. 优缺点

直线职能制组织形式保持了直线制和职能制的优点：一方面，各级行政负责人有相应的职能机构作为助手（即参谋），以发挥其专业管理的优点；另一方面，每个管理机构内又保持了集中统一指挥。

但是，直线职能制组织形式的专业分工必然会带来协作配合难度较高。由于各个职能部门分管不同业务，观察和处理问题的角度不同，彼此往往会产生这样或那样的矛盾，如果相互配合不好，就会妨碍管理工作的顺利进行。同时，职能机构对下级虽

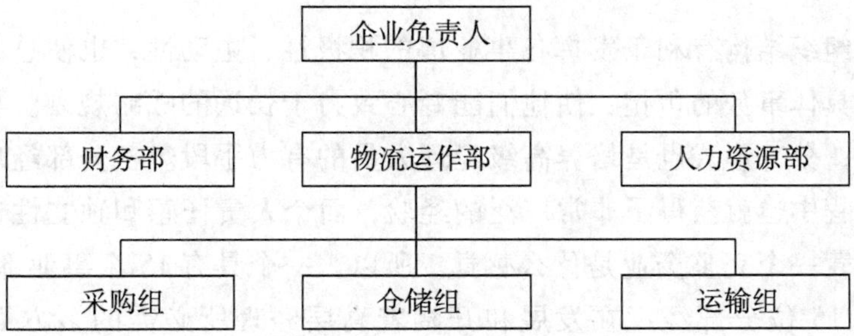

图 4－2　直线职能制组织结构示意

不能直接指挥，却可以在业务范围内对下级单位提出工作部署和要求，如果各部门提出的要求不能协调一致，就会使下级单位无所适从，妨碍下级机构中心工作的执行，仍可能形成“上面千条线，下面一根针”的多头指挥现象。

3. 适用范围

直线职能制是目前大中型企业和各级组织采用较多的结构之一，尤其适合产品品种比较简单、工艺比较稳定、市场销售情况比较容易掌握的企业。

（三）事业部制组织结构

1. 基本特点

20 世纪 20 年代，事业部制组织结构由美国通用汽车公司首创。事业部是这种企业的第二级机构，是以产品、地区或客户为依据，由相关的职能部门组合而成的相对独立的单位。其特点在于，每个事业部都有自己的产品和市场，按照“统一政策，分散经营”的原则，实行分权化管理，各事业部独立核算，自负盈亏，彼此之间的经济往来要遵循等价交换原则。这种组织结构的形式，从图 4－3 中可见一斑。

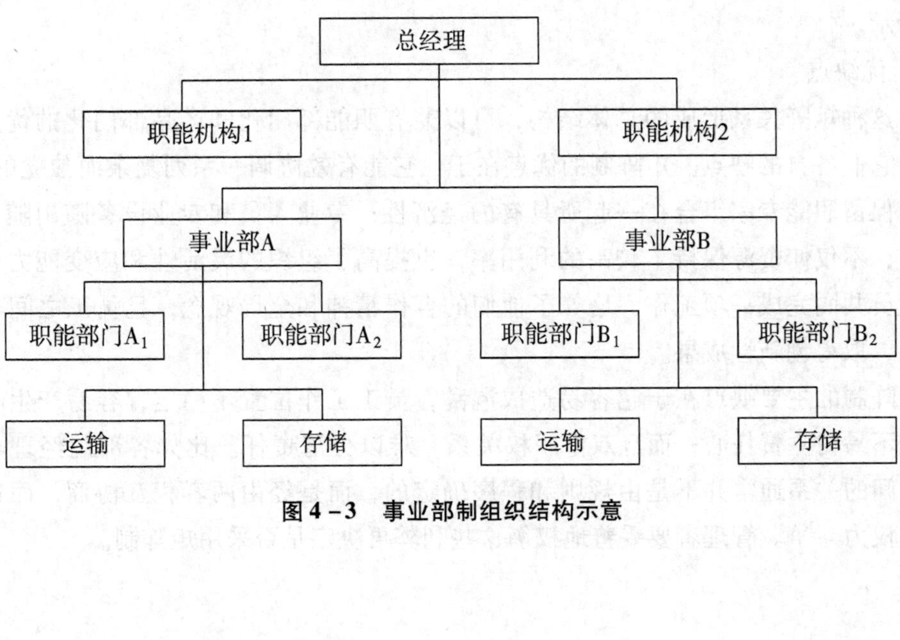

图 4－3　事业部制组织结构示意

2. 优缺点

事业部制组织结构有利于发挥各事业部的积极性、主动性，也使总部人员摆脱了关注日常运营具体事务的负担，使他们能专心致力于长远的战略规划。与直线职能制组织结构不同，分部形式也是培养高级经理人员的有力手段。各分部经理们在运营其自治单位的过程中也就获得了非常广泛的经验，而个人责任感和独立性也使得他们有机会去体验经营一个完整企业是什么感觉。所以，一个具有 15 个事业部的大型组织，也就意味着有 15 位分部经理在发展和开阔着高层经理所必需的多方面才能和全局视野。

事业部制组织结构的主要缺陷是活动和资源出现重复配置。例如，每一个分部都可能有一个市场营销部门，而在不采用自治分部的场合，组织的所有市场营销活动都集中地进行，其成本远比分部以后的总花费低得多。因此，事业部制组织结构的职能重复配置就导致了组织总成本的上升和效率的下降。另外，各事业部之间容易产生不良竞争，使总公司协调任务加重。而且容易过度分权，削弱公司整体领导力；或者分权不足，影响事业部的经营自主性。

3. 适用范围

事业部制主要适用于规模大、产品（或服务）种类繁多或分支机构分布区域广的现代大型企业。

（四）矩阵制组织结构

1. 基本特点

矩阵制组织结构又叫规划—目标结构，它由纵横两套管理系统叠加在一起组成一个矩阵。矩阵制创造了双重指挥链，利用职能部门化来获得专业化经济，但在这些职能部门之上，配置了一些对组织中的具体产品、项目和规划负责的经理人员。如图 4－4所示。

2. 优缺点

由这种矩阵关系形成的总体结构，可以兼有职能部门化和产品部门化的优点，而避免了它们各自的缺点。矩阵制的优点在于：它能有效协调一系列复杂而独立的项目，同时又保留职能专家组合在一起所具有的经济性；专业人员和专业设备随用随调，机动灵活，不仅使资源保持了较高的利用率，也提高了组织的灵活性和应变能力；各种专业人员共同完成一项工作，培养了他们的合作精神和全局观念，且员工之间容易互相激发，取得创新性成果。

矩阵制的主要缺点在于它容易造成混乱，员工工作位置不稳定，容易产生临时观念，也不易树立责任心；而且双重职权关系，难以分清责任。比如各部门经理与项目经理之间的关系通常并不是由规则和程序确定的，而是经由两者相互协商，而这就容易产生权力斗争。管理者要妥善地权衡这些利弊再决定是否采用矩阵制。

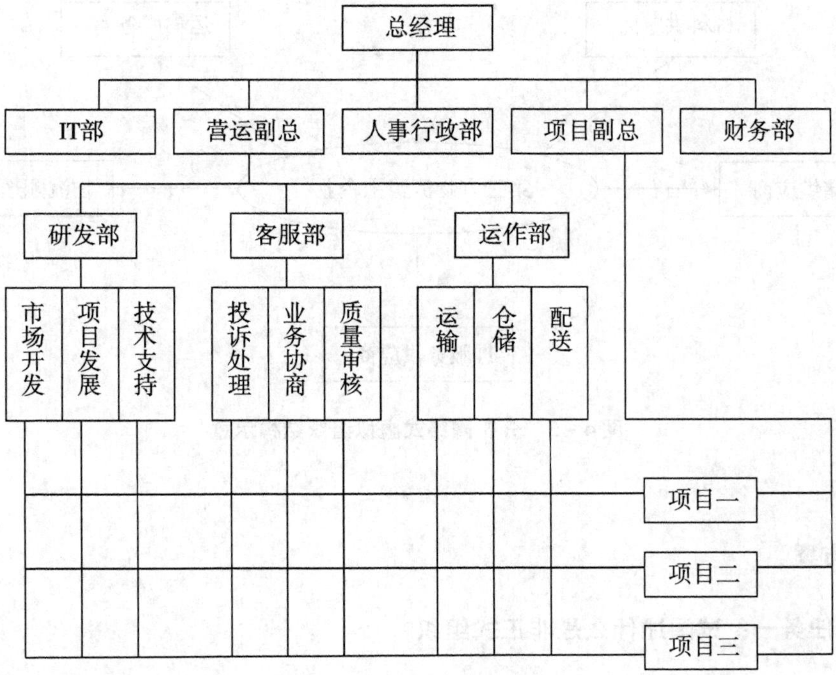

图 4－4　矩阵制组织结构示意

3. 适用范围

矩阵制组织结构形式适用于经营涉及面广、产品品种多、临时性的、复杂的重大工程项目的企业。

（五）网络制组织结构

网络制组织结构是一种新形式的组织设计，它使企业在管理过程中对于新环境、新技术及来自外部的各种竞争能具有更大的适应性和应变能力。网络结构可以是一种很小的中心组织，依靠其他组织以合同为基础进行研发、设计、分销、营销或其他关键业务的经营活动的结构。在网络制组织结构中，组织的大部分职能从组织外“购买”，这给企业管理提供了高度的灵活性，并使组织集中精力做其最擅长的业务内容。

图 4－5 为分布网络式虚拟组织结构示意。某物流企业与材料供应商、运输服务商、物流配送中心、IT（互联网技术）服务供应商及仓储供应商等以签订合同方式确定其任务内容。该网络组织结构的核心是一个小规模的经理小组，他们的工作是直接监督公司内部开展的各项活动，并协调同制造、分销和执行网络组织等其他重要职能的外部机构之间的关系。从本质上讲，网络制组织结构的管理者将大部分时间都花在协调和控制这些外部关系上。

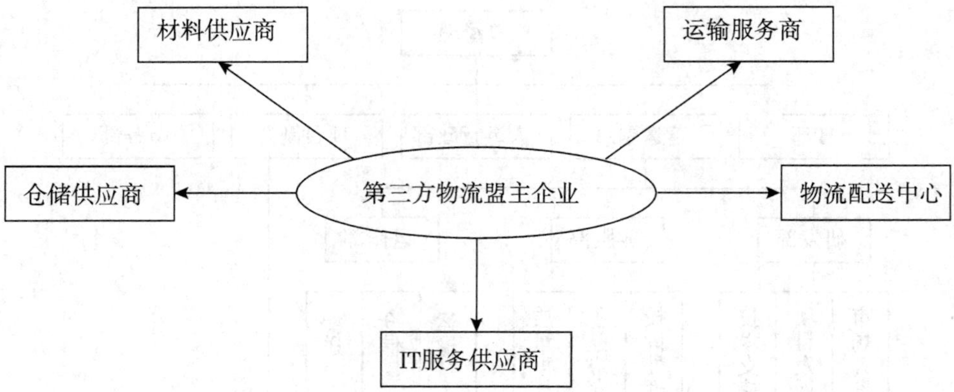

图4－5　分布网络式虚拟组织结构示意

解决方案

关于任务一：试阐述什么是非正式组织？

小王经过查阅相关资料，了解了非正式组织的含义。

非正式组织是指未经正式筹划而由人们在交往中自发形成的一种关于个人与社会的关系网络，这种关系网络并非由法定的权力机构所建立，也不是因权力机构的要求而建立，而是在人们彼此交往的联系中自发形成的。比如知青会、校友会、钓鱼协会、桥牌协会以及家庭都属于非正式组织。一般而言，非正式组织可以存在于任何一种群体之中，只要群体中的成员对这种组织形式有一定的需求。

非正式组织没有正式组织机构，一般也不具备自觉的共同目标，它产生于与工作有关的联系，并由此形成一定的看法、习惯和准则，它是一种代表一定利益的团体。

非正式组织具有以下基本特征。

1. 自发性

非正式组织中共同的个人行动虽然有时也能达成某种共同的结果，但人们并不是本着有意识的共同目的参与活动的，他们只是由于自然的人际交往（如以某种共同利益、观点、和爱好为基础）而自发地产生交互行为，由此形成一种未经刻意安排的组织状态。

2. 内聚性

非正式组织虽然没有严格的规章制度来约束其成员的行为，但它通过成员的团队意识、团队固有的规范和压力以及非正式领导者的说明和影响作用而将人们团结在一起，并产生很强的凝聚力。

3. 不稳定性

由于非正式组织是自发产生、自由结合而成的，因此呈现出不稳定性，它可以随着人员的变动或新的人际关系的出现面发生改变，从而使其结构表现出动态的特征。

关于任务二：绘制组织工作的基本程序。

小王经过学习及查阅资料，对组织工作的基本程序进行了绘制，如图 4－6 所示。

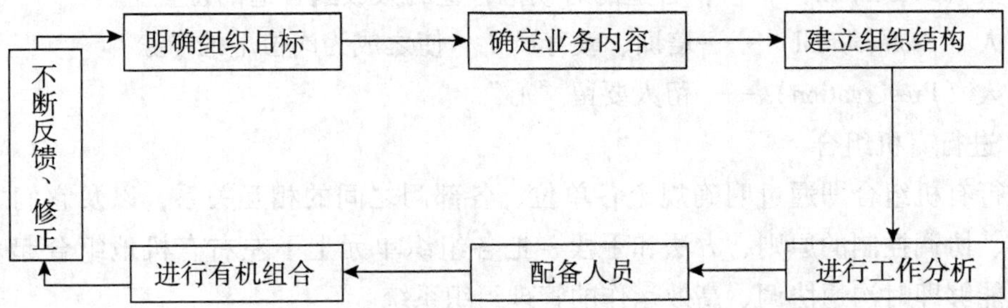

图 4－6　组织工作的基本程序

1. 明确组织目标

组织目标是进行组织设计的基本出发点。任何组织都是实现其特定目标的工具，如果没有目标，组织就失去了存在的意义。因此，组织工作首要的任务就是要明确在计划工作中提出的目标。

2. 确定业务内容

确定业务内容也就是分解组织目标。即依据组织目标的要求，确定为完成组织目标所必须进行的业务管理工作的内容，明确各类活动的范围界限和大概工作量，进行业务活动的总体设计，使总体业务活动程序优化。

3. 建立组织结构

依据组织规模、内外环境、技术特点、业务量的大小，借鉴其他同类组织设计的经验教训，研究应采取什么样的管理组织形式，需要设计哪些单位和部门。并根据业务的性质、业务量的大小把性质相同或相近的管理业务工作划归至适当的单位和部门负责，建立层次化、部门化的组织结构。

以上 3 项工作属于组织结构设计。

4. 进行工作分析

工作分析就是分析工作，是指收集、分析和记录与工作相关的信息的过程，目的是了解工作的性质、内容和方法，以及确定从事这项工作所需要的任职条件和资格。在我国，工作分析在许多企业都叫作职务分析或岗位分析。

依据组织目标的要求，进行工作分析，以规定各单位、各部门及其责任者对其管理业务工作应负的责任以及考核工作绩效的标准：依据做好业务工作的实际需要，赋予各单位、各部门及其责任者相应的权力；建立各种管理规范和运行制度。

5. 配备人员

配备人员即依据工作分析提出的任职条件和资格，挑选、配备人员，并明确其职务、职权和职责。

第4、5项工作属于人力资源管理。人力资源管理的5P原则如下。

识人（Perception）——了解员工的所思、所想、所需及特长能力。

选人（Pick）——选择适合企业发展需要的人。

用人（Placement）——在合适的时候把合适的人放到合适的位置上。

育人（Professional）——培训、教育员工，使之成为岗位上的专家。

留人（Preservation）——留人要留“心”。

6. 进行有机组合

进行有机组合即通过明确规定各单位、各部门之间的相互关系，以及它们之间信息沟通、协调控制的原则、方法和手段，把各组织单元上下左右有机地组合起来，建立一个能够即时沟通协调、高效运作的管理组织系统。

7. 不断反馈、修正

在组织运行过程中，要根据出现的新问题、新情况，对原有组织结构适时进行修正，使其不断完善。

第6、7项工作属于组织变革。

模块二　物流企业组织变革

任务描述

通过培训，小王对组织结构有了深入的了解后，培训部给小王培训了物流企业组织变革的相关知识，并要求小王完成另一项任务。

任务：编制公司仓库主管职务说明书。

知识链接

任何物流组织都处在一个不断变化的环境之中，组织要能够适应环境的变化，并作相应的变革。组织变革活动是组织应对内外环境变化而作出的有计划、有组织的反应，旨在增强组织在环境中的生存和发展能力，提高组织管理效率。

一、物流企业组织变革概述

（一）物流企业组织变革的概念

组织变革的含义表明，变革是组织实现动态平衡的发展阶段，组织原有的稳定和平衡不能适应形势变化的要求了，就要通过变革来打破它们。但打破原有的稳定和平衡不是目的，目的是建立能够适应新形势的新的稳定和平衡，应当把组织的变动性和稳定性有机地结合起来。一个组织的动态平衡包括以下几方面。

（1）足够的稳定性，以利于达到目前的目标。

（2）足够的持续性，以保证在目标或方法上进行有秩序的变革。

（3）足够的适应性，以对外部的机会和要求以及内部的变化情况作出反应。

（4）足够的革新性，以使组织在条件适宜时富于主动性实行变革。

（二）物流企业组织变革的模式

在研究物流企业组织变革的模式时，应先确定组织变革所涉及的变量。影响物流企业组织变革的变量很多，如环境、目标、技术、组织结构、人员、领导方式等。但一般情况下，将这些变量概括为结构、人员和技术等因素。结构指组织结构，是指组织内的信息沟通、权力和责任的体制；人员是指组织内部的工作人员，包括工作态度、工作能力和个人作风等；技术是指组织解决问题的方法和手段。组织变革就是通过改变其中一个或几个变量来进行。这样一来，物流组织变革就有了以下三种模式。

1. 以结构为中心的变革

以物流企业组织结构为中心的变革主要是通过改变组织结构、沟通渠道、管理政策与工作环境等形式进行的。具体做法是：划分和合并新的部门、协调各部门工作、调整管理幅度和管理层次以及给基层单位一部分自主权等。这种变革方式比较直接，见效快，常常可以使组织发生根本性的变化。这种方式的变革必然会引起组织内员工现有工作状态的变化，从而也会引起人们态度的变化。这种态度的变化既可能对组织的变革产生积极的促进作用，也可能对组织的变革产生消极的阻碍作用。

2. 以人员为中心的变革

以人员为中心的变革，就是改变组织成员的态度、作风、价值观以及员工的行为和人与人之间的关系等。通过这些方面的改变促使人们修正自己的行为，从而达到改进工作绩效的目的，促进组织的行为朝着组织既定的目标前进。

3. 以技术为中心的变革

组织的技术水平是指组织把原料的投入转变为产品的整个过程的能力，在技术飞速发展的时代，技术变革对一个组织来说具有特别重要的意义，技术方面的变革有如下几个方面：设备的更新；工艺程序的改变；操作程序的改变；信息沟通系统的改革；自动化等。

（三）组织变革的管理策略

管理者如何应付内外环境的变化？对于变革应如何调控和适应？组织对待变革的管理策略至少包括以下几种。

1. 管理者具有变革成功的信念

当引进改革的领导人具有较高的成功期望时，变革就更有可能成功。因为坚信变革会取得成效，管理人员会通过提供更多的资源或者强化新的员工行为努力实现这个信念。这种信念传递给了员工，使他们开始相信成功是可能的，并相应的改变行为方式。所有员工的共同努力就会有利于变革的成功。

2. 了解现实、预测未来

决策的基础是了解现实情况，获得足够的信息，预测变化的发展方向、变化的大体过程和可能导致的结果。

3. 主动变革

一旦时机成熟，就应主动变革，否则将错失良机。变革促进者应把握时机，主动发起变革。

4. 激励学习，鼓励建议

激励学习和鼓励建议有利于成功实施变革，使员工准备得更充分，更好地迎接下一次变革。值得注意的是，一方面，要虚心听取组织内外的人士提出的变革建议；另一方面，在鼓励员工提建议的同时，如有员工所提建议被组织采纳，应给予表扬和奖励。

5. 修匀

这是组织采用一定的措施来减少外界环境不确定性因素引起的变化幅度。外界环境的变化在很大程度上不是组织能够控制的，修匀法可以减少环境变化的影响程度。

6. 缓冲

缓冲策略是为了软化组织变革的冲击力量。缓冲策略采取“过滤”信息和以静制动的策略。组织变革的信息有时会对组织成员的心理造成冲击，管理者为了避免这种冲击，可对有关信息进行过滤。以静制动策略是在组织无法对环境变化立即作出有效反应的情况下，保持现有状态，不做出行动反应。缓冲是取守势，或是静待时机。

7. 阻止

对组织不利的情况，组织可能采取阻止策略。管理者可能采取奖惩、行政命令、劝说或干脆不理睬的策略来阻止变化的发生。

二、物流企业组织结构设计

组织结构设计，是指对一个组织的组织机构进行规划、构造、创新或再造，以便组织的结构能够确保组织目标的有效实现，也就是说，管理人员在设立或变革一个组织的结构时，就是在进行组织结构设计工作。

（一）物流企业组织结构设计的任务

物流企业组织结构设计的任务是设计清晰的组织结构，规划和设计组织中各部门的职能和职权，确定组织中职能职权、参谋职权、直线职权的活动范围并编制职务说明书。

1. 组织结构图

组织结构图作为组织的框架体系，决定着组织的形状，通过结构图就能知道组织有多少个部门、多少个岗位，它反映出来的是管理人员横纵向分工关系。

2. 职务说明书

职务说明书要求简单明确地指出该岗位的工作内容、职责与权力；与其他部门和职务的关系；承担该职务的员工必备的基本素质、知识背景、工作经验、能力等条件。目前，在我国的许多组织中，还在沿袭老的做法和称呼——“岗位职责”，这实际上只是“职务说明书”的一部分。

不难发现，组织结构图只能显示组织有多少个部门和岗位，不能明确显示各个部门和岗位的职责、职权以及相互关系，而通过职务说明书，就能知道各部门、各岗位的职责及相互之间的关系。

（二）物流企业组织结构设计的基本原则

为了能设计出适合组织实际的高效的组织结构，组织结构设计应遵循一些基本的原则，这些原则也是组织工作必须遵循的原则。

1. 目标可行原则

目标可行原则是指组织结构的设计，必须有助于组织目标的实现。

从根本上讲，组织结构是一种实现目标的工具，所以必须在组织结构的开发前系统地提出一套目标。规定各项目标，会使组织机构有一种明确的方向感，以便指导工作的实施和促进全面管理的过程；如果没有明确的目标，不仅会使组织机构的工作盲目无序，而且也将使组织机构丧失存在的理由。

2. 因事设职与因职用人相结合的原则

组织设计的根本目的是保证组织目标的实现，使目标活动的每项内容都能落实到具体的岗位和部门，即“事事有人做”。因此，在组织设计中，要首先考虑工作的特点和需要，要求因事设职，因职用人。因事设职，指的是根据业务（事情）的需要设置相应的职位，确保“事有人做”；而因职用人指的是根据职位的需要配备适当的人（数量和质量），确保“事得其人”。必须说明，这样做并不意味着组织设计中可以忽视人的因素，忽视人的特点和人的能力。

现代管理理论认为：企业应该是因事设职、因职用人，也就是根据任务的需要来安排岗位，并且根据岗位的需要安排合适的人员从事这项工作，也就是先找事，再找人来做。但在现实生活中，许多组织都是先引进人员，再给他安排职位给他找事做，所以经常出现人比事多、事却没人做的现象。

3. 分工合理原则

劳动分工，即并非一个人完成全部工作，而是将工作划分为若干步骤，由一个人单独完成其中的一个步骤。在组织内部合理分工，一是根据业务的需要来分工，确保事事有人做（不留下空当，不出现重叠），人人有事做（避免“人浮于事”）。既不留有空当，也不出现重叠。如果组织中出现了空当和重叠，即有些事情没人去干，有些事情争着去做，那么，就会给想干事的人制造了麻烦，给不想干事的人提供了借口。二是根据工作能力来分工，保证“有能力的人有机会去做他们能胜任的工作”——工作与能力相适应，确保“人得其事”。三是分工不可过细，要精简高效。虽然分工有许多优点，可以带来经济性，但过细的分工也可能带来某些负面影响，产生非经济性。因为过细的劳动分工会使工作变得高度重复、枯燥、单调，导致职工产生厌烦和不满情绪，甚至会造成缺勤、离职和工作质量下降等消极后果。四是分工不分家，要通过制度来确保分工的同时还要有协作。总之，分工必须合理，以是否有利于组织目标的实现为原则。

4. 统一指挥原则

统一指挥原则就是要求每位下属应该有一个并且仅有一个上级，要求在上下级之间形成一条清晰的指挥链。除了位于组织金字塔顶部的最高行政指挥外，组织中的所有其他成员在工作中都会收到来自上级行政部门或负责人的命令，根据上级的指令开始或结束、进行或调整、修正或废止自己的工作。但是一个下属如果同时接受两个上司的指导，而这些上司的指示并不总是保持一致的话，那么他的工作就会混乱。如果两位上司的命令相互矛盾，下属便会感到无所适从，这时，下属无论依照谁的指令行事，都有可能受到另一位上司的指责。当然，如果下属足够聪明，且有足够的胆略的话，他还可利用一位上司的命令去影响另一位上司的指示，而不采取任何执行行动，这显然会给整个组织带来危害，这种现象是组织设计中应注意避免的。

5. 权责对等原则

组织中的每个部门和部门中的每个人员都有责任按照工作目标的要求保质保量地完成工作任务，同时组织也必须委之以自主完成任务所必需的权力。职权与职责要对等。在管理组织中，为了从事一定的活动，都需要利用一定的人、财、物等资源。因此，在组织设计中，要规定相应的取得和利用人力、物力、财力以及信息等工作条件的权力。从各级管理机构到各级管理人员，都应该具有责任和权限，并使两者得到最佳结合从而形成约束力量。责任是核心，组织中各个部门、每个管理人员都应对自己所从事的业务活动、所做出的决策以及对组织目标，对本单位的利益负责。权限是前提，有多大的责任，就应该有多大的权限，权责必须对等。

有效的管理组织中必须是责权相互制衡。有责无权，责任就难以落实；责任大于权限，则大部分责任就会难以实现；有权无责，就会滥用职权；权限大于责任，则多余的权限就会节外生枝。因此，必须实现责权的对等和统一。

6. 精简效能原则

组织机构必须坚持精简效能原则。要精简一切可有可无的机构，剔除多余的或不能胜任工作的人员，以精简的机构、精练的人员，进行低成本、高效能的运转。机构臃肿、层次重叠、人浮于事、冗员众多是现代组织常见的毛病。这必然造成相互推诿、相互扯皮、专务清谈、不讲实际、脱离群众、高高在上等情况，从而大大降低了组织的效能。坚持精简效能原则，就是要对组织机构能取消的取消，能合并的合并，能代替的代替。通过职能转变、机构消肿以及人员精简来提高组织效率。

7. 有效管理幅度原则

管理幅度也称管理跨度、管理宽度，指一名领导者直接领导的下属人员的数目。

需要引起我们注意的是“直接”这个词的含义，那些间接被领导者不应被归入管理幅度的范畴。例如，某公司总经理下设 3 个部门，每个部门设有部门经理 1 人，每个部门有员工 15 人。那么，该公司总经理的管理幅度是 3 个人，而部门经理的管理幅度是 15 人。

管理幅度并不是越大越好。事实上，由于领导者受时间和精力等方面因素的限制，往往不能够直接指挥组织各方面的活动。如果管理幅度过大，超出领导者的能力，就会造成组织管理的混乱；而管理幅度过小，则会造成管理费用高，资源浪费。因而需要确定一个适宜的管理幅度。

影响管理幅度的因素很多，如管理层次、上下级双方的素质及能力、工作内容与性质、计划的完善程度、工作条件、工作环境等。

（1）管理层次，管理层次亦称组织层次，组织内部纵向管理系统所划分的等级数，是指从组织最高管理层到基层工作人员之间职位等级的数目。管理幅度与管理层次成反比关系，在组织规模一定的情况下，管理幅度越大，组织层次越少；反之，管理幅度越小，组织层次越多。

（2）上下级双方的素质和能力。上下级双方的素质越高、能力越强，越有利于管理，管理幅度越大。

（3）工作内容与性质。一般来讲，工作越复杂、越困难、越具有战略性，管理幅度越小；工作越简单、越重复、越相似，管理幅度越大。

（4）计划的完善程度。计划越完善、越详尽周到，管理幅度就越大；反之相反。

（5）工作条件。条件越好，也就是管理越规范，相互沟通、联络越方便，管理幅度就越大；反之相反。

（6）工作环境。环境变化越快、越不稳定，管理幅度越小；相反，环境越稳定，管理幅度越大。

（三）集权、分权和授权

1. 集权与分权的概念

组织内制定战略、经营决策、调配资源、采取行动解决问题及命令指挥、考核奖惩等管理权是启动和维系组织运行的基本力量。这些权力在组织内部不同管理层次之间集中与分散的程度制约着组织的运作状态，也影响着组织内上下级之间的关系。显然，上述权力都是与管理职位相连的制度权力，而制度权的实质是决策权，即决定做什么、怎样做以及由谁来做的权力。

一般认为，集权是指组织的决策权较多地由高层管理者集中掌握，体现的是上级的重要性；而分权则是指决策权较多地分散给组织的中低层管理者，由其来掌握与运用，体现的是下级的重要性。通常，“分权”指“制度分权”，只不过为了简化将“制度”省去。

2. 集权与分权的优缺点

1）集权的优缺点

集权的优点主要体现在：适度集权，有利于实现组织的统一指挥和控制，维护组织政策的统一性。一般组织规模较小时，宜采用集权方式。

由于集权有利于保证组织政策的统一性，并能促进组织的各个层次行动一致，能迅速地贯彻执行已经做出的决策以提高组织运作效果，因而组织中往往自发地存在着集权的倾向。那些个人能力较强，在组织由小到大的发展过程中或组织处于困境时力挽狂澜、做出过较大贡献的高层主管往往会在实际中强化集权程度。尤其是那些有强烈的权力偏好、希望他人和下属绝对服从的领导者，在缺乏内外监督机制、不需要对决策后果承担责任的环境中，更会有意识地将集权制度化。

然而，现代社会组织规模大型化、组织活动多样化和外部环境复杂多变的特点也使高度集权的弊端日益暴露。首先，高度集权有可能从正确性和及时性两个方面损害决策的质量。在高度集权的组织中，日常运作中发生的大小问题都要层层上报请示，由高层主管决策后再采取行动。一方面，信息传递中的扭曲可能使高层主管对问题的了解偏离实际，影响决策的正确性；同时，所有事情都由高层拍板，其考虑重大问题的时间和精力都被占用，决策失误的可能性增加，而一旦失误，集权所具有的统一性、效率性都只会迅速地扩大损失。另一方面，上传下达的环节过多会耽误时间从而加重损失或因情况已变化而贻误战机。其次，组织的决策、管理权限过度集中会极大地压制组织成员的工作热情和创造性。基层管理者习惯于机械被动地执行命令，缺少发表意见和参与决策的机会，会损害其积极性、主动性，从而降低了组织的活力。最后，组织内各个部门和中下层管理职位权限很少，缺乏自我调整的能力，也削弱了整个组织对环境变化的应变能力，这一切都会对组织的持续发展产生极大的危害。

2）分权的优缺点

尽管存在集权，但组织中也总是存在着分权的倾向，尤其是当组织规模扩大、组织内的单位增多、现场作业活动分散之时，中、下层主管会有很强的分权要求，希望获得更多自主决策和自治的权力。于是，适度分权，可以减轻高层管理者的决策负担，提高决策质量；提高组织对环境的应变能力；调动下属的积极性。

然而，决策权力的分散也有两个缺点：一是有可能破坏组织政策的统一性，带来组织活动失控的危险。如果各层次、各部门从局部利益出发制定规则、措施，尤其是在某些原则问题上自定规矩，必然会引起某种混乱，最终损害组织的整体利益。二是基层管理人员所具备的素质和能力有限，会出现失误。基层管理者具有能够正确、有效运用决策权的能力时，分权才能取得好效果，否则经常发生一些大大小小的失误只会给上级主管添麻烦，影响组织目标的实现。

3. 分权的标志

分权的标志即衡量集权与分权程度的标准。集权与分权是同时存在的两种倾向，是一个相对的概念，走向极端的绝对集权与绝对分权就只剩下了个体，组织不复存在。不同组织之间，只有集权与分权程度的差别。一般认为，衡量组织分权程度的标准有以下几个。

（1）决策的频度。决策的频度也就是决策的数量。一般来讲，如果组织中较低层次上的管理者所做的决策数量越多，则意味着组织的分权程度越高。比如 A 企业的车间主任每天做 20 项决策，B 企业的车间主任每天做 10 项决策，则我们可以认为 A 企业的分权程度高于 B 企业。

（2）决策的幅度。决策的幅度也就是决策的范围。一般来讲，如果组织中较低层次上的管理者所做的决策范围越广，涉及的职能越多，则意味着分权程度越高。比如 A 企业的生产部经理能在员工的聘用、奖惩以及设备的采购等方面拥有决策权，而 B 企业的生产部经理却不拥有人事方面的决策权，则我们可以认为 A 企业的分权程度高于 B 企业。

（3）决策的重要性。如果组织中较低层次的管理者所做的决策越重要，则意味着组织的分权程度越高。如果 A 公司的部门经理有权决定给每个员工配备一台计算机，而 B 公司的部门经理只有权决定给每个员工配备一张办公桌，由于计算机的重要性大于办公桌，所以 A 公司的分权程度要比 B 公司高。

（4）决策的影响面。较低层次的管理者所做的决策影响面越大、影响越长远、涉及的费用越多，则意味着组织的分权程度越高。例如，由于药品的质量问题会对组织和社会有很大的影响，所以制药厂对质检部门的分权程度要比家具厂的大。如果发现质量问题，则制药厂的质检部门有权要求立即停止该药的生产、销售，甚至可以要求重新研发；而家具厂的质检部门则只能提出改进生产措施或对部分不达标准的产品降价销售的建议。

（5）决策审批手续的复杂度。决策的审批手续的复杂度即对决策的控制程度。较低层次的管理者做决策时需要办理的审批手续越简单，即高层次对较低层次决策的控制程度（即低层次向上“事先请示、事后报告”的次数）越少，则意味着分权程度越高。如果外资企业在 A 市申请注册只要盖一个图章，而在 B 市申请注册要盖 148 个图章，则 A 市的政府机关分权程度要高于 B 市的分权程度。

4. 影响分权和集权程度的因素

影响分权和集权程度的因素有以下几个。

(1) 组织规模的大小。组织规模小时，由于管理者处理的事务相对较少，组织较适合集权；如果组织规模增大，由于管理事务的增加，就需要管理者适当分权，进一步增大组织的分权程度有利于提高组织的有效性。

(2) 政策的统一性。在保证政策的统一性方面，集权比分权有利。如果组织中政策统一，则集权程度高可以提高组织的有效性；如果组织中各部门政策差别较大，则应提高组织的分权程度。

(3) 员工的基本素质。如果组织中员工基本素质低，则组织倾向于集权程度高。如劳动密集型企业与高新技术企业相比，更适合高度集权。

(4) 组织的可控性。可控性主要指经营环境条件和业务活动性质。如果组织的可控程度高，意味着经营环境稳定，业务活动较为程序化，则组织倾向于集权程度高；如果环境变化快，业务活动灵活，则倾向于分权。一般情况下，生产部门位置相对集中，可控性好，集权程度高；销售部门由于地理位置比较分散，可控性差，所以一般分权程度高。

(5) 领导者的个性。领导者的个性表现为自信、好强、独裁时，会更多地表现出集权管理的倾向。

(6) 组织的历史。如果组织是由小到大发展而来的，一般倾向于集权程度高；如果组织是合并或兼并而来，则一般倾向于分权程度高。

5. 分权与授权

组织权力的分散可以通过两种途径来实现：组织设计时的权力分配与主管人员在工作中的授权。因此，分权与授权的结果是相同的，都是使较低层次的管理人员行使较多的决策权，即实现权力的分散化。

所谓分权，指的是在组织结构设计时或在组织变革过程中，按照工作任务的要求将一定的决策权限划分到相应的管理职位中，由规章制度正式确认的、相对稳定的分权方式。而授权则是指主管人员在实际工作中为调动下属的积极性和提高工作效率将属于本职位的部分职权委让给向其直接报告工作的下属或某些职能部门，使他们在一定的监督之下自主解决问题，处理业务。

授权并不表示上级将权力无限制下放，也不表示授权之后上级就把一切工作都交给别人。相反，授权是指上级管理者依据任务或组织目标的需要委授给下属一定的权力，使下属在一定的监督之下享有一定的自主权和行动权。在授权过程中，授权者对被授权者还有指挥权和监督权，被授权者对授权者负有报告工作以及完成任务的责任。

分权和授权的区别主要体现在以下三个方面。

(1) 分权具有必然性，授权具有随机性。分权是在工作分析时，根据岗位工作的需要规定给该岗位的必要的职责和权限，不论是谁，只要在这个岗位上，就拥有这一权限；而授权则要根据实际工作的需要和下属的工作能力来决定是否授权，一般是管理者觉得精力有限而下属能力又能够承担时才会授权。

（2）分权具有相对稳定性，授权具有灵活性。分权针对的是岗位，是预先从制度上明确规定了的属于某岗位的权力，不能随便调整；授权针对的是某项工作和人，是在活动过程中因某项工作的需要把一部分原本属于管理者的权力临时或长期委任给某个下属，后期可以随时调整。

（3）分权是一项组织工作的原则，授权则是一项领导艺术。分权是在组织设计时对管理人员的一种纵向分工，是一项制度，一旦规定就必须严格执行；而授权主要在于调动下属的才干和积极性，可以灵活把握。

进行工作分析时因为无法完全预料这些岗位可能发生的变化，很难把每个岗位所需的权限规定得非常清楚。因此，分权有时不能完全保证某个岗位完成工作的权限需要，这时，就需要各层次管理者在工作中授权来补充。所以，授权是对分权的必要补充。

解决方案

关于任务：编制公司仓库主管职务说明书。

小王经过学习及查阅资料，进行了职务说明书的编制，具体如下。

一、岗位标识信息

岗位名称：仓库主管

隶属部门：制造部

岗位编码：123

直接上级：制造部经理

工资等级：9

直接下级：仓库管理员、运输工

可轮换岗位：无

二、岗位工作概述

负责原材料库、备件库的日常管理工作，负责材料库、备件库的消耗统计、成本核算；负责材料库、备件库入库发票的统计；负责库存积压材料、过期材料的报警，努力降低仓储成本；负责库房与各职能部门的协调工作；负责库存物资的安全。

三、工作职责与任务

（一）负责仓库的管理工作

（1）制定库存物资的管理方法。

（2）负有防火防盗的责任。

（3）及时将库存积压和过期原材料的情况向制造部经理汇报。

（4）考核下级工作绩效，并报上级和人事部。

（二）负责原材料、备件的入库工作

（三）指导下级工作并承担提高下级工作能力的责任

（1）负责编制仓库各岗位的工作指导说明书。

（2）工作现场指导。

（3）评估下级工作绩效之后进行评价面谈，提出工作改进意见，并与下级一道制订其工作改进计划，检查改进计划实施情况。

（4）根据下级工作表现制订下级人员的培训计划并报人事部。

（四）负责材料、备件消耗统计、成本核算

（五）负责与其他部门的沟通，解决跨部门合作问题

（六）本岗位5S定置管理工作

（七）完成领导委派的其他工作

四、工作绩效标准

（一）保证库存物资的安全

（二）完成成本控制任务

（三）对异常情况的汇报要及时、准确

（四）5S定置管理符合要求

五、岗位工作关系

（一）内部关系

（1）所受监督：在工作计划、整体绩效、特殊任务、重大问题等方面，接受制造部经理的指示和监督。

（2）所施监督：在向部门内部人员下达工作任务和绩效改进计划实施等方面，对仓库管理员、运输工实施监督。

（3）合作关系：提供物资数据，与公司各部门进行各种物资进、出库方面的合作与沟通。

（二）外部关系

一般情况本岗位不直接与公司外部机构或人员发生工作联系。

六、岗位工作权限

（一）对部门内部人员的任免建议权

（二）对下级工作绩效的考核权

（三）对部门日常业务活动的支配指导权

（四）对工作改进具有建议权

七、岗位工作时间

在公司制度规定的正常班时间内工作，有时需要加班加点。

八、岗位工作环境

在操作现场工作会接触到刺激性的酸、碱等气体。

九、知识及教育水平要求

（一）具备仓库管理知识

（二）具备计算机基础知识、办公软件知识

（三）具备化工材料知识

（四）大专以上学历

十、岗位技能要求

（一）具有良好的领导和沟通技能

（二）能熟练运用办公软件

（三）熟悉各种化工材料的性能

（四）能熟练使用灭火器

十一、工作经验要求

大学专科以上学历，具备3年以上相关工作经验。

十二、其他素质要求

（一）任职者需具有健康的体魄、充沛的精力

（二）有强烈的责任心

（三）工作细致耐心

（四）无特殊性别与年龄要求

模块三　物流企业组织重组

任务描述

通过培训，小王对组织结构、组织变革都有了进一步的了解。培训部的老师告诉小王，企业的组织管理离不开创新，要求小王理解好创新的相关概念。

任务：试论述何为机制创新、管理创新和技术创新。

知识链接

自2005年12月11日中国物流市场对外资完全开放后，我国物流企业开始真正面对国际市场。国际物流巨头加快了在我国并购中小物流企业的步伐；国内领先物流企业也发挥自身网络与本土经验优势，加快改制、重组与资本运作的步伐。所以我们应为已到来的物流行业大整合做好准备。

一、企业重组概述

企业重组之所以变得如此重要，成为新管理概念之首，一是现在公司的本质发生了根本的变化，企业不仅是一个营利组织，而且是社会的一个成员，只有把企业融入整个社会，企业才能得到发展；二是企业内部结构发生着变化，以经营管理团队为代表的相关利益群体地位不断提高，股份期权等方式使企业的产权结构和激励机制不断发生改变；三是社会网络化程度大大提高，许多新的生产组织方式、营销模式和管理方法发生了根本性的变化。因此作为新的管理概念之首的企业重组受到了企业的重视。

二、物流企业兼并重组的模式

物流企业可以根据特定的内外部环境，通过收购、合资、战略联盟、托管、特许经营等方式实现企业间的兼并重组。通过综合使用上述手段，剥离物流企业的非核心资产，理清企业的业务功能，物流企业定将取得快速发展，这也是我国物流企业应对竞争的有效途径。

（一）收购

收购是指买方企业从卖方企业购入资产或股票以获得对卖方企业的控制权。收购是企业资本经营的一种形式，既有经济意义，又有法律意义。收购的经济意义是指一家企业的经营控制权移手，原来的投资者丧失了对该企业的经营控制权，收购的实质是取得控制权。从法律意义上讲，收购是指股权的收购，即一个企业或者这个企业的股东把另外一个企业的股东的股权大部分或者全部买下。

企业的收购是现代市场经济中资源整合最重要的手段。收购能够促进生产经营要素和活动的集中，节省培养人才、开拓市场、开发技术等所需要的时间，迅速扩大企业规模，形成生产、营销、技术、资金、管理等方面的协同作用。

（二）合资

合资是指两个公司把投资基金联合起来，投资同一个项目。合资可以是物流企业与上、下游企业的合资。通过这种合资，上游企业可以获得可靠的客户源，下游企业也可以获得长期高效的服务。如上汽集团上海汽车工业销售总公司与天地物流控股公司（TNT）合资组建的安吉天地汽车物流有限公司，主要向上海大众、上海通用在整车物流、零部件入厂以及售后物流等方面提供一体化网络化的物流管理方案。

合资也可以是物流企业与物流企业的合资，通过这种合资，双方可以相互学习、共享资源和共享市场。如 TNT 与土耳其科克集团通过资源共享，利用 TNT 的物流及 IT 经验、科克集团的客源及本土优势，共同开拓土耳其、独联体国家、中东和巴尔干地区的物流市场，与英国邮政局及新加坡邮政局合资，成立了全球最大的商业邮递机构

(SPRING)，以提供涵盖300多个国家的跨国邮递业务等。

（三）战略联盟

战略联盟是指一个企业为了实现自己的战略目标，与其他企业在利益共享的基础上形成的一种优势互补、分工协作的松散式网络化联盟，它是现代企业竞争的产物。它可以表现为正式的合资企业，即两家或两家以上的企业共同出资并且享有企业的股东权益；也可以表现为短期的契约性协议，即两家公司同意就某项课题（如开发某种新产品等）进行的合作。战略联盟是各企业在追求长期竞争优势过程中为达到阶段性企业目标而与其他企业的结盟，通过相互交换互补性资源形成合力优势，共同对付强大的竞争者。

战略联盟既包括非股权参与型的松散合作，也包括股权参与型的紧密合作，但不形成独立的法人实体。物流企业通过战略联盟可以实现资源共享、开拓新市场等特定战略目标，可以分享约定的资源和能力。这样的协议可以任意取消，而不必受到严格的惩罚。通过战略联盟，物流企业可以在未进行大规模的资本投资的情况下，利用伙伴企业的物流服务资源，增加物流服务品种，扩大物流服务的地理覆盖面，为客户提供一体化物流服务，提升市场份额和竞争能力。相同的文化背景和彼此相互依赖、有效而积极的信息沟通、共同的企业经营目标和凝聚力、技术上的互补、双方高层管理人员在管理方面的共同努力等，都是物流企业战略联盟成功的关键因素。

（四）托管

托管是指一些不景气的公司，为了寻找出路，找一些有能力的个人或者公司进行管理经营，而托管者从盈利中获得一定的红利。

物流企业也可以通过托管的方式，对其他物流企业或物流资源进行经营和资产方面的委托管理工作，包括资产重组、资本运作、内外部资源整合和项目开发等。通过托管，物流企业也可以在不进行大规模投资的情况下实现兼并重组，从而延伸网络、做大规模。但与战略联盟不同的是，这种方式下被托管的资源完全纳入物流企业，避免了因利益分配、商业机密和技能的保密问题等带来的控制力度有限的瓶颈。同时，被托管企业或资源由于先进的管理、技术、人力资源、客户资源和网络优势，可以获得较托管前更高的资产回报率。

解决方案

关于任务：试论述何为机制创新、管理创新和技术创新。

小王通过查阅资料和网络搜索，很好地理解了这三个创新，具体如下。

（1）机制创新，即企业为优化各组成部分之间、各生产经营要素之间的组合，提高效率，增强整个企业的竞争能力而在各种运营机制方面进行的创新活动。

（2）管理创新则是指组织形成一创造性思想并将其转换为有用的产品、服务或作业方法的过程。企业管理创新，最重要的是在组织高管层面有完善的计划与实施步骤以及对可能出现的障碍与阻力有清醒认识。

（3）技术创新是以创造新技术为目的的创新或以科学技术知识及其创造的资源为基础的创新。前者如创造一种新的激光技术，后者如以现有的激光技术为基础开发一种新产品或新服务。两者常合而为一，是企业竞争优势的重要来源以及企业可持续发展的重要保障。

小王用自己的理解把这三个创新联系到了一个传统的“三个和尚挑水吃”的故事上，那么就让小王带领我们更好地学习理解吧！

有三个庙，这三个庙离河都比较远，怎么解决吃水问题呢？

第一个庙，和尚挑水路比较长，一天挑了一缸就累了，不干了。于是三个和尚商量，咱们来个接力赛吧，每人挑一段路。第一个和尚从河边挑到半路停下来休息，第二个和尚继续挑，又转给第三个和尚，挑到缸里灌进去，空桶回来再接着挑，大家都不累，水很快就挑满了。这是协作的办法，也叫“机制创新”。

第二个庙，老和尚把三个徒弟都叫来，说我们立下了新的庙规，要引进竞争机制。三个和尚都去挑水，谁挑得多，晚上吃饭加一道菜；谁水挑得少，吃白饭，没菜。三个和尚拼命去挑，一会儿水就挑满了。这个办法叫“管理创新”。

第三个庙，三个小和尚商量，天天挑水太累，咱们想想办法，山上有竹子，把竹子砍下来连在一起，竹子中心是空的，然后他们买了一个辘轳。第一个和尚把一桶水摇上去，第二个和尚专管倒水，第三个和尚在地上休息。三个人轮流换班，一会儿水就灌满了。这叫“技术创新”。

由三个和尚没水喝，到三个和尚通过不同的办法达到共同的目的，关键在于不局限于固有的思维，发扬了团结协作、良性竞争、开拓创新的精神。

学习指导

学习物流企业组织管理课程，第一，要了解凡做一件事，必须有一个组织；第二，这些组织的内部成员应有不同的分工，由此形成其内部的一定结构，即组织结构；第三，作为一个组织，其内部结构不同，行为效果也会不同。把组织结构理解透彻，才能对组织结构进行更进一步的变革和重组工作。

思考题

1. 什么是物流企业的组织结构？

2. 如何设计物流企业的组织结构?

3. 物流企业组织重组模式都有哪些?

拓展项目训练

1. 通过网络和其他途径，查找一些物流企业，对这些企业的组织结构有一定的认识。

2. 通过网络或其他途径，查找一些物流企业，看看这些物流企业在发展过程中，经历过哪些组织结构的变革。

项目五　物流企业作业管理

学习目标

一、知识目标

1. 了解物流企业作业管理的目标
2. 理解资源基础理论的主要内容
3. 掌握交易费用形成的决定要素
4. 掌握企业核心能力理论的要点
5. 掌握企业核心能力的特征
6. 掌握企业流程再造理论的基本内容

二、能力目标

1. 灵活运用所学知识分析案例
2. 具备运用企业运作的基本理论，分析和认识物流企业运作过程中实际问题的基本能力

三、素质目标

物流作业的管理作为物流企业管理重要的组成部分，对物流企业发展有着重要的影响。物流企业管理水平的提高依赖于采购、运输、仓储、配送、流通加工、装卸搬运和包装等作业水平的提高。作为一个物流企业的管理人员，应该具备相关的管理理论知识和业务技能。

本项目包含两个模块：物流企业作业管理概述，物流企业运作基本理论。

导引案例

日日顺物流运作管理

青岛日日顺物流有限公司（以下简称“日日顺物流”），成立于山东青岛，是国家5A级物流企业和3A信用企业，日日顺物流定位于颠覆传统物流服务模式，成为行业

引领的物联网场景物流生态品牌。目前已成为居家大件物流领域的引领者，日日顺智慧物流差异化竞争力主要体现在三个方面。

一、“科技化”基础物流能力

日日顺物流牵头承担了首个智慧物流领域国家级重点专项——“智慧物流管理与智能服务关键技术”，以此为基础，打造了行业首创的智能供应链全流程体验方案，并通过“智能仓网”等6大科技化基础服务能力，为用户及品牌资源方提供从SCM（供应链管理）方案到用户信息直达的个性化定制服务。

二、“数字化”SCM定制方案

日日顺物流以居家大件物流网络及供应链全链路数字化管理为核心，夯实全流程、全渠道、全网定制SCM方案能力及C端（客户端）送、装、修、服一站式定制物流方案能力，成为国内行业领先、客户体验最优的一站式智慧物流解决方案的服务商。

三、“场景化”社群服务平台

日日顺物流以遍布城乡的30万“触点”为核心竞争力，打造国内独有、国际领先的“送装一体化服务→专属居家服务→美好生活场景方案”的场景生态服务平台，将传统的“送达”由服务的终点转变为服务的起点。后续服务将通过“触点网络”感知用户个性化需求并提供定制化的场景解决方案，成为社区客户首选。

日日顺物流依托先进的管理理念和物流技术、整合全球一流网络资源，已建立辐射全国的分布式三级云仓网络，在全国建立了10个前置仓、136个智慧仓、6000余家个大件送装网点，总仓储面积达600万平方米，全国干线班车线路3300条，区域配送线路10000余条，拥有15万辆车，30万“服务兵”，为客户提供到村、入户送装服务，并已在全国2915个区县实现“按约送达，送装同步”。2017年日日顺物流青岛仓被国家发展和改革委员会和商务部联合授予“国家智能化仓储物流示范基地”荣誉称号，被美国供应链管理专业协会评选为十大“中国供应链管理示范企业”之一，携手中国标准化协会发布中国首个大件物流服务行业标准——“天龙八步”（居家大件智慧物流全流程服务标准）。日日顺物流从用户最佳体验出发，针对行业内存在问题点及痛点，从物流全流程仓、干、配、装、揽、鉴、修、访，创新性的定制全品类、全渠道、全流程、一体化的居家大件物流解决方案，打造用户与客户的最佳服务体验。

阅读上面的案例，请思考以下问题。

1. 物流企业作业管理的内容有哪些？

2. 你认为日日顺物流运作有何特色？

模块一　物流企业作业管理概述

任务描述

小刘在某职业学院经济管理系物流管理专业毕业后，通过招聘会被一家物流公司选中，招收为作业部的实习生，进行为期 3 个月的实习，在这期间要进行与岗位相关的培训和学习，如果实习合格则被聘为正式员工。

小刘在实习的第一天到作业部报到，然后到培训部进行相关的培训。培训部的老师对小刘进行了业务培训，要求小王完成下面的任务。

任务：试述如何对物流企业作业管理进行优化。

知识链接

物流企业作业管理是根据生产加工的需要，通过科学的方法对物流企业的活动要素（运输、储存、装卸、搬运、包装、流通加工、配送、信息处理等）进行管理，即计划和调度各种运输设备，规划运输路线，合理地进行储存和配送，使货物能够顺畅地到达目的地。

一、物流企业作业系统分析

（一）物流企业作业系统概述

物流企业作业系统是由物流企业活动要素以及伴随着这些活动要素的信息收集、整理、传递和利用组成的系统，包括以下两个方面。

（1）物流企业作业方式系统：这是物流的软技术系统，包括作业流程、作业规范及其他管理制度，是物流系统的管理技术基础。

（2）物流企业作业执行系统：这是物流基本职能的执行过程，主要包括运输、储存、装卸、搬运、包装、流通加工、配送和信息处理 7 个方面。

（二）物流企业作业系统的特点

物流企业作业系统有以下特点。

（1）物流企业作业系统是一个“人机”系统，是人对现代物流技术的充分利用。

（2）物流企业作业系统是一个整合系统，不是各项功能的简单相加、组合。

（3）物流企业作业系统是一个复杂系统，涉及的人员、设备、物资数量大、分布广、构成复杂。

(4) 物流企业作业系统各环节相互制约，因此管理重点在于系统的整体优化。

不同物流企业作业系统因作业对象、客户服务要求不同而有很大的差异，明确作业目标差异性、合理设计物流作业目标是物流企业作业系统设计的出发点。

二、物流企业作业管理

(一) 物流企业作业管理职能

1. 物流企业作业计划

物流企业作业计划是一个包括环境分析、目标确定、方案选择的过程，法约尔认为计划工作是管理的基础，西蒙认为计划工作是管理职能中的首要任务，是评价有关信息资料、预估未来的发展、拟订行动方案的过程。物流企业作业计划包括运输作业计划、仓储作业计划、配送作业计划、装卸搬运及流通加工作业计划等。

2. 物流企业作业组织

物流企业作业组织即按照一定的物流作业组织形式，运用一定的机械及其配套工具，遵照规定的技术标准和规范，按一定的操作过程，以合理和经济的原则完成物流作业的方法。消耗在物流过程的时间在很大程度上与物流过程组织和管理的方法有关。作业组织形式就是根据生产作业需要，为不同岗位配备相应的职位和职员，做到人事相宜，人尽其才，以保证作业效率。常见的作业组织形式有工序制和班组制两种：工序制是劳动分工在空间上的体现，而班组制则是劳动分工在时间上的体现。

物流企业作业组织方法常用的是集装单元作业法。所谓集装单元，是用各种不同的方法和器具，把有包装或无包装的物品，整齐地汇成一个扩大了的、便于装卸和搬运，并在整个物流过程中保持一定形状的作业单元。以这样的集装单元来组织物资的装卸、搬运、存储、运输等物流活动的作业方式称为集装单元化作业，简称集装单元化，包括集装单元化搬运、集装单元化运输、集装单元化储存。

3. 物流企业作业协调

物流企业协调就是平衡在作业过程中人与人、设备与设备以及人与设备之间的关系，使物流企业作业活动在投入最少的情况下，效益最大化。通过改革生产方法和程序，使企业效益增长；通过作业改善，提高核心业务水平，减少非增值服务，从而提高整个企业的核心竞争优势。

4. 物流企业作业控制

物流企业作业控制是保证计划目标得以实现的重要手段，需要指出作业中容易出错的地方，引起注意。以一个配送中心作业系统为例，作业控制有 4 个关键控制点。

（1）货物遗失危害的关键控制点，易出现在暂存环节。

（2）数据差错危害的关键控制点，易出现在到货预报、验收、订单处理和拣货环节。

（3）货物损坏危害的关键控制点，易出现在搬运、装卸和配送环节。

（4）作业时间逾期危害的关键控制点，易出现在收货、订单处理和配送环节。

货物遗失是指货物在作业过程中发生丢失或被盗窃等数量上的非正常减少的事件。数据差错指的是作业过程中的各种作业数据发生错误，如订单分类错误、储位信息错误、盘点错误、分拣货物种类错误。货物损坏是说货物在作业过程中由于各种失误使货物的质量变坏或变形而无法销售或造成其他损失。作业时间逾期是指作业中无法按照预定的时间完成计划的作业。可以通过对这些关键控制点的有效控制来减少危害的发生，提高作业效率，减少损失。

（二）物流企业作业管理目标

物流企业作业管理目标是物流企业作业管理活动所要达到的效果的具体体现，是物流企业作业计划的基础，组织、协调和控制等工作也要围绕这个目标来进行，只有目标明确的企业物流作业才能高效运转起来。企业物流作业的目标包括快速响应、最低库存、集中运输、最小损失、保证质量以及生命周期支持等。

1. 快速响应

这是企业物流作业目标中最基本的要求。快速响应关系到一个企业能否及时满足客户的服务需求，能否与企业建立稳定的供求关系。快速响应的能力使企业将传统上物流作业强调的根据预测和存货情况作出计划转向了以小批量运输的方式对客户需求作出反应上来。快速响应要求企业具有流畅的信息沟通渠道和广泛的合作伙伴。

2. 最低库存

这是企业物流仓储作业目标追求的最核心的目标。最低库存的目标同资产占用和相关的周转速度有关。最低库存越少，资产占用就越少；周转速度越快，资产占用也越少。因此，物流系统中存货的财务价值占用企业资产也就越低。在一定的时间内，存货周转率与存货使用率相关。存货周转率高、可得性高，意味着投放到存货上的资产得到了有效利用。

企业物流要以最低的存货满足客户需求，从而实现物流总成本最低。随着物流企业将注意力更多地放在最低库存的控制上，类似“零库存”之类的概念已经从理论走向现实。当存货在制造和采购中达到规模经济时，便能提高投资回报率。

3. 集中运输

集中运输是企业物流作业中实施运输成本控制的重要手段之一。运输成本与运输产品的种类、运输规模和运输距离直接相关。许多具有一流服务特征的物流系统都采用高速度、小批量运输，这种运输通常成本较高。为降低成本，可以将运输整合。一般而言，运输量越大、距离越长，单位运输成本就越低。不过，集中运输往往降低了企业物流的响应时间。因此，企业物流作业必须在集中运输与响应时间的综合权衡。

4. 最小损失

在物流企业作业过程中，破坏系统作业的突发事件可以产生于物流作业的任何地方。比如空路运输作业因为天气原因受到影响，铁路运输作业因为地震等灾害受到影响。传统的解决办法是建立安全库存，或是使用高成本的运输方式。但上述两种为式都将增加物流成本。为了有效地控制物流成本，目前多采用信息技术以实现主动的物流控制，使突发事件的影响在某种程度上可以被减少到最低。

5. 保证质量

物流作业本身就是在不断地寻求客户服务质量的改善与提高。目前，全面质量管理已引起各类企业的高度关注，物流领域也不例外。从某种角度说，全面质量管理，是物流得以发展的主要推动力之一。

因为一旦货物质量出现问题，物流的运作环节就要全部重新再来。比如运输出现差错或运输途中导致货物损坏，企业不得不重新处理客户的订单，这样一来不仅会导致成本的大幅增加，而且还会影响到客户对企业服务质量的认可度，因此对企业物流作业质量的控制不能有半点马虎。

6. 生命周期支持

绝大多数产品在出售时都会标明其使用期限，若超过这个期限，厂商必须对渠道中的货物或正在流向顾客的货物进行回收。之所以将产品回收是出于严格的质量标准、产品有效期、产品可能出现的危险后果等方面的考虑。当货物潜藏有危害人身健康的因素时，这时不论成本大小与否，反向物流必然发生。

总之，物流企业作业管理所追求的目标就是要有效地减少作业环节，避免资源浪费，缩短作业周期，加速资金周转，及时高质量地提供物流服务。

解决方案

关于任务：试述如何对物流企业作业管理进行优化。

小刘在学习了物流企业作业管理的相关知识后，带着培训老师的问题认真地寻找答案。他通过物流作业成本核算和物流作业分析，获得了大量物流作业的相关信息，并利用这些信息进一步对物流作业流程进行优化管理。

从企业物流作业管理的角度出发，通常采用以下 4 种方式以实现作业链整体最优和总成本最低。

1. 作业消除

作业消除即消除无附加价值的物流作业。首先，企业必须确认不能实现价值增值的作业，进而才有可能采取有效措施予以消除。例如，厂商为确保产品是用优质的原料生产，常对购入的原料进行检验，这就导致对产品进行拆箱和装箱的重复物流作业。如果企业选择高质量原料的供应商，即可消除检验作业，从而减低成本。

2. 作业选择

作业选择指的是从多个不同的作业（链）中选择最佳的作业（链）。不同的物流策略通常会产生不同的物流作业，例如不同的产品分销策略，会产生不同的分销作业，而作业必然产生成本。因此，每项产品不同的分销策略将会引发不同的物流成本。在其他条件不变的情况下，应优先选择物流成本最低的分销策略。

3. 作业减少

作业减少指的是以改善已有物流作业的方式来降低企业物流活动所耗用的时间和资源。例如，改善产品的包装作业，通过整合包装降低装卸次数及其成本。

4. 作业分享

作业分享指的是利用规模经济提高相应物流作业的效率，也就是提高作业的投入产出比，以降低作业动因分配率和分摊到产品中的物流成本。例如，通过对多个零售店的共同配送，提高货车的重载率，就可减少单位产品的运输成本，进而降低总物流成本。

模块二　物流企业运作基本理论

任务描述

负责培训的老师继续对小刘进行相关内容的培训，并要求小刘完成以下任务。

任务：试运用企业核心能力理论分析顺丰速运有限公司的核心竞争力。

知识链接

一、资源基础理论

1984 年沃纳菲尔特的“企业的资源基础论”的发表意味着资源基础理论（Resource Based View 或 Resource Based Theory，RBV 或 RBT）的诞生。

资源是指企业所具备的各种要素，包括有形资源，如厂房、设备、人员、土地和资金等；以及无形资源，如商标、公司形象和企业文化等。在资源的差异能够产生收益的差异的假定下，企业资源基础理论认为企业之所以盈利，是因为企业内部有形资源、无形资源及累积的知识在企业间存在差异，资源优势会产生企业竞争优势，企业具有的有价值性、稀缺性、知识性和不可复制性以及以低于价值的价格获取的资源，可以产生成本低或差异化高的产品，这是企业获得持续竞争优势及成功的关键因素，企业的竞争力就来源于这些特殊的资源。因此，企业的竞争力来源于企业内部，依赖于企业的异质性、稀缺性、非常难以模仿的和高效的专有资源；企业有不断产生这种资源的内在动力，可以保持企业竞争优势的不断形成和这些专有优势的不断使用。

资源基础理论的假设是：企业具有不同的有形和无形资源，这些资源可转变成独特的能力；资源在企业间是不可流动的且难以复制；这些独特的资源与能力是企业持久竞争优势的源泉。资源论的基本思想是把企业看成资源的集合体，将目标集中在资源的特性和战略要素市场上，并以此来解释企业可持续的优势和相互间的差异。

（一）资源基础理论产生的背景

竞争战略理论认为，企业的获利能力主要来源于两个方面：所在行业的吸引力和与竞争对手相比所拥有的竞争优势。在这一理论的指导下，企业战略分析的目标是先确认具有有利环境的行业，再将自己置身于此行业，然后采取有效方法应对竞争。竞争战略理论认为，竞争优势的源泉主要来自企业在既定行业中的竞争地位，而且至少在中期，企业可以自由获得所需资源来抵消或影响市场力。然而竞争战略理论没有对行业的特征和行业中单个企业的获利能力之间的重要关系作出解释。换句话说，竞争战略难以对同一行业中不同企业的绩效存在差距，以及竞争力的持久性存在差距的现象作出深刻解释，而这恰恰是资源基础理论关注的问题。

（二）资源基础理论的实质

资源基础理论认为，企业只有发展那些有价值的、稀缺的、不易被模仿和不可替代的异质性资源（企业资源在物质资本、人力资本和组织资本的差异性，以及这些资源在组织的差异程度）和能力，不断开发和利用外部的互补性资源，才有可能持续地保持竞争优势。因此企业要想获得产品或服务的差异性或以最低成本提供一致的产品、服务或强化企业价值，在自身不具备相应资源或不想在所需资源付出更多投资的情况下，充分利用外部资源和能力，实施外包或与外部企业缔结战略联盟就成了企业的战略选择之一。实施业务外包不仅可以维持企业现有资源和能力，尤其可以专注于改善这些资源和能力，同时可以强化自己所不足（或不具备）的资源和能力并降低投资风险和成本。这样，企业就可以通过供应链的集成资源的能力来巩固和加强本企业的竞争优势。

（三）资源基础理论的主要内容

资源基础理论认为，企业是各种资源的集合体，企业拥有资源异质性，这种异质性决定了企业的差异性。概括地讲，资源基础理论主要包括以下 3 方面的内容。

1. 企业竞争优势的根源——特殊的异质资源

资源基础论认为，各种资源具有多种用途，其中又以货币资金为最。企业的经营决策就是指定各种资源的特定用途，且决策一旦实施就不可还原。因此，在任何一个时点上，企业都会拥有基于先前资源配置基础上进行决策后带来的资源储备，这种资源储备将限制、影响企业下一步的决策，即资源的开发过程倾向于降低企业的灵活性。例如，拥有 1 亿元货币金的企业几乎可能涉足任何产业，但一旦它将这 1 亿元资金用来购买化工设备及化工原料，它就只可能从事特定的化工生产。尽管如此，企业仍然热衷于资源的开发利用，因为资源的开发增加了资源的专用性，有可能提高产出效率及资源的价值。如果决策得当，上面那家只能从事化工生产的企业也许会从化工生产中赚回 2 亿元。

资源基础理论认为，企业在资源方面的差异是企业获利能力不同的重要原因，也是拥有优势资源的企业能够获取经济租金的原因。作为竞争优势源泉的资源应当具备以下 5 个条件：①有价值；②稀缺；③不能完全被仿制；④其他资源无法替代；⑤以低于价值的价格为企业所取得。

2. 竞争优势的持续性——资源的不可模仿性

企业竞争优势来源于企业的特殊资源，这种特殊资源能够给企业带来经济租金。在经济利益的驱动下，没有获得经济租金的企业肯定会模仿优势企业，其结果则是企业趋同、租金消散。因此，企业竞争优势及经济租金的存在说明优势企业的特殊资源肯定能被其他企业模仿。资源基础理论的研究者们对这一问题进行了广泛的探讨，他们认为至少有三大因素阻碍了企业之间的互相模仿。

（1）因果关系含糊。企业面临的环境变化具有不确定性，企业的日常活动具有高度的复杂性，而企业租金是企业所有活动的综合结果，即使是专业的研究人员也很难说出各项活动与企业租金的关系，劣势企业更是不知道该模仿什么、不该模仿什么。

（2）路径依赖性。企业可能因为远见或者偶然拥有某种资源而占据某种优势，但这种资源或优势的价值在事前或当时并不被大家所认识，也没有人去模仿。后来环境发生变化，形势日渐明朗，资源或优势的价值日渐显露出来，成为企业追逐的对象。然而，由于时过境迁，其他企业再也不可能获得那种资源或优势，或者再也不可能以那么低的成本获得那种资源或优势，拥有那种资源或优势的企业则可稳定地获得租金。

（3）模仿成本。企业的模仿行为存在成本，模仿成本主要包括时间成本和资金成本。如果企业的模仿行为需要花费较长的时间才能达到预期的目标，在这段时间内完全可能因为环境的变化而使优势资源丧失价值，使企业的模仿行为毫无意义。

3. 特殊资源的获取与管理

资源基础理论为企业的长远发展指明了方向，即培育、获取能给企业带来竞争优势的特殊资源。由于资源基础理论还处于发展之中，企业决策总是面临着诸多不确定性和复杂性，资源基础理论不可能给企业提供一套获取特殊资源的具体操作方法，仅能提供一些方向性的建议。具体来说，企业可从以下几方面着手发展企业独特的优势资源。

（1）组织学习。资源基础理论的研究人员几乎毫不例外地把企业的特殊资源指向了企业的知识和能力，而获取知识和能力的基本途径是学习。企业的知识和能力不是每一个员工知识和能力的简单加总，而是员工知识和能力的有机结合。通过有组织的学习不仅可以提高个人的知识水平和能力，还可以促进个人知识和能力向组织的知识和能力转化，使知识和能力聚焦，产生更大的合力。

（2）知识管理。知识只有被特定工作岗位上的人掌握才能发挥相应的作用，企业的知识最终只有通过员工的活动才能体现出来。企业在经营活动中需要不断地从外界吸收知识，需要不断地对员工创造的知识进行加工整理，需要将特定的知识传递给特定工作岗位的人。企业处理知识的效率和速度将影响企业的竞争优势。因此，企业对知识微观活动过程进行管理，有助于企业获取特殊的资源，增强竞争优势。

（3）建立外部网络。对于弱势企业来说，仅仅依靠自己的力量来发展他们需要的全部知识和能力是一件花费大、效果差的事情，通过建立战略联盟、知识联盟来学习优势企业的知识和技能则要便捷得多。来自不同公司的员工在一起工作、学习还可激发员工的创造力，有利于知识的学习和能力的培养。

资源基础理论并不是十分完美的理论，存在着必然的缺陷。首先，过分强调企业内部而对企业外部重视不够，由此产生的企业战略不能适应市场环境的变化；其次，对企业是否模仿其他企业界定过于模糊，操作起来非常困难，而且这种战略资源也极容易被其他企业所模仿。

二、交易费用理论

（一）交易费用理论的产生

交易费用（Transaction Cost）指的是拥有不同资源的各方在交换资源过程中所产生的成本，如交换前搜寻相关信息的成本、交易过程中谈判和签约的成本、签约后落实契约的成本（如监督契约实施的成本、违约所产生的成本）等。

自科斯理论之后，交易费用理论逐渐演变成两个分支：一支是张五常等对科斯理论的发展，主要观点是企业的功能在于节省市场中的直接定价成本（或市场交易费用），因而通常被称为“间接定价”理论；另一支是威廉姆森等学者的研究，将企业看成连续生产过程中不完全合约所导致的纵向一体化实体，认为企业之所以会出现，是因为当合约不可能完全时，纵向一体化能够消除或至少减少资产专用性所产生的机会主义问题。

（二）交易费用形成的决定要素

1. 交易因素

交易因素主要是指市场的不确定性、潜在的交易对手的数量及交易物品的技术特性，如资产的专用性程度和交易频率等。

不确定性（或复杂性）是现实经济生活中的一种现象，从多方面干扰经济生活。正如人们下棋一样，如果国际象棋的理论（即完整的决策树）真正能够为人所知，则这种游戏就没有什么值得玩的了。服务或活动的复杂性决定了鉴定和监控交易的难度。复杂性越高，合同的不确定性就越高，谈判费用也会随之上升；复杂性越高，往往信息的不对称性也就越突出。

资产的专用性程度也是决定交易费用的重要因素。所谓专用性资产，是指投资于支持某项特定交易的资产，如果不牺牲该项资产的一些生产率或增加使该资产适用于新交易的费用，专用性资产就不可能被用于另一交易中。资产专用性主要包括场地资产专用性、物质资产专用性、人力资产专用性等。

交易频率或交易量也影响着交易费用的大小。交易频率越高，一般来说交易量越大，工业企业会因为批量费率的原因以较低的物流运作成本与物流企业保持长期的合作关系。这样相对于双方而言，谈判费用和机会主义费用都会大大降低。

2. 人的因素

人的因素即对交易主体人性的假设是有限理性和机会主义。有限理性（Bounded Rationality）这一概念通俗地讲，就是指人的行为只能是“意欲合理，但只能有限地达到”。事实上，人们收集和加工处理大量相关的市场信息的，能力受到很多限制，如物流环境的不确定性很难让人准确地预测将来可能发生的交易。这样，在审查潜在的物流合作伙伴和合同的谈判方面将难以涵盖所有将来可能发生的意外性问题。为此，就要产生沟通、谈判和协作费用。

机会主义是威廉姆森关于人的行为的一个重要假设。机会主义假设意味着交易主体在交易中有可能通过欺诈取得优势，或在缔约时通过制造虚假、无价值的信息，如对意图的不实陈述或通过威胁、对承诺的自我否定等来取得交易优势。在市场环境下，可以通过竞争来抑制机会主义。

威廉姆森认为，由于人的有限理性，交易主体具有以欺诈手段追求自身利益的行为倾向，即人不仅是自私的，而且只要能够利己，就不惜去损人。例如，交易者会利用信息的不对称或利用某种有利的讨价还价机会欺诈对方。在物流市场不完善的情况下，企业容易行使机会主义行为，进而导致物流企业的交易费用增加。

三、企业核心能力理论

（一）企业核心能力理论产生的背景

企业核心能力理论起源于传统的企业能力理论。最早可以追溯到 18 世纪早期亚当·斯密的企业分工理论，而20 世纪20 年代马歇尔的企业内部成长论可以说是该理论的雏形，企业内部成长论指出企业内部各职能部门之间、企业之间、产业之间存在着“差异分工”，这种分工与其各自的知识和技能相关，这种知识与技能可以看作企业的能力。

20 世纪 80 年代，随着市场经济体制在不同社会制度国家的建立，全球经济一体化的步伐明显加快，世界范围内的大多数国家的市场环境实现了由卖方市场向买方市场的转变。供给的相对过剩，造成了市场竞争的日益激烈。企业核心能力理论正是在这种背景下提出的，这个过程大致经历了 3 个阶段：从 20 世纪 60 年代开始的以战略管理为主要内容的竞争理论阶段，从 20 世纪 80 年代开始的以产业结构为主要内容的竞争理论阶段和从 20 世纪 90 年代开始的以企业核心能力研究为重点、以提高企业素质为主要内容的竞争理论阶段。

1. 战略管理理论阶段

企业经营战略的产生是生产力发展和商品经济发达的产物。在战略理论发展之初，其重点放在制定年度财务预算方面，并要求企业仔细检查所拟定的财务目标、成本和费用的收支状况。随着战略管理模式的规范化和系统化，建立在内部环境和外部环境系统分析基础之上的战略理论形成了较为完整的理论体系，实现了战略规划与战略管理过程的统一。其内容包括战略目标的确定、战略决策和战略实施 3 个部分，并主要通过战略目标与企业内部一致性、外部环境适应性、资源适应性和沟通与实施的可能性检验，来评价企业经营战略的适当与否。

构成企业竞争理论主体的许多基本理论与方法都产生于这一时期，如著名的安索夫的产品市场矩阵、波士顿咨询公司的 BCG 矩阵、通用电气的 GE 九方图、SWOT 分析（态势分析法）、PEST 分析等。它们的共同特点是通过对企业所处的内外部环境的综合分析来为企业制定战略提供依据。这类分析方法称为战略分析法，这些理论构成战略管理的基本内容和基本框架。

2. 产业结构分析阶段

产业结构分析是对战略理论的进一步发展。这个阶段将竞争分析的注意力重点放在企业外部环境上，认为行业吸引力是企业盈利水平的决定因素，产业结构分析是企业制定竞争战略的主要依据。迈克尔·波特提出了产业竞争结构分析的规范方法，指出企业盈利能力取决于其竞争优势，而企业的竞争优势在一定程度上取决于企业所在产业的基本结构，即来自潜在竞争对手、替代品、现有竞争对手、购买者和供应商 5 个方面的竞争力。企业可以通过战略对这 5 种竞争力产生影响，并影响产业结构，甚至改变某些竞争规则，进而取得竞争优势。因此，这一阶段的竞争理论被称为以产业结构为中心的竞争理论。

3. 企业核心能力理论阶段

随着时间的推移，产业结构分析给人们这样一种认识：同一产业内的企业经营状况应该是差不多的。但是事实却证明：同一产业内部企业间的利润差距并不比处于不同产业的企业间的利润差距小，企业经营得好与坏跟其所处的产业没有必然的联系。在所谓的“夕阳产业”中，可以发现有许多企业经营状况很好；相反，在所谓的“朝阳产业”中，也有许多企业经营状况不佳。另外，有些企业进入一些利润很高、但缺乏经验或与自身竞争优势毫不相干的产业，进行非关联性的多元化经营，结果也遭遇了失败。于是，人们就对产业结构分析提出了质疑。

近年来以产业结构为中心的竞争理论受到了挑战。支持者和非难者争辩的事实之一是：同行业的不同企业之间利润率的差异程度往往比不同行业间的企业利润率水平的差异程度大得多。这种争论的合理性暂不讨论，值得注意的事实是，把竞争战略制定的立足点过分地偏向外部分析，可能导致决策的波动性和战略的不连贯性，因为环境波动只会越来越大。这就为企业素质为中心的竞争理论的出现创造了一个大背景条件。

在管理科学的发展历程中可以看出，到了20世纪80年代初，竞争战略理论成为战略管理理论的主流。其理论核心是波特提出的“五力模型”，即在对企业现有竞争者、购买者、供应者、替代者、潜在竞争者（产业潜在进入者）5种力量进行分析的基础上确定企业的竞争战略。波特的竞争战略理论实际上是将以“结构—行为—绩效”为主要内容的产业组织理论引入企业战略管理领域中，产业结构、产业内优劣对比，以及进入壁垒、退出壁垒、壁垒后的相互勾结等概念和相关理论为解释企业如何制定战略、获取持续超额利润提供了较为可靠的经济学分析。然而，波特的竞争战略理论仍然有不足之处，甚至存在致命的缺陷。一是波特的五力量分析模型不能突破企业视为“黑箱”的局限。按照这一理论，企业自身的力量是既定的，企业的战略选择取决于当前企业与外部力量的对比优势，未来企业内部的成长和自身力量的变化并不是现在企业制定战略所考虑的问题。二是波特实际上是将产业作为研究对象。波特以企业作为最小的分析单元，研究的重点却是产业的特性、产业的发展趋势、产业内外企业的相互关系和力量对比，并没有很好地站在企业成长的角度进行分析。所制定的企业竞争战略，在指导企业实践中缺乏针对性。

“竞争优势归根结底取决于企业所能为客户创造的价值”。从经济学的角度讲，企业为客户创造的价值就等于企业提供给消费者的以及竞争所能给消费者带来的收益（即满足程度）扣除消费者为获得该产品所支付的成本。企业所能为客户创造的价值越高，企业在市场中的竞争优势也就越明显。根据波特的提法，许多企业首先想到的是提高现有产品质量，降低现有产品成本，以提高现有产品的性能价格比，给消费者带来更多的价值。然而他们忽略了一点：产品质量的提高是有限的，产品成本的降低也是有限的，因此通过这种途径所能给消费者带来的价值增加也是有限的。如果着眼于产品本身的变化，不断开发新产品，不断适应市场上变化的消费需求，甚至引导消费需求，同样可以给消费者带来价值增加，而且这种价值增加没有极限。因此，通过这种途径营造持续竞争优势已经成为现代企业竞争的焦点，这就要求企业必须构建自身的核心能力。

自20世纪90年代以来，越来越多的研究人员和实践工作者开始热衷于企业能力理论的研究。1990年，帕汉拉德和凯德哈默在《哈佛商业评论》上发表了《公司核心能力》一文。其后，理论工作者围绕“企业核心能力”掀起了研究的新高潮，发表了一系列具有划时代意义的论文。其中最有代表性的论文有：1992年兰格路易斯发表的《能力论》，1993年福斯发表的《核心能力论》，以及1994年哈默和哈尼发表的《企业能力基础竞争论》等。这一时期，在美国知名度非常高的《战略管理》《管理》和《哈佛商业评论》等期刊上，企业能力理论方面的论文都占有相当大的篇幅。企业能力理论之所以成为被关注的热点，主要是由于20世纪90年代以来，企业联合兼并的兴衰，回归主业又一次成为众多企业明智的选择。企业内部因素成为企业竞争优势中的重要因素，如日本生产方法带来的高效率备受世界各国企业的重视；经济理论研究取得了新的进展，特别是企业契约理论、激励理论和战略理论的最新发展。

应该说，企业核心能力是当今管理学与经济学交叉融合的最新理论成果之一，它源于战略管理理论、知识经济理论、创新理论等对企业持续竞争优势的逻辑探索。正是其理论来源的交叉性和多样性，各学者研究的角度也千差万别。虽然研究角度有差异，但核心能力的界定、测评、建立与提高、规划是它们都涉及的基本问题。

企业能力理论包括“企业资源基础论”“企业动力能力论”和“企业知识基础论”。这些名称不同的理论的共同之处是：与企业外部条件相比，企业内部条件对于企业的市场竞争优势具有决定性作用；企业内部能力、资源和知识的积累，是企业获得超额收益和保持企业竞争优势的关键。因此，企业能力理论不仅是对传统企业理论、产业组织理论“结构—行为—绩效”分析框架的替代，而且是对波特将产业分析模式应用于战略管理领域分析方法的替代。

（二）核心能力理论的实质

从系统论的角度看，企业本质上是一个资源转换体。环境为企业提供资源、机会并形成限制，企业将这些输入进行转换，为环境提供产品和服务，然后进行反馈，即由环境来评价企业的产出，并据此决定将来给予企业的输入。企业只有实现这一转换过程的良性循环，才能够生存和发展。企业的资源转换功能是以企业的能力为基础的。能力是企业资产、人员、规程与方法的有机结合，它与知识相关，看不见、摸不着，却又可以被人感知。企业能力是深层次的竞争优势。企业能力包括存量与增量两个层次，前者是指企业重复过去活动的能力，后者是指企业建立新能力的能力，主要是指企业的学习能力。企业能力可以使企业使用与竞争对手相同的要素投入更有效地进行生产，或者生产出更高质量的产品。

1. 企业核心能力理论的要点

企业核心能力理论的要点包括以下4方面。

（1）公司的竞争力来源于能够比竞争对手以更低的成本和更快的速度建立核心能力。

（2）核心能力是多因素的复合体，是技术、治理结构和集体学习的结合。企业的核心能力是一种稀缺的、难以模仿的、有价值的、可延展的能力。检验核心能力的标准是：第一，是否为通往多种市场提供潜在的通道；第二，是否为消费者带来显著的价值；第三，是否使竞争对手难以模仿。

（3）多元化的企业应是核心能力的组合，公司所拥有的核心能力组合与价值创造体系对企业的竞争优势起决定性作用。

（4）构建核心能力及相关技术的未来路线图，通过战略构造保持企业内部资源的一致性。该理论的突出特点是把开创新事业作为公司战略的重心，把核心能力作为企业可持续竞争优势和新事业发展的源泉。从理论基础来看，核心能力理论是以资源作为基础竞争优势，把企业看作一系列独特资源的组合。

2. 企业核心能力的特征

核心能力是企业的特殊能力，具有以下特征。

（1）价值优越性。核心能力是企业独特的竞争能力，应当有利于企业效率的提高，能够使企业在创造价值和降低成本方面比竞争对手更优秀。同时，它也给消费者带来独特的价值和利益。

（2）异质性。一个企业拥有的核心能力应该是企业独一无二的，即其他企业所不具备（至少暂时不具备）的，是企业成功的关键因素。核心能力的异质性决定了企业之间的异质性和效率的差异性。

（3）难模仿性。核心能力是在企业长期的生产经营活动中积累形成的，深深打上了企业特殊组成、特殊经历的烙印，其他企业难以模仿。

（4）不可交易性。核心能力与特定的企业相伴生，虽然可以被人们感受到，但无法像其他生产要素一样通过市场交易进行买卖。

（5）难替代性。由于核心能力具有难以模仿的特点，因而依靠这种能力生产出来的产品（包括服务）在市场上也不会轻易被其他产品所替代。

（三）核心能力理论的主要内容

1. 企业本质上是一种能力集合体

企业所拥有的资源并非都可以成为企业绩效或竞争优势的源泉，因为在充分竞争的市场上，资源可以通过市场交易获取。真正成为企业绩效与竞争优势决定性因素的，是能够有效利用、开发企业内部资源的能力。能力是企业生存和长寿的基因，如果缺乏能力基因，企业将很难续存。即使企业足够幸运，在资源或机会的驱动下取得某种成功，这种成功一定是短暂的，也是脆弱的。企业之间的能力差异是企业绩效差异和能否持续发展的根本原因。企业为了提高企业绩效，必须锤炼自己的能力，因为能力才是立命安身的基础，对高科技企业来讲尤其如此。这里的能力是一个广泛的概念，可以是员工的研发能力、技术能力，管理者独立工作的能力、与他人合作的能力，也可以是创立商标和专利的能力，建立品牌知名度和美誉度的能力，更包括对资源的发现、整合、调度和优化的能力，以及将技能、资产和动作有机融合的自组织能力。当企业的某些能力使企业获得竞争优势时，这些能力就构成了企业的竞争能力。竞争能力的形式多种多样，可在研发、制造、营销、专利、品牌、资本运作、管理制度和企业文化等诸多方面形成。但是，并非企业内部的所有能力都是核心竞争能力。核心竞争能力表现在企业业务链、价值链某些特定的节点上，对竞争优势起决定性作用。核心竞争能力具有基础性、功能性、根本性和长期性，能使企业获得稳定持续的竞争力和超额利润。

2. 积累、保持和增强能力是企业维持长久竞争优势的关键

企业要想获得持久的竞争优势，就必须准确把握未来市场的发展趋势和技术发展的方向，在建立、强化和发展核心能力方面不断努力。核心能力的建立不可能“毕其功于一役”，需要持续改进和积累，使其不断高度化，并始终起引领和支撑作用。核心能力的培养和发展，是通过企业各个层次的重组和积累实现的，其培育过程主要有3个阶段：一是开发构成核心竞争力的专长和技能；二是整合核心竞争力的各要素；三是开发核心产品市场。企业的竞争优势是在市场上实现的，但与最终产品的市场份额相比，企业核心产品的市场份额更有意义。核心竞争力的培育方法主要有演化法、孕育法和兼并法3种：演化法是指经营者选定一个目标，由全体员工在原有岗位上一起努力，设法在合理期限内建立特定核心能力；孕育法要求企业成立一个专门小组，针对企业选定的目标全力开发，负责在2~3年内培育出一种核心能力；兼并法则是先挑选心目中的理想能力，然后通过并购拥有这一技能的公司获得这种能力。

3. 持续学习是企业获得核心能力的最有效途径

核心能力获得的途径不止一种，上面谈到的兼并法就是其中之一。企业获得核心能力最根本、最有效的途径是持续学习。学习是企业得以扩展创造未来的能量。美国《财富》杂志指出：未来最成功的公司，将是那些基于学习型组织的公司。壳牌石油公司的企划主任曾说，当今世界最大的甚至唯一的竞争优势，就是有能力比你的竞争对手学习得更快。不管企业过去多么辉煌，只要停止了学习，就会出现知识和能力的老化和退化，从而导致企业的边缘化。不管企业是通过自主开发或联合开发的方式获得关键技术和技能，还是通过技术、人才、结盟伙伴和知识产权市场获取那些可形成总

的核心竞争能力的单项技能或技术，抑或是将可能形成核心竞争能力的各种技术、技能和专长整合成核心能力，持续学习都在其中扮演了重要的角色。

（四）核心能力理论的延伸

奎恩在1992年指出，企业应该持续地在具有核心能力的业务上进行投资，而将不具备核心能力的业务进行外包。外包非核心业务可提高管理者的注意力，加大对绩效显著的工作的资源分配，而将相对劣势的工作交给外部组织承担。理查德森1993年强调，外包能使买卖双方在长期关系中获益，并实现双赢。类似地，企业通过专注于具有核心能力的产品生产或服务，将非核心业务或职能如物流服务通过合同的形式外包给第三方物流公司，不仅可以降低成本，而且可以提高质量。

1994年，奎恩和希尔玛指出，核心能力具有以下特点。

（1）是技巧或知识，而不是产品或职能。

（2）可用于多种用途。

（3）数目有限，一般有2~3个。

（4）是价值链的唯一杠杆源泉。

（5）使企业能够支配或完成那些对顾客非常重要的活动，竞争对手则不能。

（6）从长远来看，是对顾客非常重要的因素。

（7）是一种置于组织系统的能力。

根据奎恩和希尔玛对核心能力的界定，核心能力能够给企业带来长期的竞争优势，因此必须予以保护。

1992年，提斯等提出了动态能力理论。所谓动态能力，是指“企业保持或改变其作为竞争优势基础能力的能力”。为适应不断变化的外部环境，企业必须不断取得、整合，再确认内外部的行政组织技术、资源和功能性能力。动态能力可以使企业在给定的路径依赖和市场优势条件下，不断获得新的竞争优势；可以通过学习获取和使用外部能力（市场中及其他企业的公共资源和部分战略资源），更好地保持企业竞争优势对市场环境的敏感性。提斯认为，能将企业的生产要素与专有资源有机地结合起来的组织与管理能力，是企业在长期生产经营过程中积累形成的一种无形资源。企业的这种能力大幅度地降低了交易费用，是企业竞争优势的主要来源。动态能力理论秉承了熊彼特“创造性毁灭”的思想，认为企业只有通过其动态能力的不断创新，才能获得持久的竞争优势。针对当今高新科技产业的飞速发展和瞬息万变的市场环境，该理论特别强调组织与管理能力和创新能力。企业必须具有创新能力，创新能力是企业发展最为关键的能力。

综上所述，依据核心能力理论，企业必须将有限的资源集中在核心业务上，强化自身的核心能力，而将自身不具备核心能力的业务以合同的形式（外包）或以非合同的形式（战略联盟或合作）交给外部组织承担。企业就可以通过与外部组织共享信息、共担风险、共享收益，以整个供应链的核心竞争力赢得竞争优势。

核心能力理论对我国物流企业具有重要的启示。当前，我国物流企业一个突出的问题就是核心能力空洞化。物流企业必须加紧修炼内功，着力培育核心能力，为已经面临和即将来临的竞争打下坚实的基础。因此，依据核心能力理论，物流企业对自身物流资源可作细化分类，集中精力发展核心业务，同时在条件许可的情况下，在核心业务基础上延展并创新物流业务，以使企业的核心竞争能力得以快速提升。

四、企业业务流程再造理论

（一）业务流程再造概述

人类社会走过了自然经济时代、农业经济时代和工业经济时代，正迈向知识经济时代。工业经济时代的主要矛盾之一是社会需求的相对旺盛和产品的相对缺乏。因此，工业经济时代企业管理的主要任务是以较低的成本向市场提供大批量、标准化的产品。为适应这种要求，企业必须以劳动分工为基础，通过专业化的管理，提高企业的生产效率。以亚当·斯密为代表的劳动分工和专业化管理的理念，成为工业经济时代企业管理组织理论的思想基础之一。在这种理论思想的指导下，传统企业的组织结构表现为明显的以职能分工为基础的科层制结构。在工业经济时代的特定环境下，这种组织形式极大地提高了企业的整体绩效。

具体地说，就是要使企业能最大限度地适应以“顾客、竞争和变革”为特征的现代企业生存和发展环境。

18 世纪英国的经济学家亚当·斯密在《国富论》中提出劳动分工理论，提出分工有利于提高效率、增加产量，其理由有三：第一，劳动者的技巧因业专而日进；第二，分工可以免除由一种工作转到另一种工作的时间损失；第三，简化劳动和机械的发明使一个人能做许多人的工作。亚当·斯密的劳动分工理论蕴涵了最朴素的流程理念。1911 年，弗雷德里克·泰勒出版了《科学管理原理》一书，阐述了科学管理理论——应用科学方法确定从事一项工作的“最佳方法”，并很快被世界范围的管理者们普遍接受。劳动分工理论和科学管理理论应用于企业的实践和发展的主要代表为：①亨利·福特将其应用于福特公司，形成了汽车流水作业线，使生产效率倍增；②阿尔弗雷德·斯隆在通用汽车公司构建了金字塔式的科层制组织结构，加强了部门管理。

进入 20 世纪 80 年代，市场竞争日益激烈，信息技术迅速发展，全球化的浪潮日益增强。以“3C”（顾客、竞争和变革）为特征的三股力量使企业所处的环境发生了巨大的变化。原有的“科层制管理”带来的流程分工过细、追求局部效率、流程环节冗长、部门壁垒森严、忽视顾客利益等问题使其越来越难适应企业的发展。因此，企业环境的变化和企业管理的实践成为企业管理理论发展的催化剂，业务流程再造理论因此诞生。“再造”（Reengineering）的概念缘起于麻省理工学院（MIT）在 1984 年到 1989 年进行的一项名为“20 世纪 90 年代的管理”的研究。当时，以“3C”为特征的三股力量对企业的影响日益增大，“科层制管理”也不再适应企业的发展。该研究项目旨在借助计算机及信息技术带来的革命性影响力为企业管理指明方向。

1990年迈克尔·哈默在《哈佛商业评论》上发表了题为《再造：不是自动化改造而是推倒重来》的文章，文中提出的再造思想开创了一场新的管理革命。1993年迈克尔·哈默和詹姆斯·钱皮在其著作《企业再造：企业革命的宣言》一书中，首次提出了业务流程再造的概念，并将其定义为：对企业业务流程进行根本性的再思考和彻底性的再设计，以取得企业在成本、质量、服务和速度等衡量企业绩效的关键指标上取得显著性的进展。该定义包含了4个关键词：“流程”“根本性”“彻底性”和“显著性”。

“流程”就是以从订单到交货或提供服务的一连串作业活动为着眼点，跨越不同职能和部门的分界线，以整体流程、整体优化的角度来考虑与分析问题，识别流程中的增值和非增值业务活动，剔除非增值活动，重新组合增值活动，优化作业过程，缩短交货周期。

“根本性”就是要突破原有的思维方式，打破固有的管理规范，以回归零点的新观念和思考方式，对现有流程与系统进行综合分析与统筹考虑，避免将思维局限于现有的作业流程、系统结构与知识框架中去，以取得最优的目标流程设计。

“彻底性”就是要在“根本性”思考的前提下，摆脱现有系统的束缚，对流程进行设计，从而获得管理思想的重大突破和管理方式的革命性变化。不是在以往基础上的修修补补，而是彻底性的变革，追求问题的根本解决。

“显著性”是指通过对流程的根本思考，找到限制企业整体绩效提高的各个环节和因素，通过彻底性的重新设计来降低成本，节约时间，增强企业的竞争力，从而使得企业的管理方式与手段、企业的整体运作效果达到一个质的飞跃，实现高效益和高回报。

随着经济与科技的发展，特别是信息技术的高度发展，顾客需求的快速变化，全球性竞争的日益激烈，对这种传统管理模式提出了严峻的挑战。业务流程再造正是在这样的背景下产生的。

（二）业务流程再造的基本思想

自从哈默等提出业务流程再造的思想以来，曾有许多学者用不同的词阐述过相近的意思。这些不同的词所表示的意义在某些特征方面有所不同，如改变的程度（彻底的还是渐进的）、实施的范围（企业内部或外部）、潜在的效益和风险等。本书中提出的业务量流程再造主要遵循哈默所提出的业务流程再造概念，即以企业流程为改造对象，从顾客的需求出发，对企业流程进行根本性的再思考，并根据企业的战略和流程愿景，对流程进行重新设计与改良，以信息技术、面向流程的管理为手段，使企业的关键业绩指标如成本、质量、服务和速度等得到巨大提高。

根据业务流程再造的基本原则，业务流程的优化是通过活动的集成来实现的，而集成的前提是简化，即在流程简化的基础上进行集成才有意义。

流程的简化主要是指将不必要的活动和不增值的活动进行删除，将某些活动进行合并，从而减少活动的数目。如果流程不先简化就进行集成，最终的结果必然是在流程中存在大量不必要的操作。

集成是一种系统内元素之间相互协调、综合和统一的状态。流程的集成就是要把流程中的各个活动进行协调、综合和统一，形成一个有机的整体。

业务流程是指为完成企业某一目标或任务而进行的一系列逻辑相关的活动的有序集合。

业务流程再造就是通过对流程的巨大改善，来满足不同用户对质量、速度和服务等方面的需求。哈默把业务流程再造过程定义为：对企业流程的根本性的再思考和重新设计，从而使成本、质量、服务和速度等关键性的指标获得巨大改进。

以业务流程为核心，明确了企业业务流程再造的对象是业务流程。从而从根本上打破了传统职能分工理论的基础，是业务流程再造理论的精髓。通过考察业务流程的发生、发展和终结过程，确定、描述、分析、分解整个业务流程。重构与业务流程相匹配的企业运行机制和组织机构，实现对企业全流程的有效管理和控制，能够使企业真正着眼于流程的结果，消除传统管理中只注重单一环节而无人负责全流程的弊端。

由此可见，业务流程再造的基本思想是将传统企业按分工形式设计的各种工作进行集成，重新组合成一个能体现现代企业为适应新环境而必需的完整的新业务流程。

1. 业务流程再造的驱动力——企业战略和流程愿景驱动，顾客需求驱动

业务流程再造失败的原因很多，其中之一是没有把再造和企业的战略目标联系起来。因此，有的学者提出把企业流程看作企业战略的对象，把流程和企业战略联系起来。他们认为企业战略的基本构架不是产品、市场，而是企业流程。许多研究人员也提出企业核心流程的战略价值。尽管如此，在一个复杂的企业中，在战略和完成工作的方式即流程之间往往存在着一条鸿沟。在业务流程再造中连接企业战略和企业流程的桥梁是流程愿景。企业战略是指贯穿于一个系统，在一定的历史时期内决策或活动中的指导思想，以及在这种思想指导下作出的关系到全局发展的重大谋略。而流程愿景是对未来流程应该如何运行以及运行程度的具体的描述，往往包括一个流程的可测量的目标和未来流程的具体状态。有的学者明确提出："流程创新必须在企业战略范围，并以未来流程的愿景作指导，一个明确战略提供了流程创新的内容和实现它的动机，彻底的改变不能在没有明确的方向时完成。"可见，业务流程再造应该从企业的战略开始，所期望的战略定位和流程愿景应该是企业流程再设计的起点。

业务流程再造的另一个驱动力是顾客的需求。在现代快速变化的市场中，新的质量概念正是意味着满意——顾客对产品的满意，对服务的满意。因此在当今消费者导向的时代，对市场环境急剧变化作出快速反应，有效地提供顾客满意的产品和服务，

是业务流程再造的另一个驱动力。实际上，顾客的满意度和企业的竞争力之间存在着密切的联系。例如，国际商业机器公司（IBM）公司的信贷流程中，在业务流程再造以前，当顾客提出贷款时，无论贷款额是多少，都执行同样的流程。对顾客来讲这样的流程耗时太久，且在流程中无人能回答贷款何时能完成，因此不能给顾客真正满意的服务。在业务流程再造过程中，从顾客的需求出发分析整个流程，站在顾客的立场上思考顾客希望得到什么样的服务。就贷款流程而言，顾客希望贷款申请得到快速响应，且希望只与一人保持联系，便可随时获得各种信息。于是企业据此对这个流程进行彻底的改造。由一个交易员对一份贷款申请从头至尾全权处理，随时回答顾客的各种询问，不仅使贷款申请处理流程由原来的一周缩短为 4 小时，更重要的是他们的业务量足足增加了一百倍。

2. 业务流程再造的目标——性能和绩效产生巨大的飞跃

业务流程再造所追求的目标不是渐进提高和边际进步，而是性能和绩效的巨大飞跃。若要取得渐进的改善，往往可以用传统的方法。因此，有人把业务流程再造称为"现代企业管理的一场革命"，通过对企业流程的彻底的革命，使企业管理发生质的变化。福特公司在采购流程重组刚开始时，用传统的方法将其中的事务处理活动由计算机来处理，这样，使雇员人数减少了 20%。尽管取得了效益，但这种效益不是飞跃性的；通过业务流程再造，使雇员的人数减少了 80%，同时减少了工作差错，大大提高了工作效率。IBM 公司贷款流程进行流程改造后业务量增加了一百倍，顾客的满意度也得到了提高。化纤公司销售流程进行流程改造以后，预计将使处理客户需求业务需要的时间由原来的 2 天缩短为 10 分钟，工作人员至少可减少 2/3，同时使营销成本大大下降，顾客满意度大大提高。

因此，业务流程再造的目标是追求企业性能和绩效的巨大飞跃，而不是几个百分点的改善，而要达到巨大的飞跃仅靠改进现有系统是难以实现的，必须建立全新的体制，使企业管理真正产生质的飞跃。

3. 业务流程再造的改造对象——企业流程

所谓企业流程，是指为了完成企业的某一目标或任务而进行的一系列跨越时间和空间的逻辑相关活动的有序的集合。它强调的是工作是如何进行的，而不是工作是什么。在传统的劳动分工原则下，职能部门把流程割裂成一个个分裂的环节，人们关注的焦点是单个任务或工作。在现代市场竞争的环境下，这种模式越来越显示出其弊端，而业务流程再造思考和改造的对象是企业流程，可以说以流程为核心是业务流程再造理论的精髓，是彻底打破传统劳动分工理论框架的基础。每个流程都具有性能指标，而流程的性能指标与企业的性能指标具有直接的联系，流程的改善将大大影响企业竞争力的改善。例如，在一个订单服务流程中，"制造"是其中的一个活动，将制造活动自动化，一个产品很快被制造了出来，但是可能因为等待财务部对顾客的信誉检查或出现订单不一致的情况而不得不放在仓库里，或者说制造活动自动化以后真正用于制造的时间大大减少了，但整个交货期往往并没有得到同样大比例的缩短。许多实践证明，某些职能的改善，即使改善得很好，对企业的竞争力影响也是有限的；整个流程的改善，却可以同时得到多方面的改善，使顾客真正满意，同时也必将提高企业的竞争力。业务流程再造通过对企业流程的确定、描述、分析和再设计，并以企业流程为核心重建相匹配的企业运行机制和组织结构，实现企业对全流程的有效管理和控制，使企业真正着眼于流程的最终结果，消除传统管理存在的弊端。

4. 业务流程再造的主要任务——对企业流程进行根本性的再思考、彻底的再设计

业务流程再造建立在对现有机制“怀疑”的基础上，以企业的战略目标和流程愿景以及最大限度满足顾客需求为思考的出发点，对现有机制进行批判性的吸收和革命性的创新。从这个角度讲，业务流程再造与其说是管理思想，倒不如说是管理革命。

5. 业务流程再造的使能器——信息技术和人与组织管理

业务流程再造将对企业流程进行彻底的革新，这种变化的使能器是信息技术和人与组织管理，两者相辅相成，缺一不可。这两者是业务流程再造的创新之源。

经过上述分析可以得出，业务流程再造以企业流程为改造对象，从顾客的需求出发，对企业流程进行根本性的思考和分析，根据企业的战略目标和流程愿景，对流程进行彻底的重新设计，以信息技术、人与组织管理为使能器，使企业的性能指标和业绩得到巨大的改善。

（三）业务流程再造的基本内容

业务流程再造是一项复杂的系统工程，以系统思想为基础，突出全局，强调重点，视企业为若干流程按照一定的结构结合在一起并具有特定功能的系统。因此，从某种意义上讲，现代企业的管理被视为对企业流程系统的管理。业务流程再造的基本内容主要包括以下几个方面。

（1）企业经营过程的重组、再造。以适应企业生存与发展环境为前提，打破原有经营过程，进行重组和再造。

（2）企业人员的重构。着力解决人员的观念和素质、人员的整体结构优化等问题。

（3）企业组织再造。建立基于流程的团队组织，以扁平化、非多层化为目标，运用新的组织机制形成有柔性的组织结构。

（4）技术体系再造。以技术创新为前提，以先进的技术运用为重点，以信息技术为基础，采用先进的设计思想，改造传统企业的技术系统。

（5）组织文化再造。加强现代企业管理的观念教育与培养，建立以人为本、以市场为起点、以客户为中心的现代企业文化体系，建立并完善企业机制，促进学习型组织的形成。

解决方案

关于任务：试运用企业核心能力理论分析顺丰速运有限公司的核心竞争力。

核心竞争力是一个企业能够长期获得竞争优势的能力，能够使企业经得起时间的考验。快递企业的核心竞争力主要由基础设施、网络运行能力、人力资源和企业架构等要素构成，缺一不可。如果快递企业能够协调处理好以上要素之间的关系，企业就能获得更好的发展；反之，企业发展就会相对滞缓。

作为民营快递企业的领军企业，顺丰的核心竞争力一直是业内关注和讨论的焦点。“全网络布局＋优质服务”就是顺丰获得长久发展的核心竞争力。

目前，顺丰已经建成覆盖全国的快递网络，实现“航空＋陆运＋智能快递柜”的全程网络覆盖。其直营模式下的标准化服务为顺丰树立了优异的品牌形象，使之成为国内商务快递以及中高端电商件领域的龙头企业之一。

学习指导

在学习物流企业作业管理的知识前，最好具备物流的基础知识，才能对作业管理的各项内容有更深刻的理解。第一，要掌握作业管理的基本职能、内容和目标。第二，掌握各项作业的管理内容。第三，掌握物流企业运作的基本理论。

思考题

1. 物流企业作业管理的职能有哪些?
2. 物流企业作业管理的目标是什么?
3. 物流企业运作的基本理论有哪些?

拓展项目训练

1. 通过网络和其他途径，查找一些物流企业，对这些企业的作业管理有一定的认识。

2. 通过网络或其他途径，查找一些物流企业，看看这些物流企业都如何处理各项作业流程。

项目六　物流企业人力资源管理

学习目标

一、知识目标

1. 掌握物流企业人力资源规划的内容
2. 掌握物流企业招聘、开发与培训
3. 熟悉物流企业的绩效考核方法

二、能力目标

1. 掌握人员招聘、选拔、录用的程序
2. 会编写人力资源规划和员工培训计划
3. 具备一定的解决物流企业人力资源管理方面各类实际问题的能力

三、素质目标

要成为优秀的人力资源专业人员，仅仅具备人力资源的专业知识和技术是不够的，比专业知识和技术更为重要的是，能否参与到公司的战略层面，为公司的战略做出贡献；另外，人力资源管理都还必须具备出色的人际沟通能力，要能够取得服务对象的充分信任，这也是决定人力资源管理者工作绩效的关键因素。

本项目包含三个模块：物流企业人力资源规划，物流企业招聘、开发与培训，物流企业绩效考核。

导引案例

德邦物流是如何激励员工的

德邦物流（以下简称“德邦”）出奇招：选家境不好的员工，一年升经理，三年能当部门负责人，配五六十万元的豪华车，员工的小孩从幼儿园到大学都会获得公司补助，公司每月给员工的父母寄钱，福利多，晋升快，德邦给足员工成就感和面子。

餐饮、快递、加工制造等劳动力密集型传统企业，其员工年龄和学历往往偏低，在充分竞争的今天，它们该如何最大限度发挥员工的热情和创造力？这是传统企业普遍面临的难题，对于像德邦这样的行业领先者来说，其通过一系列符合自身特点的制度设计，解决了上述部分难题，在同业中从容领跑。

每年春节前后和“双十一”，都是物流企业最忙、最紧张的时候，订单量翻倍，送达准确率无法保证，人员紧张且流动量大的问题也很突出，归根结底，还是人的问题。那么德邦是如何化解这一行业性难题的呢？

1996 年创立的德邦，是本土物流企业一个从草根到大鳄的代表。德邦白手起家，经过多年摸爬滚打，如今已有 3 万多名员工，年销售额超过 50 亿元。在物流企业中，德邦的体量已算很庞大，日吞吐量 3 万吨，覆盖国内 550 个城市，有 2700 多个直营网点，自营车辆 5200 多辆。

在技术含量和门槛不高的物流业，德邦多项经营指标都远超全球物流巨头 TNT 控股的天地华宇。这被行内人看作一个不小的奇迹，究其原因，从劳动密集型企业最核心的“人”的方面来看，无非几个问题，即怎么招人、留人，怎么降低人员流动率，用怎样的方法激励员工，还有就是如何保证员工高效工作。

一、用人策略决定怎么激励

物流是个很古老的行业，过去的镖局干的就是这个行当。电商崛起对现代物流刺激很大，物流业虽然发展很快，但真正懂得现代物流运营和管理的人才非常少。在德邦董事长崔维星心里，用人是最重要的问题之一。是自己培养？还是从外面招聘？不同的选择，其薪酬和福利策略也将不同。

德邦选择了自己培养这个相对漫长的方式，这也能体现出崔维星着眼长远的思维习惯，他说：“用长跑的理念来经营人生、经营公司，才有资格坐在这里，虽然公司已经从 4 个人发展到了 3 万人，但我认为万米长跑的 25 圈才跑了三五圈，好戏还在后面。”

所以，从 2004 年起，德邦开始从高校大规模招聘应届毕业生，单在 2011 年，德邦就招聘了 2000 多名本科生、200 多名研究生。特别是家境不太好、能吃苦耐劳的优秀大学生，在德邦激励设计中，还会被重点考虑。

二、激励就要让员工“爽”

如果立足于内部培养，接下来的问题就是，如何让员工迅速成长，并且尽心尽力为公司服务，德邦的做法可概括为“围绕‘爽’字做文章，让员工‘high’起来”。

相比那些互联网公司新奇的福利设置和激励手段，德邦的体系初看不显山不露水，平淡无奇，但深入后则会发现，环环相扣。特别是福利制度的背后，是崔维星内心深处想让员工在德邦“爽”起来的一贯思路。

那么，德邦到底怎么让员工“爽”呢？

（1）福利“爽”。德邦的福利充分体现了人情味儿。比如，“亲情 1+1”：德邦每月寄 200 元给员工家属，费用由公司和员工各担一半；“家庭全程无忧”：员工从结婚到生小孩，孩子从幼儿园到大学，公司每年都给予一定补助；“集体婚礼”：德邦每年为员工组织一次大型的集体婚礼活动，员工层级不同，花费也不同。2011 年，总监级以上层级的集体婚礼在马尔代夫举行，每对夫妇的花费在 2 万元以上，费用全部由德邦承担。

在德邦，培训既是人才培养战略的重要一环，也是一项重要福利。德邦也非常舍得投入，专门成立了德邦学院，员工从入职到每一次晋升，都需要经过学习和培训。在培训中伴随测评，名次排在班级前 50% 的才有资格晋升。从晋升制度来看，德邦做得相当公平。德邦曾经做过一次大规模的不记名问卷调查，95% 以上员工认为晋升靠的是能力和业绩，而不是关系。在一家 3 万多人的企业，能做到这点实属不易。

（2）晋升“爽”。德邦员工的晋升速度，在业内是出了名的快，在这个员工几万人的企业，人力资源部负责人居然是在公司工作还不满三年的硕士生，综合管理部负责人也才本科毕业五年。通常情况下，大学生干满一年即可升任经理，经理干满两年即可升任高级经理。但从薪酬来看，德邦的薪资水平在业内并不具有竞争力，并且层级越高，薪资竞争力就越差，德邦副总裁的薪酬，大约在市场水准的 25 分位线左右。

所以说，薪酬不是留住人才的最重要因素，在薪酬竞争力不强的情况下，德邦总监以上管理人员离职率为零。留住人才，让员工的满意度远高于同行，这，就是德邦激励设计的奥妙所在。

阅读上面的案例，请思考以下问题。

1. 物流企业的招聘途径有哪些？
2. 物流企业应该如何激励员工？

模块一　物流企业人力资源规划

任务描述

小张在某职业学院经济管理系物流管理专业毕业后，通过招聘会被一家物流公司选中，招收为人力资源部的实习生，进行为期 3 个月的实习，在这期间要接受与岗位相关的培训，如果实习合格则被聘为正式员工。

小张在实习的第一天到人力资源部报到，然后接受相关的培训。培训老师对小张进行了业务培训，要求小张完成下面的任务。

任务一：人力资源管理的 5P 模型是什么？

任务二：人力资源中的“HRM、HRD、CHO”是什么意思？

知识链接

英国古典政治经济学家亚当·斯密在他的著作里说：劳动是国民财富的源泉，一国财富的多少，取决于两个因素：一是从事有用劳动的居民所占比重；二是劳动者的劳动熟练程度、劳动技巧和判断力的高低。日本松下公司董事长松下幸之助认为：事业的成败取决于人；没有人就没有企业；企业应该制造产品，同时也应该造就人才。在我国古代也有“重人”和“求和”之说。可见，不论古今中外，对于人才的管理都非常重视。

一、人力资源管理相关概念

（一）人力资源的含义

企业要想通过生产或经营活动，实现既定的目标，必须拥有人力、物力、财力和信息等要素。这些能够为企业带来效益的要素就是资源。而人力资源是指企业为社会创造物质和精神财富所拥有的人员的数量和质量的总和。它包括体力劳动者，也包括脑力劳动者。人力资源是企业最活跃、最积极的生产要素，是企业管理和技术工作的执行者。广义上的人力资源是指一个国家的有劳动能力的人员的数量和质量。狭义上的人力资源是指企业或其他组织内具有劳动能力的人员。

人力资源作为一种特殊的资源，具有时间性、主观能力性、创造性和增值性等特征。

（二）人力资源管理的含义

人力资源管理指的是企业运用科学的方法对其人力资源进行管理的活动。具体是指企业为了实现经营目标，对人力资源进行计划、组织、协调、控制、监督和激励，充分利用，合理配置。人力资源管理关键在于沟通、理解。物流企业人力资源管理是对具体物流企业而言的。

（三）人力资源管理的职能

人力资源管理活动能够为企业提供有质量的人力资源，从而保证企业的运作与发展。对企业的人力资源进行合理配置和优化，提高员工的素质和技能，科学制定薪酬和奖惩制度，协调处理劳资纠纷，这些都要通过人力资源管理的职能去实现。概括起来，人力资源管理的职能有如下几点。

1. 预测与聘用

根据企业的发展目标，预测企业的人力资源需求，制订人才供给计划并发布招聘广告，选拔聘用人才，并对其进行必要的岗前培训，安排合理的岗位。

2. 保持与调整

通过提供合理的薪酬和福利，创造良好的工作环境；对员工进行有效的控制，维护良好的劳动关系；合理进行人员调配、职务晋升及管理制度的调整。

3. 评价与激励

评价员工的素质，考核员工的绩效，按规定对员工做出相应的奖惩。制定合理的激励制度，对员工进行有效的激励，提高工作效率，提高企业效益。

4. 培训与促进

根据企业的实际需要提高员工的素质和技能，分析培训需求，制订相应的培训计划，进行培训，并对结果进行评价，促进员工的自我提高。

二、物流企业人力资源管理的目标和原则

（一）物流企业人力资源管理的目标

物流企业关系供应链上、下游企业，企业员工的流动性大，只有成功地吸引、激励和留住人才，企业才能长远发展，所以物流企业人力资源管理的目标就是探索最大限度地利用人力资源的规律和方法，正确处理和协调经营过程中人与人、人与事的关系，充分调动员工的积极性和主动性，做到人事相宜、人尽其才、人尽其用，以实现企业的经营目标。具体来说，就是使员工效用最大化，企业收益最大化，顾客满意度最大化。

（二）物流企业人力资源管理的原则

物流企业在确定了人力资源管理的目标后，还要在一定的管理原则指导下才能完成管理目标，物流企业和人力资源管理的原则包括指导思想、用人原则和用人机制等。以下重点介绍指导思想与用人原则。

1. 指导思想

（1）不仅要造就有成就的人才个体，而且应培育人才团队，发挥人才团队规模效应。

（2）不仅要发挥人力资源体力劳动密集型功能，更应发挥人才资源智力密集型功能。

（3）不仅要发挥人才自身功能，而且要充分利用与其连带的社会关系网络功能。

（4）不仅要利用内脑，而且要利用外脑。

2. 用人原则

（1）知人，即了解人、理解人、尊重人，不但知人之表，更要知人之潜力。

（2）容人，即创造宽松环境，使人心情舒畅，不求全责备，允许改进自律。

（3）用人，即为每个员工提供施展才能的舞台，创造学习、发展、升迁的机会。

（4）做人，即以诚相待，与人为善，宽容人、体谅人，不搞内耗，敬业、乐业、

忠于职守，以公司为家，与公司共荣辱。

三、物流企业人力资源规划

（一）物流企业人力资源规划的含义

物流企业人力资源管理也要有规划，不能无序和无目标管理。物流企业人力资源规划又称人力资源计划，是指企业为实现其发展目标，通过对企业未来所需人才的分析，制定关于人员招聘、岗位配置、教育培训、人力资源开发的职能性计划。从本质上来说，人力资源规划就是根据企业眼前的需要和未来的目标，为企业提供、培养合格人才的过程。随着企业对人才越来越重视，人力资源规划已成为企业人力资源管理的一项重要内容。

（二）物流企业人力资源规划的作用

物流企业人力资源规划对企业的重要性，更多的是体现在它的作用上。

1. 及时有效地为企业提供所需人才

无数的实践证明，影响企业生存和发展的最重要的因素就是人。面对激烈的市场竞争，企业必须不断地采用新技术、新工艺，开发新产品，开拓新市场，采用新的管理理念和管理方法，这就需要相应的人才来实现。人力资源规划就是根据对企业内外环境变化的预测，提供针对性的人才供给。从动态的角度来看，人力资源的需求和供给存在着时间差异，因此要分析这种差异的成因，并采取适当的手段调整差异。由此可见，预测供求差异并调整差异，就是人力资源规划的基本作用。

2. 提高企业管理水平的重要措施

在大型的现代化企业中，人力资源规划的作用是非常明显的。无论是确定员工的需求量，还是职务的设计、岗位的配备、人员的变动和升迁，没有一套详细、科学、具体的计划显然是难以实现的。一个好的人力资源规划，能够妥善地解决什么时候需要补充人员、补充哪些层次的人员、如何平衡内部提拔和外部招聘、如何对企业现有员工进行培训等一些棘手的问题。因此，人力资源规划是企业管理的重要依据，它会为企业员工的录用、培训、晋升、调动提供准确的信息和依据。

3. 有利于控制企业的人工成本

人力资源规划对控制企业的人工成本有着重要的作用。对我国企业而言，人工成本是日常开支中最大的一笔支出，这里的人工成本不仅包括企业员工的工资支出，而且还包括企业为员工缴纳的养老保险、医疗保险、工伤保险等各项福利费用以及员工的培训费用等各种支出。企业中的员工数量、工资水平、职务结构、职称结构决定了企业的人工费用水平。当一个企业处于成长阶段时，员工数量相对较少，员工的职务和职称较低，人工成本相对便宜；随着企业的发展壮大和时间的推移，不仅员工的数量增加了，而且员工的组成也发生了变化，管理人员、中高级职务和职称的人员都增加了，人工成本会大幅上升。如果没有人力资源规划，未来的人工成本是未知的，难免会发生成本上升、效益下降的情况。

4. 为企业的人事决策提供科学的依据

人力资源规划能够为企业的人事决策提供科学的依据。员工的招聘、晋升、调动等人事决策较为敏感，对企业员工工作积极性的影响非常大。为了避免人事决策的失误，详细科学的人力资源规划是非常重要的。

5. 有助于调动员工的积极性

人力资源规划对调动企业员工的积极性也很重要。因为一个科学的、合理的人力资源规划应该包含以下一些内容，如企业员工的职务、职称的晋升规划，企业员工的加薪规划，从内部员工中选拔中高级管理人员的规划等。从这些规划中，员工可以看到自己的发展前景，从而确立奋斗目标。此外，人力资源规划还有助于引导员工设计其职业生涯和促进其职业生涯发展。

（三）物流企业人力资源规划的分类

人力资源规划按照不同的分类方法有不同的种类。按规划期时间的长短划分，人力资源规划可分为长期规划、中期规划与短期规划；按规划的层次划分，可分为战略规划、战术规划与作业规划；按规划的范围划分，又可分为总体规划、部门规划与项目规划等。

1. 长期规划、中期规划与短期规划

长期规划是指针对企业 3 年以上的人力资源需求制订的计划，是以企业长远发展战略为依据的；中期规划是指针对企业 1 ~ 3 年的人力资源需求制订的计划，是以企业中期发展战略为依据的；短期规划是指针对企业 6 个月至 1 年的人力需求制订的计划，是为了实现企业的短期目标。

2. 战略规划、战术规划与作业规划

人力资源的战略规划与企业经营发展战略相适应，目的在于为企业的长期发展提供人才支持和人才储备。它是企业所有人事决策和人事政策的纲领，对企业的人力资源管理活动具有指导作用。战略规划一般由公司的人力资源委员会或人力资源部制定，由于规划时间幅度比较大，所以它只考虑人力资源方面的基本方向、目标和政策，对细节的规划要求较低。

战术规划的作用在于将战略规划中的目标和政策转变为具体的行动方案，它的依据是战略规划。由于战术规划的时间期限较短，相对于战略规划而言，其对社会经济变化趋势的把握较为准确，目标方案更具体。战术层人力资源规划一般以年为单位。

作业规划是对战术规划的进一步细化，它由一系列规章、制度、条例组成。具体包括人员招聘、审核、提升、调动、培训与发展、工资与福利、劳工关系等。在人力资源的 3 个层次规划中，作业规划对细节要求最高。

3. 总体规划、部门规划与项目规划

总体规划是指有关规划期内人力资源管理和开发的总目标、总政策、实施步骤以及总预算的安排，它是根据企业的战略规划制定的，是具有多个目标和多方面内容的计划。就其内容来说，它涉及企业人力资源管理活动的各个方面，如企业的人员招聘、培训、考核、激励、升迁，以及工资制度、岗位职位的设计等。这些方面互相联系、互相影响，为了充分发挥其作用，必须对它们进行整体规划、趋利避害。所以，总体规划在人力资源规划中具有重要的作用。

部门规划是企业各业务部门的人力资源计划，如技术部门的员工招聘、员工培训、人才开发计划，销售部门的员工培训计划等。部门规划是在总体规划的基础上制定的，一般来说它的制定由各职能部门自己完成，是总体规划中的一个子计划。

项目规划则是某项具体任务的规划，它是针对某项特定的人力资源管理活动而做出的规划，如员工的培训规划。

四、物流企业人力资源规划的制定

物流企业人力资源规划是影响企业发展的关键因素，因此，要在企业发展战略以及对企业内外部环境充分分析的基础之上制定人力资源规划。

（一）物流企业人力资源规划的原则

人力资源规划作为企业对未来人力资源的开发计划，在制定时应该遵循如下原则。

1. 前瞻性

人力资源规划必须要考虑企业内外环境的变化，要有前瞻性。企业的内部变化主要包括生产、销售、研发、人员流动以及企业发展战略的变化；外部变化包括市场供需、市场竞争、技术革新、宏观经济形式、国际经济形式的变化等。企业只有充分考虑到企业内外环境的变化，预先对可能出现的情况做出预测和风险分析，才能确保企业的平稳运行。

2. 科学性

适时、适量地提供企业所需人才，是企业人力资源规划的核心所在。好的人力资源规划应当对企业现有的人力资源做出全面、客观的分析，能够准确预测企业未来对各种人才的需求类型和数量，能够预测社会人力资源的供求状况，从而为企业管理者提供科学的决策。如果规划的目标与实际状况相差甚远，人力资源规划也就失去了存在的意义。

（二）物流企业人力资源规划的内容

作为物流企业人力资源管理的重要组成部分，人力资源规划的主要内容有以下几个方面。

1. 招聘计划

根据对企业未来人才需求的预测，对所需人才的学历、专业、技能和人才需求数量做出的规划。根据企业经营目标的不同，招聘计划可以分为短期招聘计划、中期招聘计划和长期招聘计划。

2. 培训计划

培训的目的在于提高企业现有员工的知识水平、技能水平，从而提高企业生产经营管理的水平，为企业将来的进一步发展储备人才。在制定培训规划时，必须要根据企业的近期目标和中长期发展目标制定相应的短期、中长期培训计划，要根据企业人力资源的现状和未来对人力资源知识、能力的需求制定相应的培训规划。

3. 晋升计划

晋升计划实质上是组织晋升政策的一种表达方式，是根据企业的人员分布状况和层级结构拟定人员的晋升政策。这是企业组织的一种重要职能，同时还可以满足员工自我实现的需要，从而使企业和个人获得双赢。

4. 调配计划

企业内的人员职位的分配，可以通过有计划的内部流动来实现，这种流动计划就是调配计划。它可以使员工获得不同职务的知识经验，满足企业对员工质量的要求，解决企业中员工工作负荷不均等的问题，满足员工对工作丰富性的需求。

5. 工资计划

为了确保未来的人工成本不超过合理的支付限度，工资规划也是必要的。未来的工资总额取决于组织内的员工是如何分布的，不同分布状况的成本是不同的。

（三）物流企业人力资源规划的制定

物流企业人力资源规划的程序即人力资源规划的过程，一般可分为以下几个步骤：收集有关信息资料、人力资源需求预测、人力资源供给预测、确定人力资源净需求、编制人力资源规划、实施人力资源规划、人力资源规划评估、人力资源规划反馈与修正。

1. 收集有关信息资料

人力资源规划的信息包括组织内部信息和组织外部环境信息。

（1）组织内部信息主要包括企业的战略计划、战术计划、行动方案、本企业各部门的计划、人力资源现状等。

（2）组织外部环境信息主要包括宏观经济形势和行业经济形势、技术的发展情况、行业的竞争性、劳动力市场情况、人口和社会发展趋势、政府的有关政策等。

2. 人力资源需求预测

人力资源需求预测包括短期预测、长期预测、总量预测和各个岗位需求预测。人力资源需求预测的典型步骤如下。

步骤一，现实人力资源需求预测。

步骤二，未来人力资源需求预测。

步骤三，未来人力资源流失情况预测。

步骤四，得出人力资源需求预测结果。

3. 人力资源供给预测

人力资源供给预测包括组织内部供给预测和外部供给预测。人力资源供给预测的典型步骤如下。

步骤一，内部人力资源供给预测。

步骤二，外部人力资源供给预测。

步骤三，将组织内部人力资源供给预测数据和组织外部人力资源供给预测数据汇总，得出组织人力资源供给总数据。

4. 确定人力资源净需求

在对员工未来的需求与供给预测的基础上，将本组织人力资源需求的预测数与在同期内组织本身可供给的人力资源预测数进行对比分析，从比较分析中可测算出各类人员的净需求数，这里所说的“净需求”既包括人员数量，又包括人员的质量、结构，也就是说，既要确定“需要多少人”，又要确定“需要什么人”，数量和质量要对应起来。这样就可以有针对性地进行招聘或培训，为组织制定有关人力资源的政策和措施提供依据。

5. 编制人力资源规划

根据组织战略目标及本组织员工的净需求量，编制人力资源规划，包括总体规划和各项业务计划。同时要注意总体规划和各项业务计划及各项业务计划之间的衔接和平衡，提出调整供给和需求的具体政策和措施。一个典型的人力资源规划应包括：规划的时间段、规划达到的目标、情景分析、具体内容、制定者、制定时间等。

（1）规划的时间段。确定规划时间的长短，要具体列出从何时开始、到何时结束。若是长期的人力资源规划，可以长达 5 年以上；若是短期的人力资源规划，如年度人力资源规划，则为 1 年。

（2）规划达到的目标。确定达到的目标要与组织的目标紧密联系起来，最好有具体的数据，同时要简明扼要。

（3）情景分析包括两个方面。一是当前情景分析：主要是在收集信息的基础上，分析组织目前人力资源的供需状况，进一步指出制订该计划的依据；二是未来情景分析：在收集信息的基础上，在计划的时间段内，预测组织未来的人力资源供需状况，进一步指出制订该计划的依据。

（4）具体内容。这是人力资源规划的核心部分，主要包括项目内容、执行时间、负责人、检查人、检查日期、预算等几个方面。其中，规划制定者可以是一个人，也可以是一个部门。规划制定时间主要指该规划正式确定的日期。

6. 实施人力资源规划

人力资源规划的实施，是人力资源规划的实际操作过程，要注意协调好各部门、各环节之间的关系，在实施过程中需要注意以下几点。

（1）必须要有专人负责既定方案的实施，要赋予负责人拥有保证人力资源规划方案实现的权利和资源。

（2）要确保不折不扣地按规划执行。

（3）在实施前要做好准备。

（4）实施时要全力以赴。

（5）要有关于实施进展状况的定期报告，以确保规划能够与环境、组织的目标保持一致。

7. 人力资源规划评估

在实施人力资源规划的同时，要进行定期与不定期的评估，可从如下三个方面进行。

（1）是否忠实地执行了本规划。

（2）人力资源规划本身是否合理。

（3）将实施的结果与人力资源规划进行比较，通过发现规划与现实之间的差距来指导以后的人力资源规划活动。

8. 人力资源规划反馈与修正

对人力资源规划实施后的反馈与修正是人力资源规划过程中不可缺少的步骤。评估结果出来后，应进行及时的反馈，进而对原规划的内容进行适时的修正，使其更符合实际，更好地促进组织目标的实现。

解决方案

关于任务一：人力资源管理的5P模型是什么？

小张在查阅资料后，了解到人力资源管理在企业中的地位和作用日益突出，有效的人力资源管理应当能够帮助企业应对全球经济一体化和市场经济时代不确定性所带来的冲击。企业人力资源部门应花费更多的精力和时间去关注能为企业提供更大的价值的人力资源业务，应着力构建以识人、选人、用人、育人和留人为主要内容的5P模型。

（1）识人：识人是“基础”。人才识别是以科学的人才观念为指导，借助科学的人才测评技术和手段，识别符合企业需求的真正的人才。只有正确识别出人才的知识、技能与能力，才能为人才的选用提供科学的依据，为人力资源管理奠定基础。

（2）选人：选人是“先导”，选人必须在“识人”的基础上进行。首先，必须在工作分析的基础上建立并完善岗位说明书，并定期进行岗位评价，实施动态管理；其次，采用现代化的手段和工具，引入诸如网络面试、文件框测试、角色扮演、情景模拟等化的人才测评手段，采用网络化和科学化的测评工具，提高选人的科学性。

(3) 用人：用人是“核心”，企业的人力资源管理的出发点和落脚点在于用人，通过对人力资源的合理配置和使用，达到人尽其才、才尽其用，同时达成组织既定的目标。具体来说，首先，应在企业发展战略的基础上，制定人力资源战略规划，并分解制订科学合理的年度招聘计划，严格界定需引进人才的数量、层次和结构等内容；其次，在人力资源配置过程中，遵循“量才适用、科学合理配置”的原则，建立和完善人员流动机制。

(4) 育人：育人是“动力”，育人必须以战略为导向，既注重满足当前需求的培训，更注重满足未来需求的开发，着力建立一套科学的培训与开发体系。首先，应从战略层次提出企业当前和未来发展所必需的人力资源数量和素质特征；其次，针对企业当前对人力资源素质的需求，制订培训计划并实施，以化解企业当前的技能风险；最后，针对企业未来发展对人力资源的数量和素质的需求，制定具体的开发方案，以化解企业未来的技能风险。

(5) 留人：留人是“目的”，留人要解决“留什么人，怎样留人”问题，必须围绕“持续激励人”这个核心，建立科学的考核与薪酬体系。显然，企业应该留住的是人才，而人才又可以分为“现实的人才”和“潜在的人才”两类。对于前者，我们要给予奖励和晋升，激励他们继续为企业工作；对于后者，我们要给予培训与开发，使他们尽快成为现实的人才。绩效考核与薪酬体系必须围绕如何留住企业所需要的人才展开。

关于任务二：人力资源中的“HRM、HRD、CHO”是什么意思？

在培训学习后，小张了解了人力资源管理中的一些岗位名称，也知道了它们的级别大小。

1. HRM

HRM，即 Human Resource Management，是指人力资源管理（也叫 HR 管理），目标是让企业更好地进行人力资源的发展和规划。人力资源管理的重点是满足人力资源部门在员工素质管理、薪资管理、绩效考核等方面的需求。对应的岗位名称为人力资源经理。根据企业规模大小，可能会设置不同方向的人力资源经理，包括招聘经理、培训经理、绩效经理、员工关系经理等。

2. HRD

HRD，即 Human Resource Development，是指人力资源开发，是 20 世纪 80 年代兴起的，旨在提升组织人力资源质量的管理战略和活动。对应的岗位名称为人力资源总监。在一般在企业中，人力资源总监是人力资源部门的最高层领导。

3. CHO

CHO，即 Chief Human Resource Officer，是指首席人力资源官，或分管人力资源的副总，是 CEO（Chief Executive Officer，首席执行官）的战略伙伴，也是核心决策层的重要成员。

作为一名 CHO，必须从战略高度努力构建高效实用的人力资源管理系统，进行人才选拔，建立科学的考核与激励机制，从而最大限度地激发人才潜能，创建优秀团队，塑造卓越的企业文化，推动组织变革与创新，最终实现组织的持续发展。

在这三个岗位中，权限高低一般是 CHO > HRD > HRM，即首席人力资源官 > 人力资源总监 > 人力资源经理。但不是所有的集团公司都会设置 CHO 的岗位，若某些集团公司只设置 HRD 的岗位，那么其所承担的责任也是等同于 CHO 的。

模块二　物流企业招聘、开发与培训

任务描述

通过培训，小张对物流企业人力资源规划的知识和运作都有了更深入的了解。培训的老师告诉小张，招聘工作中招聘简章的编写很重要，于是小张有了新的任务。

任务一：招聘简章包含哪些内容？

任务二：培训时要注意哪些内容？

知识链接

一、物流企业员工的招聘

（一）招聘的概念

员工招聘在物流人力资源管理工作中具有重要的意义。招聘工作直接关系到企业人力资源的形成，有效的招聘工作不仅可以提高员工素质，改善人员结构，也可以为组织注入新的管理思想，为组织增添新的活力，甚至可能给企业带来技术与管理上的重大革新。招聘是企业整个力资源管理活动的基础，有效的招聘工作能为以后的培训、考评、工资福利、劳动关系等管理活动打好基础。因此，物流企业员工招聘是人力资源管理的基础性工作。

物流企业人员招聘是指组织根据企业人力资源管理规划和工作分析的要求，从组织内部和外部吸收人力资源的过程。员工招聘包括员工招募、甄选和聘用等内容。

（二）招聘原则

（1）因事择人原则。所谓因事择人，就是员工的选聘应以实际工作的需要和岗位的空缺情况为出发点，根据岗位对任职者的资格要求选用人员。

（2）公开、公平、公正原则。公开就是要公示招聘信息、招聘方法，这样既可以将招聘工作置于公开监督之下，防止以权谋私、假公济私的现象，又能吸引大量应聘者。公平、公正就是确保招聘制度给予合格应征者平等的获选机会。

（3）竞争择优原则。竞争择优原则是指在员工招聘中引入竞争机制，在对应聘者的思想素质、道德品质、业务能力等方面进行全面考察的基础上，按照考察的成绩择优选拔录用员工。

（4）效率优先原则。效率优先原则就是用尽可能低的招聘成本录用到合适的最佳人选。

（三）招聘的意义

现代企业的竞争归根结底是人才的竞争，招聘作为现代企业管理活动中的一项重要内容，它完成的好坏直接关系到企业各级、各部门人员的质量，进而会影响企业生产经营活动开展的顺利程度和企业的核心竞争力。因此，招聘工作对于企业来讲具有非常重要的意义。

（1）招聘是企业获取优秀人才的基本途径。在现代社会，人才的流动非常频繁，企业的员工总是处于不断的变化中。这种变化一方面表现在员工在企业内部的流动，或者向企业外部的流动，从而导致了企业中的一些职位的空缺；另一方面，由于企业在不断发展壮大，对人才的需求也在不断地增加。因此，通过招聘获得所需人才成了企业的一项经常性活动，也成了企业补充人员的基本途径。

（2）招聘直接影响企业员工的素质。如同生产高质量的产品必须要有高质量的原材料，企业的良好发展也必须要有高素质的员工。新补充的人员的素质，犹如制造产品的原材料，将严重影响企业今后的发展和竞争力。素质越高的新员工，在接受培训和培养后能成为优秀人才的可能性就越大，在今后工作中发挥的作用就越大；相反，素质差的新员工，即便在培训及教育方面投入很多，成为优秀人才的可能性还是不大，不利于今后工作的开展。

（3）有助于增强企业的竞争力。一个企业拥有什么样的员工，就在一定意义上决定了它在激烈的市场竞争中拥有什么样的地位。企业通过招聘，吸引优秀员工参与企业的发展，他们在为企业带来新的思想、新的技术、新的管理理念的同时，也为企业带来了创新思想，如技术创新、制度创新、管理创新等。尤其是企业从外部招聘的高级管理人才和技术人才，会给企业带来更多的新思想、新观念、新技术等，从而增强企业创新能力，提升企业的竞争力。

（4）有助于树立企业的良好形象。招聘工作需要利用各种媒体把招聘信息发布出去，应聘者可以通过招聘过程来了解该企业的一些基本情况，如产品类型、生产规模、经营理念、管理特色、企业文化等。所以人员招聘既是吸引、招募人才的过程，又是向外界宣传企业形象、扩大企业影响力和知名度的一个窗口。尽管人员招聘不是以组织形象传播为目的，但是企业在招聘所需人才的同时，也通过应聘条件和招聘人员向外界展示了企业的竞争力和良好的形象。

（5）有助于增强企业员工的工作积极性。对外招聘既可以满足企业对人才的需求，又可以对现有员工进行激励和鞭策；对内招聘则可以让员工看到其在企业内的职业前景，从而增强员工对企业的忠诚度，有效地调动员工的工作积极性、主动性和创造性。

（四）影响招聘的因素

企业招聘的目的是发现和吸引符合企业需要的优秀人才，保证企业在需要时能够弥补人才缺口。但是吸引、招聘到满足企业要求的优秀员工并不是一件容易的事情，在很多情况下甚至是比较困难的。因为企业处在一个开放的环境中，企业的招聘活动要受到各种因素的影响。这些影响招聘的因素可以分为两大类，一类是企业的外部因素，一类是企业的内部因素。

1）影响企业招聘的外部因素

影响企业招聘的外部因素主要有劳动力市场的供求状况、地理位置及地区经济发展水平、竞争对手的状况以及相关政策法规等。

（1）劳动力市场的供求状况。企业在招聘过程中能否找到合适的员工，在很大程度上取决于劳动力市场的供求状况，因为劳动力市场的供求关系影响着招聘的数量和质量。一般来说，招聘岗位所需的技能要求越低，劳动力市场的供给就越充足，招聘工作相对越容易；招聘岗位所需的能力和条件越高，劳动力市场的供给就越不充足，要吸引并招聘到这类人才就越困难。另外，企业所在的行业对招聘的影响也非常大，如果企业所处的行业是朝阳产业，则其招聘到理想员工的难度就比较大，反之则比较容易。

（2）地理位置及地区经济发展水平。地理位置及地区经济发展水平对企业员工的招聘工作有着很大的影响。在交通便利、环境优良、经济发达的地区，各类人才蜂拥而至，企业招聘工作相对容易；而交通闭塞、环境恶劣、经济欠发达的地区不仅难以吸引优秀人才，本地人才也纷纷外流，即便企业的招聘条件非常优厚，也很难找到企业所需人才。

（3）竞争对手的状况。竞争对手的经济实力及其为员工提供的工作环境、生活条件和福利待遇对企业的招聘工作将产生直接的影响。如果竞争对手在薪酬待遇、工作环境、发展前景、企业文化等方面具有较强的优势，就会导致本企业在人才的竞争中处于劣势。所以，企业在制订招聘计划时要尽可能多地了解竞争对手的实力，以及他们的人力资源政策，这样才能在人才竞争中扬长避短。

（4）相关政策法规。在分析企业招聘的外部环境时，还有一个不可忽视的因素，即国家的相关政策和法规。在很多情况下，招聘工作会受到这方面因素的制约，国家的政策法规在一定程度上客观地界定了企业招聘对象选择和限制的条件。

2）影响企业招聘的内部因素

在影响企业招聘的内部因素中，最主要的就是企业的竞争实力和人事政策。

（1）企业的竞争实力。这里所说的竞争实力，不仅包括企业的规模和经济实力，还包括企业的知名度。企业的竞争实力直接决定企业在人才争夺战中的地位，竞争实力强的企业在招聘中对人才的吸引力显然要大于竞争实力弱的企业。所以在人才市场上我们能常常看到这样一种现象：对高素质人才的吸引力，国外知名公司要大于普通公司，大公司要大于小公司，国有大型企业要大于中小型民营企业。

（2）企业的人事政策。企业的人事政策包括很多，比如薪酬制度、培训制度、激励制度、绩效考评制度、员工晋升制度和其他的一些福利制度，它们构成了企业的用人文化，是影响企业招聘工作的重要因素，尤其是薪酬制度，直接决定了所用人才的质量。

（五）招聘的渠道

1. 外部招聘

1）外部招聘的优缺点

物流企业的外部招聘是物流企业根据一定的标准和程序，从组织外部寻找员工，吸引员工到组织应征，并通过一系列的甄选方法，获取人才的一系列过程。

外部招聘的优点是：来源广泛，选择空间大，特别是在组织初创和快速发展时期，更需要从外部大量招聘各类员工；可以避免“近亲繁殖”，能给组织带来新鲜空气和活力，有利于组织创新和管理革新；此外，由于他们新加入组织，与其他人几乎没有过往的个人恩怨，从而在工作中可以很少顾忌复杂的人情关系；可以要求应聘者有一定的学历和工作经验，节省在培训方面所耗费的时间和费用。

外部招聘的缺点是：难以准确判断应聘者的实际工作能力；容易造成对内部员工的打击；费用高。

2）外部招聘的渠道

外部招聘的渠道大致有：人才交流中心和人才招聘会、媒体广告招聘、网上招聘、校园招聘、人才猎取和员工推荐等。

（1）人才交流中心和人才招聘会。我国很多城市都设有专门的人才交流服务机构，这些机构常年为企事业用人单位提供服务。它们一般建有人才资料库，用人单位可以很方便地在资料库中查询条件基本相符的人才的资料。通过人才交流中心选择人员，有针对性强、费用低廉等优点。人才交流中心或其他人才交流服务机构每年都要举办多场人才招聘会，用人单位的招聘者和应聘者可以直接进行接洽和交流。招聘会的最大特点是应聘者集中，用人单位的选择余地较大，费用也比较合理，而且还可以起到很好的企业宣传作用。

（2）媒体广告招聘。通过报纸杂志、广播电视等媒体进行广告宣传，向公众传达招聘信息，覆盖面广、速度快。相比而言，在报纸、电视中刊登招聘广告费用较大，但容易醒目地体现组织形象；很多广播电台都开设了人才交流节目，发布招聘广告的费用较低，但效果比报纸、电视广告差一些。

招聘广告应该包含以下内容：组织的基本情况；招聘的职位、数量和基本条件；招聘的范围；薪资与待遇；报名的时间、地点、方式以及所需的材料等。

媒体广告招聘的优点是：信息传播范围广、速度快、应聘人员数量大、层次丰富；组织的选择余地大；组织可以招聘到素质较高的员工。

媒体广告招聘的缺点是：招聘时间较长；广告费用较高；要花费较多的时间进行筛选。

（3）网上招聘。网上招聘是一种新兴的招聘方式。它具有费用低、覆盖面广、时间周期长、联系快捷方便等优点。用人单位可以将招聘广告发布在自己的网站上，或者发布在某些网站上，也可以在一些专门的招聘网站上发布信息。

网络招聘由于信息传播范围广、速度快、成本低、供需双方选择余地大，且不受时间、空间的限制，因而被广泛采用。当然它也存在一定的缺点，比如容易鱼目混珠，筛选手续烦杂，以及对高级人才的招聘较为困难等。

（4）校园招聘。学校是人才高度集中的地方，是组织获取人力资源的重要源泉。对于大学应届毕业生的招聘，可以选择在校园直接进行。校园招聘的方式包括在学校举办毕业生招聘会、张贴招聘广告、举行招聘讲座等。

校园招聘的优点：组织可以在校园中招聘到大量的高素质人才；大学毕业生虽然经验较为欠缺，但是具备巨大的发展潜力；由于大学生思想较为活跃，可以给组织带来一些新的管理理念和技术，有利于组织的长远发展。

校园招聘的缺点：学校毕业生普遍缺少实际经验，组织需要用较长的时间对其进行培训；新招聘的大学毕业生无法满足组织即时的用人需要，要经过一段较长的相互适应期；招聘所费时间较多，成本也相对较高；在大学中招聘的员工到岗率较低，而且经过一段时间后，离职率较高。

（5）人才猎取。一般认为，“猎头”物流企业是一种专门为雇主“猎取”高级人才和尖端人才的职业。猎头公司拥有专业的、广泛的人力资源网络，有的还建有储备人才库，可以快速找到企业所需人才，比较适合高级人才的招聘。对于企业急需的高级管理和技术人员，企业可考虑与猎头公司合作。但由于猎头公司的收费较高，企业必须考虑自身的承受能力。

（6）员工推荐。通过企业员工推荐人选，是组织招聘的重要形式。

2. 内部招聘

物流企业的内部招聘就是物流企业将招聘信息公布给企业内部员工，通过内部员工竞聘，从企业内部选拔合适的人才来补充空缺和新增职位的一系列过程。

（1）内部招聘的优点：选任时间较为充裕，了解全面，能做到用其所长、避其所短。内部人员对组织情况较为熟悉，了解与适应工作的过程会大大缩短，他们上任后能很快进入角色。内部提升给每个人带来希望，有利于鼓舞士气，提高工作热情，调动员工的积极性，激发他们的上进心。

（2）内部招聘的缺点：容易造成“近亲繁殖”；老员工存在思维定式，不利于创新，而创新是组织发展的动力；容易在组织内部形成错综复杂的关系网，任人唯亲，拉帮结派，给实现公平、合理、科学的管理带来困难；内部备选对象范围狭窄。

（六）招聘程序

（1）制订招聘计划和策略。招聘计划是组织根据发展目标和岗位需求对某一阶段招聘工作所作的安排，包括招聘目标、信息发布的时间与渠道、招聘员工的类型及数量、甄选方案及时间安排等方面。

具体来讲，员工招聘计划包括以下内容：①招聘的岗位、要求及其所需人员数量；②招聘信息的发布；③招聘对象；④招聘方法；⑤招聘预算；⑥招聘时间安排。

（2）发布招聘信息及搜寻候选人信息。组织要将招聘信息通过多种渠道向社会发布，向社会公众告知用人计划和要求，确保有更多符合要求的人员前来应聘。

企业可以通过以下方式搜寻候选人信息：①应聘者自己所填的求职表，内容包括性别、年龄、学历、专业、工作经历及业绩等；②推荐材料，即有关组织或个人向本单位推荐某人时所写的推荐材料；③调查材料，指对于某些岗位人员的招聘，还需要亲自到应聘人员工作或学习过的单位或向其接触过的有关人员进行调查，以掌握第一手材料。

（3）甄选。甄选的过程一般包括对所有应聘者的情况进行的初步审查、知识与心理素质测试、面试，以确定最终的录用者。

（4）录用。人员录用过程一般可分为试用合同的签订，新员工的安置、岗前培训、试用、正式录用等几个阶段。

试用就是企业对新上岗员工的尝试性录用，这是对员工的能力与潜力、个人品质与心理素质的进一步考核。

员工的正式录用是指试用期满后，使那些表现良好、符合组织要求的新员工成为组织正式成员的过程。一般由用人部门根据新员工在使用期间的具体表现对其进行考核，做出鉴定，并将结果提交至人力资源管理部门；人力资源管理部门对考核合格的员工正式录用，并代表组织与员工签订正式录用合同，正式明确双方的责任、义务与权利。

正式录用合同一般应包括以下内容：当事人的姓名、性别、住址和法定社会身份；签订劳动合同的法律依据、劳动合同期限；工作内容、劳动保护和劳动条件；劳动报酬、劳动纪律、变更和解除劳动合同的条件与程序；违反劳动合同的责任与处置方式等。

（5）招聘工作评价。招聘评估主要是指对招聘的结果、招聘的成本和招聘的方法等方面进行评估。一般在一次招聘工作结束之后，要对整个评估工作做一个总结和评价，目的是进一步提高下次招聘工作的效率。对招聘工作的评价一般应从以下两方面进行：一是对招聘工作效率的评价；二是对录用人员的评价。

二、物流企业人力资源的开发与员工培训

（一）物流企业人力资源的开发

在理论界，不同的学者对人力资源开发给出了不同的定义。提出这一概念的美国学者纳德勒认为，人力资源开发是“雇主所提供的有组织的学习经验，在某一特定时间内，产生组织绩效与个人成长的可能性”。而美国训练与发展协会对人力资源开发的定义是“整合训练与发展、职业发展与组织发展，以增进个人和组织效率的行为”。

综合各方的观点，一般认为人力资源开发就是通过培训，提高组织成员的工作能力和工作绩效，以符合组织需要的人事管理活动。

（二）物流企业员工的培训

1. 培训概述

1）培训的概念

物流企业员工培训是指物流企业为开展业务及培育人才的需要，采用各种方式对员工进行有目的、有计划的培养和训练的管理活动，其目标是使员工不断地更新知识、开拓技能，改进员工的动机、态度和行为，使其适应新的要求，更好地胜任现职工作或担负更高级别的职务，从而促进组织效率的提高和组织目标的实现。

2）培训的特点

培训作为提高企业员工素质、能力的一种措施，具有全员性、终身性、多样性和计划性的特征。

（1）培训的全员性。虽然培训的内容随着培训对象的不同而不同，但是培训具有全员性的特征，其对象既包括企业的最高管理者，又包括普通员工。只有通过全员培训才能提高企业员工的整体素质水平，有效地推动企业的发展。管理者不仅有责任要说明培训应符合战略目标，要收获成果，而且也有责任来指导员工并评估和提升其学习效果。

（2）培训的终身性。现代科学技术、经营管理水平是不断发展的，如果不能及时学习，企业员工的知识结构就会老化，就会跟不上时代的步伐，所以必须要坚持学习，

并且还是终身学习。正因为如此，企业的培训就必须做到终身性。即从企业的角度看，对员工的培训要持之以恒，只要出现新技术、新设备、新观念和新的管理方法，就要对相应人员进行培训；而从员工的角度看，培训的终身性意味着只要不退休就必须要经常参加培训学习，不断提高自身的素质。

（3）培训的多样性。培训的多样性有两层含义：一是培训内容的多样性；二是培训形式的多样性。从内容上看，有文化培训、技术培训、销售培训、经营管理培训、企业文化培训等。从形式上看，培训的方式灵活多样，可以在职培训，也可以脱产培训；可以外出参观学习，也可以是在企业里集中组织学习；可以是专业公司的培训或者是大学为企业开办的各类培训班，也可以是由本企业的专家或管理技术人员讲授。

（4）培训的计划性。培训的计划性是指企业要把员工培训纳入企业的计划，根据公司发展的需要有计划、有目的地对员工进行不同内容、不同形式的培训。要由人力资源部门或成立专门的部门负责此项工作。

3）培训的内容

不同的企业由于经营特点的不同，培训的内容也大不相同。一般情况下，企业培训主要包括以下内容。

（1）知识培训。知识培训是企业培训中的第一层次，通过组织员工听讲座，或者集中学习某一课程，从而获得相应的知识。这种培训有利于提高企业员工的理论知识水平，更新观念、增强对新事物的认识能力，减少企业在引进新技术、新设备、新工艺及先进管理过程中的障碍和阻挠。但是，要系统全面、深刻地掌握一门专业知识则必须经过系统的、艰苦的训练。虽然知识培训简单易行，但是其学习时间不长，学习过程的松散及考核过程的形式化，都影响了其效果。

（2）技能培训。技能培训是企业培训的第二个层次，其对象主要是生产过程中技术人员和操作人员，同时也包括部分管理人员。这里所说的技能是指生产过程或企业管理活动中的实际操作能力，如机床设备的操作能力、计算机的操作能力等。招进新员工，采用新设备，引进新技术都不可避免要进行技能培训，因为抽象的知识培训不可能立即适应具体的操作，无论企业的员工是多么优秀，能力有多强，一般来说都不可能不经培训就能立即操作得很好。

（3）经营管理培训。经营管理培训的对象主要是企业的中高级经营管理人员。根据受训对象和培训内容的不同，可以分为财务培训、营销培训、人事培训、质量管理培训等。

（4）素质培训。这种培训的对象主要是企业的普通员工、基层管理人员。较高素质的员工有正确的价值观，有积极的态度，有良好的思维习惯，有较高的目标，这种品质对企业的发展非常重要。高素质的员工即使暂时缺乏知识和技能，也会为实现目标有效地、主动地学习知识和技能。

（5）企业文化培训。企业文化是企业在长期的经营中形成的在认知、行动、意志、情感、价值、目标等方面的一系列准则。通过企业文化激励和约束员工是企业管理的最高境界。这种培训主要通过心理管理来优化员工的心智模式，对员工进行深层次的引导，强化员工的自我开发。优秀的企业文化能给员工带来舒适和谐的工作生活环境，能使员工产生强烈的内在需要和较高的期望目标，促使员工提高自身的素质和能力，从而提高了企业的劳动生产率，增强了企业的市场竞争力，这无论是对组织还是对个人均是有益的。

4）培训的作用

培训对提高员工的素质、增强企业的市场竞争力具有非常重要的作用。具体来说，它主要有以下几种作用。

（1）培训是人力资源开发的主要途径。对企业来说，培训是开发现有人力资源，提高这一核心资源使用效率的主要途径。从企业经营的角度看，培训也是一种投入，这种投入较之其他投入更能给企业带来丰厚的回报，其长期效益是巨大的。培训不仅仅是对员工知识的补充和技能的训练，而且是对员工潜在能力的开发，其目的是促进员工全面的、充分的发展，从而给企业带来无穷无尽的活力。

（2）培训是提高管理者水平的重要途径。在市场环境迅速变化的今天，企业的发展对管理者提出了更高的要求，他们不仅要具备生产经营管理各方面的知识，而且要具备敏锐的市场洞察能力和准确的判断决策能力，此外还要拥有现代经营理念和开放的心态。而培训是获得这些能力的重要途径。管理者的层次越高，其学习与培训也越重要。因为高层管理者只有具备丰富的知识、开阔的视野、超前的眼光和创新的思维，才能形成正确的决策和思路，从而推动各部门工作顺利展开。战略性的错误比战术性的错误后果更严重。

（3）培训是转变观念的良方。社会进步呼唤新观念，企业的发展壮大需要不断更新经营理念，培训正好可以满足这一要求。随着世界经济一体化的进程，企业发展亟待培养员工的开放意识、全球意识、竞争意识、效率意识、学习意识、环保意识和法律意识等，这些意识的培养部分可以通过其在学校的学习中实现，部分可以通过在工作岗位上的自学实现，除此之外还可以由培训来完成，并且培训在其中发挥着极为重要的作用。

2. 培训流程

（1）各部门填写年度培训计划交与管理部审核，审核通过后可向总经理提交“年度培训计划表”，总经理签批后即可组织执行培训工作。

（2）适时安排的培训计划，相应部门应填写“培训申请单”交管理部，管理部将在初审后上报至总经理进行审批，总经理审批通过后方可由管理部组织实施培训工作。

（3）参加培训。

①岗前培训。新员工到职培训由人力资源部负责，内容为物流企业简介和员工手册、人事管理规章的讲解；企业文化知识的培训；工作要求、工作程序、工作职责的

说明；请业务部门进行的业务技能培训。

调职员工岗前培训的培训方式及培训内容由调入部门决定。

②在职培训。在职培训的目的主要在于提高员工的工作效率，以更好地协调物流企业的运作及发展。培训的内容和方式均由部门决定。

③专题培训。物流企业根据发展需要或者部门根据岗位需要，组织部分或全部员工进行某一主题的培训工作。

④培训后考核。培训后的考核由培训部门自行决定，一般包括培训教师评核、经理评核及员工自评等。

⑤培训结束，由培训教师填写“培训记录”，连同考核表、培训教材、签到表和培训评语一起交与管理部存档。

⑥培训中若涉及有关物流企业机密的内容，受训员工应严格遵守保密原则。如有泄露，物流企业将根据具体情况给予罚款、记过或辞退处罚。

3. 培训方法

企业培训的效果在很大程度上取决于培训方法的选择。当前，企业培训的方法有很多种，不同的培训方法具有不同的特点。要选择合适有效的培训方法，需要考虑到培训的目的、培训的内容、培训对象的自身特点及企业具备的培训资源等因素。常见的培训方法包括：讲授法、工作轮换法、工作指导法或教练/实习法、研讨法、视听技术法、案例研究法、角色扮演法等方法。

1）讲授法

讲授法属于传统的培训方式，是指培训师通过语言表达，系统地向受训者传授知识，期望这些受训者能记住其中的重要观念与特定知识。

（1）讲授法的要求：培训师应具有丰富的知识和经验；讲授要有系统性，条理清晰，重点、难点突出；讲授时语言清晰，生动准确；必要时运用板书；应尽量配备必要的多媒体设备，以加强培训的效果；讲授完应留有适当的时间让培训师与学员进行沟通，用问答方式获取学员对讲授内容的反馈。

（2）讲授法的优点：运用方便，可以同时对许多人进行培训，经济高效；有利于学员系统地接受新知识：容易掌握和控制学习的进度；有利于加深理解难度大的内容。

（3）讲授法的缺点：学习效果易受培训师讲授水平的影响；由于主要是单向性的信息传递，缺乏教师和学员之间必要的交流和反馈，学过的知识不易被巩固，故常被运用于一些理念性知识的培训。

2）工作轮换法

工作轮换法是一种在职培训的方法，是指让受训者在预定的时期内变换工作岗位，使其获得不同岗位的工作经验，一般主要用于新入职员工。现在很多企业采用工作轮换法则是为培养新入职企业的年轻管理人员或有管理潜力的员工。

（1）工作轮换法的要求：在为员工安排工作轮换时，要考虑培训对象的个人能力以及他的需求、兴趣、态度和职业偏爱，从而选择与其适配的工作；工作轮换的时间长短取决于培训对象的学习能力和学习效果，而不是机械地规定时长。

（2）工作轮换法的优点：丰富培训对象的工作经历；识别培训对象的长处和短处，企业能通过工作轮换了解培训对象的专长和兴趣爱好，从而更好地开发员工的长处；增进培训对象对各部门管理工作的了解，扩展员工的知识面，为受训对象以后完成跨部门、合作性的任务打下基础。

（3）工作轮换法的缺点：如果员工在每个轮换的工作岗位上停留时间太短，所学的知识则会不精；由于此方法鼓励“通才化”，适用于一般直线管理人员的培训，而不适用于职能管理人员。

3）工作指导法或教练/实习法

工作指导法或教练/实习法是由一位有经验的技术能手或直接主管人员在工作岗位上对受训者进行培训，如果是单个的一对一现场培训，则是企业常用的“师带徒”培训。负责指导的教练的任务是教受训者如何做，提出如何做好的建议，并对受训者进行鼓励。这种方法不一定要有详细、完整的教学计划，但应注意培训的要点：一是关键工作环节的要求；二是做好工作的原则和技巧；三是需避免、防止的问题和错误。这种方法应用广泛，可用于基层生产工人。

（1）工作指导法或教练/实习法的要求：培训前要准备好所有的用具，放置整齐；让每个受训者都能看清示范物；教练一边示范操作一边讲解动作或操作要领；示范完毕，让每个受训者反复练习；对每个受训者的试做给予立即的反馈。

（2）工作指导法或教练/实习法的优点：通常培训师与受训者能形成良好的关系，有助于工作的开展；一旦经验丰富的员工调动、提升，或退休、辞职时，企业能有训练有素的员工顶上。

（3）工作指导法或教练/实习法的缺点：不容易挑选到合格的教练或师傅，有些师傅担心“带会徒弟饿死师傅”而不愿意倾尽全力。所以应挑选具有较强沟通能力、监督和指导能力以及宽广胸怀的培训师。

4）研讨法

按照费用与操作的复杂程序，研讨法又可分成一般研讨会与小组讨论法两种方式。一般研讨会多以专题演讲为主，中途或会后允许学员与演讲者进行交流沟通，一般费用较高，而小组讨论法则费用较低。研讨法培训是为了提高能力，培养意识，交流信息，产生新知。研讨法比较适用于管理人员的训练或用于解决某些有一定难度的管理问题。

（1）研讨法的要求：每次讨论要建立明确的目标，并让每一位参与者了解这些目标；要使受训人员对讨论的问题产生内在的兴趣，并启发他们积极思考。

（2）研讨法的优点：强调学员的积极参与，鼓励学员积极思考，主动提出问题，表达个人的感受，有助于激发学习兴趣；讨论过程中，教师与学员间、学员与学员间的信息可以多向传递，知识和经验可以相互交流、启发，取长补短，有利于学员发现自己的不足，开阔思路，加深对知识的理解，促进能力的提高。据研究，这种方法对提高受训者的责任感或改变工作态度特别有效。

(3) 研讨法的缺点：运用时对培训师的要求较高，因为讨论课题选择的好坏将直接影响培训的效果；受训者自身的水平也会影响培训的效果；不利于受训者系统地掌握知识和技能。

5) 视听技术法

视听技术法就是利用现代视听技术（如投影仪、录像、电视、电影、电脑等工具）对员工进行培训。

(1) 视听技术法的要求：播放前要清楚地说明培训的目的；依讲课的主题选择合适的视听教材；以播映内容来发表各人的感想或以“如何应用在工作上”来讨论，最好能边看边讨论，以增加理解；讨论后培训师必须做重点总结或将如何应用在工作上的具体方法告诉受训者。

(2) 视听技术法的优点：由于视听培训是运用视觉和听觉的感知方式，直观鲜明，所以相比讲授或讨论，能给人留下更深的印象；教材生动形象且有真实感，比较容易引起受训者的关注和兴趣；视听教材可反复使用，从而能更好地适应受训者的个体差异和不同水平的要求。

(3) 视听技术法的缺点：视听设备和教材的成本较高，内容易过时；选择合适的视听教材不太容易；学员处于消极的地位，反馈和实践较差，一般可作为培训的辅助手段。

6) 案例研究法

案例研究法是指为参加培训的学员提供员工或组织如何处理棘手问题的书面描述，让学员分析和评价案例，提出解决问题的建议和方案的培训方法。案例研究法由美国哈佛管理学院推出，目前广泛应用于企业管理人员（特别是中层管理人员）的培训。其目的是训练他们具有良好的决策能力，帮助他们学习如何在紧急状况下处理各类事件。

(1) 案例研究法的要求：案例研究法通常是向培训对象提供一则描述完整的经营问题或组织问题的案例，案例应具有真实性，不能随意捏造；案例要和培训内容相一致，培训对象以小组为单位来完成对案例的分析，做出判断，提出解决问题的方法。随后，在集体讨论中发表自己小组的看法，同时听取别人的意见。讨论结束后，公布讨论结果，并由教员再对培训对象进行引导分析，直至达成共识。

(2) 案例研究法的优点：受训者参与性强，由被动接受变为主动参与；将提高受训者解决问题的能力的目的融入知识传授中，有利于使受训者参与企业实际问题的解决；教学方式生动具体，直观易学；容易使受训者养成积极参与和向他人学习的习惯。

（3）案例研究法的缺点：案例的准备需要较长时间，且对培训师和受训者的要求都比较高；案例往往不能满足培训的需要。

7）角色扮演法

角色扮演法是指在一个模拟的工作环境中，指定参加者扮演某种角色，借助角色的演练来理解角色的内容，模拟性地处理工作事务，从而提高处理各种问题的能力。这种方法比较适用于训练员工人的际关系技能，比如询问、电话应对、销售技术、业务会谈等。角色扮演主要适用于新员工、岗位轮换和职位晋升的员工，其目的是使此类员工尽快适应新岗位和新环境。

（1）角色扮演法的要求：教师要为角色扮演准备好材料以及一些必要的场景工具，确保每一事项均能代表培训计划中所教导的行为；为了激励演练者的士气，在演出开始之前及结束之后，全体受训者应鼓掌表示感谢；演出结束，教员应针对各演示者存在的问题进行分析和评论。角色扮演法应和讲授法、研讨法结合使用，才能产生更好的效果。

（2）角色扮演法的优点：受训者参与性强，受训者与培训师之间的互动交流充分，可以提高受训者培训的积极性；特定的模拟环境和主题有利于增强培训的效果；通过扮演和观察其他受训者的行为，受训者可以学习各种交流技能；通过模拟后的指导，受训者可以及时认识自身存在的问题并进行改正。

（3）角色扮演法的缺点：角色扮演法效果的好坏主要取决于培训师的水平；扮演中的问题分析限于个人，不具有普遍性；容易影响受训者的态度，而不易影响其行为。

解决方案

关于任务一：招聘简章包含哪些内容？

小张查阅了一些知名企业的招聘简章，又结合了一些理论内容，总结出招聘简章应该符合法律规定，真实具体，简单明了，能够吸引人。主要的内容包括以下几个方面。

第一，企业的基本情况。简要介绍单位的基本情况，让应聘者有一个大致的了解。

第二，是否经过有关方面批准。一般情况下，发布招聘简章需要首先经过人力资源部门或相关机构的审批。

第三，应聘的基本条件。这是招聘简章中最重要的要素，条件界定应非常清楚，要能让应聘者很容易确认自己是否符合基本要求。另外，应聘条件应非常合理，条件太高会导致脱离企业的实际，条件太低会增加筛选的工作量和招聘的成本。

第四，录用后的各种待遇。主要包括录用以后的薪酬水平、福利、教育培训、健康保障、休假等内容。待遇的介绍必须真实、客观，否则即使招聘到了适合的人才，也无法保证人力资源队伍的稳定。

第五，不能遗漏的事项。主要包括报名的方式，需携带的证件和相关材料，报名的时间、地点以及联系人等。

第六，再次强调招聘简章虽小，可事不小，细节往往决定成败，企业决不能敷衍了事。

关于任务二：培训时要注意哪些内容？

小张通过培训的亲身经历，了解到企业向员工提供培训，不仅能提高员工的能力和素质，而且还能更加有效地对他们产生激励作用，让他们为企业多做贡献。相关人力资源机构曾经做过调查，那些经常为员工提供培训企业的利润比不提供培训企业的要高出24%。因此，重视培训，培养人才，是企业经营者和管理者提高企业竞争力的重要手段之一。小张结合实际，总结了培训时要注意的内容。

1. 了解员工的培训需求

在开展培训之前，一定要了解员工想要什么、想要学习什么。只有这样，培训工作才能有的放矢，有效开展，避免浪费员工们的时间。要知道，培训本身就要占用员工的工作时间，他们要放下手头的工作来参加培训，如果没有他们感兴趣或者想学的内容，下次培训员工及其所在部门都不会很配合培训工作的开展。

另外要注意的一点是，了解培训需求尽量不要用传统的问卷调查这种老套的方式。可以采用游戏等更为有趣的方式鼓励员工参与调查，提供真实的想法，这也将决定培训工作的成败。

2. 精悍的培训内容

现在人们普遍的两个特点，一是注意力集中的时间比较短；二是耐心也非常有限。很少有人心甘情愿地坐着接受数个小时、甚至是数天的培训。因此想要比较好的培训效果，让员工们对培训传递的信息感兴趣，培训在内容上要短小精悍，并且直击要害。这种方式非常适用于那些非正式或者是不太复杂的技能培训。

3. 让员工们互动起来

把员工们召集到一起进行培训，本身就是一个非常好的提升团队凝聚力的时机。在课程中，应想尽办法让员工们彼此互动交流，建立联系，这对于团队建设和提供整个企业的工作效率是有百利而无一害。

4. 培训不只局限于当前工作所需的技能

当前工作所需的技能培训对于员工来讲还是不够。企业应该通过培训让员工看到自己未来的职业发展，需要提供一系列符合专业发展路径的课程，从而让员工看到希望，看到未来的回报，这也激励着他们能够长期留在公司。

模块三　物流企业绩效考核

任务描述

通过培训，小张对物流企业招聘、开发和培训工作有了更深一层的认识，并且觉得自己有了很大的进步，对于接下来的工作有了十足的干劲。培训老师对小张的表现给予了肯定和表扬，鼓励小张完成新的任务。

任务一：KPI 指标制订的注意事项有哪些？

任务二：以结果为导向的绩效考核是什么？

知识链接

一、物流企业绩效考核概述

（一）绩效考核的含义和作用

1. 绩效考核的含义

所谓绩效考核，是指对员工在工作过程中表现出来的工作业绩、工作能力、工作态度以及个人品德等进行评价，并以此作为判断员工是否与岗位相称的标准。作为一种激励机制，考核分为两种：一种是个人的绩效考核，即人力资源部门对员工个人在一定时期内的工作能力和工作完成情况的评价；另一种是部门的业绩考核，即人力资源部门或企业高层管理人员对企业的各级组织、部门进行的考核，其考核指标与个人考评指标存在一定差异。

2. 绩效考核的作用

绩效考核是企业对员工作出评价的主要依据，在对员工的聘用、任免和培训的过程中发挥着重要的作用。

（1）绩效考核是人员聘用的依据。根据事先确定的考核标准，对员工个人的工作能力、工作业绩、工作态度和人品道德的评价结果是企业决定员工聘用与否的关键因素。只要考核标准是科学合理的，考核过程是公正客观的，那么对员工个人的绩效考核完全可以作为决定其去留的唯一标准。

（2）绩效考核是职务升降的依据。科学、公正、客观的个人绩效考核结果不仅是决定企业员工去留的标准，而且也是企业员工职务升降的标准。决定职务升降的基本依据是岗位工作说明书，该说明书描述了岗位的职责与性质、任职的条件、任职合格与否的标准等，将工作说明书与考核结果对照，根据对照结果决定员工的升迁、平调或降职。

（3）绩效考核是人员培训的依据。通过个人绩效考核，可以准确地把握企业员工在工作中的薄弱环节，并以此针对性地制订切实可行的培训计划，既可以提高培训的效率，又可以节约企业的人力、物力和财力，达到事半功倍的效果。

（4）绩效考核是确定劳动报酬的依据。劳动报酬是激励员工的主要手段，而确定劳动报酬的依据就是绩效考核的结果，因为它反映了员工的工作能力和工作业绩。根据考核结果，如果其工作能力表现突出，则有可能得到升迁。根据按岗取酬的原则，员工的报酬会随升迁增加；即使没有得到升迁，那么凭借其优异的工作成绩同样会增加劳动报酬。因此根据绩效确定薪酬，或者依据薪酬衡量绩效，可以不断完善薪酬设计，使其更加符合企业运营的需要。

（5）绩效考核是人员激励的手段。通过把员工聘用、职务升降、培训发展、劳动薪酬与绩效考核结合，有利于充分调动员工的工作积极性与创造性，有利于企业的健康发展，同时对员工本人，也便于建立不断自我激励的心理模式。

（二）绩效考核的原则

1. 公开原则

考核的结果应对本人公开，这既是保证考核民主的重要手段，也是实现激励目标的手段。这样做，一方面可以使被考核者了解自己的优点和成绩，从而在以后的工作中再接再厉，或者了解自己的缺点和不足，以便在工作中改进和完善；另一方面有助于防止、纠正考核中可能出现的偏见以及种种误差，以保证考核结果的公正与合理。

2. 公正原则

公平是确立和推行绩效考核制度的前提。如果做不到公平，考核也就失去了其应有的作用。坚持公平的原则，就是要保证对相同岗位被考核人员的考核标准是唯一的，不应该出现双重标准。对不同岗位的被考核者，应当以各自的岗位说明书和岗位工作标准为依据。另外，在考核开始之前，考核程序和考核标准都应当有明确的规定，而且在考评中应当严格遵守这些规定。同时，考评标准、考评程序和考评人员的组成及基本情况都应当在企业内对全体职工公开，使企业的全体人员对考评过程进行监督，这样才能保证员工对考评结果产生信任感。

3. 客观原则

考核一定要建立在客观事实基础上。在考核过程中，考核人员应本着实事求是的精神，以考核标准为依据，客观、全面地考察和评价被考核人员，以工作业绩等数据为基础，“用事实说话”，摒弃个人的主观偏见，防止感情用事。要做到把被考核者与岗位标准或工作标准相比较，而不是在被考核者之间比较。

（三）绩效考核的内容

一般来说，绩效考核主要是在德、能、勤、绩 4 个方面对企业员工进行考察。

"德"是人品道德，"能"是工作能力，"勤"是工作态度，"绩"是工作业绩。

1. 人品道德

人品道德的考核是绩效考核的一项重要内容。员工道德素质的高低，不仅能影响企业员工团队的团结与合作，而且还能给企业带来正面或负面作用。企业员工良好的道德品质能够在社会上给企业带来良好的声誉和口碑；相反，道德品质恶劣的员工会给企业的社会形象造成不好的影响。

2. 工作能力

工作能力是指员工在具体工作中表现出来的知识、经验和技巧的综合，包括和工作相关的常识和专业知识，工作所需要的技术、技能和技巧，工作中表现出来的理解力、判断力、创造力，特殊工作所要求的体力等。与业绩不同，能力是内在的，不容易衡量和比较。因此，对工作能力的考核很难有一个客观的标准，而是需要通过考核人员及被考核人员周围同事的感性认识来做出判断。

3. 工作态度

工作态度考核是指对员工的工作热情和工作积极性进行的考核。现实中，工作态度对员工工作业绩的影响非常大。如果某个员工能力一般，但是其工作的热情高、积极性高，这可以弥补其能力上的不足，同样能做出优异的成绩。相反，如果工作态度不端正，即使能力出众，其工作业绩也不一定出色。所以通过对工作态度的考核，可以鼓励员工发挥工作热情，提高工作积极性，从而达到提高绩效的目的。

4. 工作业绩

工作业绩是指员工在本职工作中所取得的成绩或者成果。例如，一定时期内的销量或销售额就是营销人员的工作业绩；新产品、新工艺、新技术就是技术人员的工作业绩。工作业绩的考核是员工考核中最重要的一个指标，它从工作的数量、质量和效率三个方面对员工进行评价。这个评价过程不仅要说明各级员工的工作完成情况，还要通过评价结果指导员工有计划地改进工作，以达到企业发展的目的。

（四）绩效考核的程序

1. 制订考核计划

在考核之前首先要制订出考核计划，明确考核的目的、对象和时间安排，明确是封闭式考核还是开放式考核。前者是指不将考核情况告知被考核者，考核过程封闭进行；后者是指考核者与被考核者面对面地交换意见，考核过程开放进行。

2. 进行技术准备

绩效考核是一项技术性很强的工作。其技术准备主要包括制定或修改考核标准、设计考核表格、根据考核对象选择或设计考核方法、选拔培训考核人员等。在选择考核人员时，应考虑的两方面因素：一方面，考核人员的业务、人品俱佳，不仅能秉公办事而且要有丰富的考核经验；另一方面，考核人员要与被考核人员无利益上的关联，否则就应该回避。

3. 收集资料信息

对员工的考核是否准确，除了与考核人员的能力水平有关之外，还与收集到的相关资料有关。所以资料数据的收集是考核工作的一项重要内容。收集到的资料数据越翔实准确，对员工的考核结果就越客观真实；若收集到的资料不能反映真实情况，那么考核结果也将失真，考核也就失去了其意义和作用。

4. 做出分析评价

在获得相关数据资料后，考核人员就需要对这些数据资料进行分析，得出被考核者的考核成绩，并将这些成绩从高到低排序。在此基础上编写考评报告，为员工的升迁去留和薪金评定提供客观依据。

（五）绩效考核的方法

绩效考核的方法有很多种，比如有相对评价法、绝对评价法，前者可以分为序列比较法、相对比较法；后者可以分为目标管理法、关键指标法和等级考核法等。此外，还有行为差别测评法、要素评语法、行为观察量表、叙事量表法等多种方法。为了保证考核结果的公正、合理、客观，绩效考核要尽量采取定量考核的办法。

1. 序列比较法

序列比较法是对相同职务员工进行考核的一种方法。在考核之前，首先要确定考核的模块，但是不确定要达到的工作标准。将相同职务的所有员工在同一考核模块中进行比较，根据其工作状况进行排名，工作表现较好的排名在前，工作表现较差的排名在后。最后，将每位员工几个模块的排名所对应的数字相加，就是该员工的考核结果。总数越小，绩效考核成绩越好。

2. 相对比较法

相对比较法是先对员工进行两两比较，然后按照总分进行排名的一种考核方法。在对两名员工比较之后，相对较好的员工记“1”，相对较差的员工记“0”。在对所有的员工比较完毕后，将每个人的得分相加，总分越高，考核成绩越好。这种方法只能用于小企业对员工的考核；在大中型企业中，由于人员数目多，对员工进行两两比较的工作量非常大，所以不适合。

3. 目标管理法

目标管理法考核是先将组织的整体目标逐级分解直至个人目标，最后根据被考核人完成工作目标的情况来进行测评的一种考核方式。由于考核往往是在年终之际进行，所以在进行目标考核之前，就应该明确需要完成的工作内容、时间期限、考核的标准等，一般在年初就确定了。在工作期限结束时，考核人根据被考核人的工作状况及原先制定的考核标准来进行考核。

4. 关键指标法

关键指标法是以企业年度目标为依据，通过对不同岗位工作内容的分析，确定每个岗位绩效考核的关键性指标，以此作为对员工考核的主要依据。在采用关键指标法进行考核时，除了一些关键指标，还应当配合以非关键性指标，这样考核出来的结果才全面、客观。

5. 等级考核法

等级考核法根据工作分析，将被考核岗位的工作内容划分为相互独立的几个模块，在每个模块中用明确的语言描述完成该模块工作需要达到的标准。同时，将标准分为优、良、中、合格、不合格几个等级，考核人根据被考核人的实际工作表现，对每个模块的完成情况进行考核。总成绩便为该员工的考核成绩。

二、物流企业激励和薪酬管理

（一）物流企业激励

1. 物流企业激励的概念

激励是指企业根据员工的特点，通过有计划、有目的的措施，营造具有刺激作用的外部环境，引起员工的内在心理变化，使之产生企业所期望的行为。

2. 激励的种类

根据激励方法的不同，激励可以分为目标激励、尊重激励、参与激励、薪酬激励、荣誉激励和负激励等几种。

1）目标激励

所谓目标激励就是指通过确定适当的目标，达到调动员工工作积极性的一种激励方法。这种激励方法的原理在于，只有当一个人树立了较高的目标时，才能激起其奋发向上的内在动力。目标有很多种，由于每个员工的性情不同，追求的目标也不同，比如更高的薪酬、职务、权力、归属感、成就感等。管理者要做的就是要将每个员工内心深处的这种或隐或现的目标挖掘出来，并协助他们制定详细的实施步骤，在随后的工作中引导和帮助他们努力实现目标。当每个员工的目标迫切地需要实现时，他们就对企业的发展产生热切的关注，对工作产生强大的责任感，平时不用别人监督就能自觉地把工作做好。

2）尊重激励

尊重激励是一种基本激励方式，任何一个企业都应该做到对每一位员工的尊重，因为它是加速员工自信力爆发、调动员工积极性的催化剂。同级之间或者上级对下级的尊重是一种强大的精神力量，能极大地激发员工的工作潜力，不仅有助于企业员工之间的和谐相处，而且有助于企业团队精神和凝聚力的形成，促进企业目标的实现。

3）参与激励

无论是理论研究还是人力资源管理的实践都表明，企业员工都有参与企业管理的诉求和愿望，创造和提供一切机会让员工参与管理是调动他们积极性的有效方法。让员工恰当地参与管理，既能培养员工的归属感和认同感，又能激发其工作热情，为企业的发展创造有利的内部环境。

4）薪酬激励

这是企业激励机制中最易采用也最重要的激励手段，但是非常讲究操作技巧。因为即使薪酬总额相同，支付方式不同，激励效果也会截然不同。根据经济学理论，收入越多，货币的边际效用越低。也就是说，随着工资水平的提高，薪酬的激励作用越来越小。所以在采用薪酬激励时，必须要注意这种不足，否则，不仅会使薪酬成本大量增加，而且还没有起到应有的作用。

5）荣誉激励

荣誉是同事或企业对员工个体或群体的一种正面的、积极的评价，是满足人们自尊需要、激发人们奋力进取的重要手段。从马斯洛的需求动机理论看，人人都具有自我肯定、争取荣誉的需要。对于一些工作表现突出、具有代表性的员工，给予必要的荣誉奖励，是很好的激励方法。如果荣誉激励和物质激励结合起来效果会更好。

6）负激励

负激励是一种带有惩罚性的激励方式，它有很多种形式，比如批评、降级、罚款、降薪、淘汰等。从心理学的角度看，通过带有强制性、威胁性的手段可以产生一种激励氛围，强迫企业员工遵守企业的各项规章，完成岗位工作目标。客观地说，这是一种有效的激励方式，也是一种不可缺少的激励方式。但是这种激励方式必须要和正面激励配合使用，才能充分发挥其作用，否则会物极必反。

3. 激励的原则

在对企业员工进行激励时，必须坚持如下原则。

1）物质激励与精神激励相结合

如果只有物质激励或者精神激励，企业很难达到期望的激励目标。这是因为物质激励在短期内有效，随着时间的延长和员工物质条件的改善，其激励作用会下降。虽然精神激励也能激发员工的积极性，但是如果缺乏物质奖励，其激励作用也会打折扣，所以这两种激励手段必须同时使用才能充分发挥其作用。

2）内激励和外激励相结合

内激励是指工作本身的挑战性以及完成工作所获得的成就感。根据心理学理论，当一个人完成了一件具有挑战性的工作时，其会有很大的成就感，信心倍增，从而会确定一个更高的目标。外激励是指工作之外的回报、奖赏、赞扬等，它会产生与内激励相同的作用。当把二者结合时会产生更好的效果。

3）正激励与负激励相结合

正激励指对符合企业目标、利益等行为的奖励；负激励是指对违背企业目标行为的约束和惩罚。在形式上二者相互排斥，但是在作用上却是相互补充，能对员工产生有效的激励作用。

（二）物流企业薪酬管理

1. 薪酬的定义

薪酬是指员工向其所在单位提供所需要的劳动而获得的各种形式的补偿，是单位支付给员工的劳动报酬。

薪酬包括经济性薪酬和非经济性薪酬两大类，经济性薪酬分为直接经济性薪酬和间接经济性薪酬。直接经济性薪酬是单位按照一定的标准以货币形式向员工支付的薪酬；间接经济性薪酬不直接以货币形式发放给员工，但通常可以给员工带来生活上的便利，减少员工额外开支或者免除员工的后顾之忧。

非经济性薪酬无法用货币等手段来衡量，但会给员工带来心理愉悦的感受。

2. 薪酬支付依据

研究薪酬的首要问题是为什么向员工付薪酬？应该依据什么向员工支付薪酬？关于这些问题有很多理论，比如薪酬决定理论、薪酬差别理论、薪酬分配理论等，这些理论对上述问题或多或少都有阐述。依据什么给员工定薪是个实践性命题，每个企业都要做出选择。

薪酬支付依据是指单位依据什么向员工支付薪酬。薪酬支付依据有以下几个方面：员工从事的岗位，员工从事的职务，员工具备的技能、能力、资历以及员工的工作业绩等。

（1）依据岗位付薪酬。依据岗位价值付薪酬是大多数物流企业采用的方式，岗位价值体现在岗位责任、岗位贡献、知识技能等方面。

（2）依据职务付薪酬。依据职务付薪酬是依据岗位付薪酬的简化，依据职务付薪酬不能体现同一职务不同岗位的差别。职务和岗位的区别在于：岗位不仅体现层级，还体现工作性质，如财务部部长、市场经理等；而职务一般只能体现出层级，不能体现工作性质，如科长、部长、主管等。

（3）依据技能（能力）付薪酬。依据技能付薪酬和依据能力付薪酬在理论概念上是有区别的，技能是能力的一个组成要素。在企业薪酬实践中，对工人习惯以技能付薪酬，而对管理人员习惯以能力付薪酬。

（4）依据业绩付薪。依据个人、部门、组织的绩效进行付薪酬。

（5）依据市场付薪酬。依据市场价值的多少进行付薪酬。

3. 薪酬管理的定义

薪酬管理是指企业根据其员工所提供的服务来确定他们应当得到的报酬总额以及报酬结构和报酬形式的一个过程。在这个过程中，企业就薪酬水平、薪酬结构、特殊员工群体的薪酬做出决策。同时，作为一种持续的管理过程，企业还要持续不断地调整改善薪酬计划，拟定薪酬预算，就薪酬管理问题与员工进行沟通。

薪酬管理对任何一个企业来说都是一个棘手的问题，主要是因为企业经营对薪酬管理的要求越来越高，薪酬管理需要同时达到公平、有效和合法3个目标。另外，就薪酬管理本身来讲，受到很多因素的限制，除了基本的企业资金承受能力、政府法律法规外，还涉及企业不同时期的战略、内部人才定位、外部人才市场以及行业竞争者的薪酬策略等因素。

4. 薪酬管理的特征

薪酬管理比起人力资源管理中的其他工作而言，有一定的特殊性，具体表现在以下3个方面。

（1）敏感性。薪酬管理是企业人力资源管理中除人事安排之外最敏感的部分，因为薪酬牵扯到公司每一位员工的切身利益。薪酬不仅能够起到激励的作用，而且还可能有消极的作用。因为当薪酬发放不合理时，就会挫伤员工的工作积极性，薪酬管理对企业来说具有非常重要的意义。另外，薪酬是员工在公司工作能力和水平的直接体现，员工往往通过薪酬水平来衡量自己在公司中的地位。所以薪酬问题对每一位员工来说都是敏感问题。

（2）特权性。薪酬管理是企业员工参与程度最少的人力资源管理工作，它几乎是公司法定代表人的特权，这种特权性在民营企业中表现得尤为明显。在这类企业中，薪酬形式、薪酬结构、薪酬水平的高低全部由企业老板决定，人力资源部门只是按照既定的薪酬管理制度对企业员工的薪酬进行日常管理。薪酬管理之所以具有这种特征，是因为如果企业员工参与薪酬管理会增加公司的内部矛盾，影响企业的运行效率。所以，员工对于公司薪酬管理的过程几乎一无所知。

（3）特殊性。由于薪酬水平、薪酬结构不仅取决于行业水平和行业特色，而且还取决于企业自身的实力，所以不同的公司在薪酬制度方面差别很大。另外，由于薪酬本身就有很多不同的类型，如岗位工资型、技能工资型、工龄工资型、绩效工资型等。所以，不同公司之间的薪酬制度几乎没有参考性。

5. 薪酬管理的内容

不同的企业由于薪酬制度不同，薪酬管理也不尽相同。一般来说，一个企业的薪酬管理有以下内容。

（1）薪酬水平的管理。薪酬水平是指企业所有在编人员年薪的平均数，它决定了企业薪酬的外部竞争力。影响企业薪酬水平的主要因素包括：行业的薪酬水平、竞争对手的薪酬水平、企业的支付能力和薪酬制度、社会生活成本指数以及在集体谈判情况下工会的力量等。薪酬水平的管理是指对企业总的薪酬水平、不同部门岗位的薪酬水平的确定和调整，它要满足内部一致性和外部竞争性的要求，并根据员工的工作绩效、工作能力和行为态度对薪酬水平进行动态调整，包括确定管理团队、技术团队和营销团队的薪酬水平，确定稀缺人才的薪酬水平等。

（2）薪酬结构的管理。薪酬结构指企业内部不同的岗位的薪酬之间的相互关系，是由企业的纵向薪级与横向薪档组成的薪酬矩阵。薪酬结构的管理包括正确划分合理的薪级和薪档、确定合理的级差和等差、合理地确定工资带宽等，它涉及的是薪酬的内部一致性问题。企业薪酬结构实际反映了企业对于职位重要性以及职位价值的看法。薪酬结构的合理与否往往会对员工的流动率和工作积极性产生重大影响。一般来说，企业往往通过正式或非正式的岗位评价来保证薪酬结构的公平性和合理性。现代企业往往存在若干不同的员工群体，这些群体或以管理层次来划分，或以职能类型来划分。对不同类型的员工在薪酬方面区别对待，无论对企业还是对员工都是有利的。通常情况下，销售人员、研发人员、高层管理人员都可以被视为特殊员工群体。

（3）薪酬体系的管理。企业计薪可以用企业员工花在工作上的时间来计算（计时工资），或用效率来衡量（计件工资）或者二者兼有。这种由不同计薪方式组成的体系就是薪酬体系。目前国际上较通行的体系包括职位薪酬体系、技能薪酬体系以及能力薪酬体系。薪酬体系管理的主要任务是确定企业的基本薪酬以什么为基础。例如，职位薪酬体系就是指企业在确定员工的基本薪酬水平时所依据的是员工所在的岗位，技能薪酬体系和能力薪酬体系依据的是员工所掌握的技能水平以及员工所具备的能力或任职资格。一般来说，一个好的薪酬体系应该由职位薪酬体系、技能薪酬体系以及能力薪酬体系三部分组成。

解决方案

关于任务一：KPI 指标制订的注意事项有哪些？

小张经过培训和查阅资料了解到，有的企业管理者在制订 KPI 时就无比头疼，要么大事小事都要抓，要么眉毛胡子一把抓，要么结果过程一起抓，结果导致员工背负了沉重的考核负担，而且企业的业绩也偏离了预定的目标。那制订 KPI 时应该注意些什么呢？小张认真分析，结合了一些案例总结如下。

制订 KPI 时，要锁定核心。以销售部员工为例，一个业务员要做的工作很多，包括电话预约、电话销售、拜访客户、客户数据库记录、产品销售、订单跟单、回款跟进、售后服务、销售计划制订、销售数据分析等。但是其核心的工作成果应该是订单额、回款额和毛利。KPI 就应该锁定这个核心重点。虽然这些核心内容可能只占日常工作内容的 20%，却能决定一个业务员 80% 的业绩成果。再以仓库的 KPI 为例，采购到货及时率能不能作为 KPI 呢？持赞成意见的理由是，如果生产部门的相关人员到仓库领料，仓库总是缺货，就该用这个来考核仓库。这个思路好像有一定的道理。可是仔细推敲，会发现领料时缺货是仓库没有备货，但实质上采购并不是仓库的职责。仓库的核心职责有 4 个：进出记录，使账、卡、物相符；看管到位，没有货品损失；合理摆放，使仓库利用率最大化；先进先出，加速物品周转。所以从仓库的岗位职责看，采购到货及时率不是该岗位的 KPI。

制订 KPI 时应具备客户思维。简单来说，客户愿意为你的成果买单，这个成果才是有效的。这里的客户不仅仅指企业外部客户，也指企业内部客户。比如生产部门累死累活生产出来的产品，但是由于效率低下，成本偏高，售价提升，客户不愿意买单，造成产品挤压，这样生产部门是没有成果的。

制订 KPI 要少而精，这样才能突出重点，聚焦员工的眼光和精力，减轻他们的负担。假设 12 个部门，一个部门 10 个 KPI，一个月考核一次，一年就要收集 1440 个数据。这样的数据收集量和处理量对企业的数据分析能力提出了很高的要求，很有可能最终流于形式，甚至出现数据造假。

关于任务二：以结果为导向的绩效考核是什么？

通过培训，小张认识到企业对员工进行绩效考核，是企业管理重点，也是管理难点。但一起培训的一个同事却认为，绩效考核不复杂，只要想得到什么就考核什么就可以了。是这样吗？小张带着疑问，查找了相关资料，结合华为的案例进行了分析。

我国著名企业华为，实行以结果为导向的绩效考核。所谓以结果为导向，也就是无论员工努力与否，企业只看结果，结果达到或超过标准，员工就是好样的，给予奖励；如果未达标，员工就要受到惩罚。

华为的绩效考核遵循实用主义原则，任正非一直坚持用结果导向来考核员工。他曾不止一次地说过：华为对员工的评价，从来都是看最后的结果，而不是看加班加点的“苦劳”。华为曾经被人诟病的一点就是“加班文化”，有人误认为华为是在用加班来考核员工，但实际并不是这样。加班属于“苦劳”，但并不能等同于“功劳”，从古至今都是只有“论功行赏”，没有谁会“论苦行赏”。员工愿意加班只能说明该员工的工作态度比较好，这点企业要给予肯定，并在绩效考核中予以体现，但是不能和业绩考核混为一谈。华为从来不会考核加班。

但是在华为，这种以结果为导向的绩效政策是与公司的末位淘汰制是直接挂钩的。如果在年度业绩考核的时候，某个员工考核结果不达标就有可能会被华为开除。

华为的绩效考核将员工分为 ABC 三个档次，每个档次的绩效奖金差别可能在 5000 ~ 10000 元。绩效考核按照固定的比例来进行分配（强制分布），A 档次的员工占 5%，B 档次的员工占 45%，C 档次的员工也占 45%，剩下的 5% 的员工被看作最末一档，这一档的员工是将要被淘汰的那部分。而且，连续几个月都被评为 C 档或者末档的员工将面临降级或者淘汰，奖金当然要比别的员工少拿许多。

这样的考核制度会让员工聚焦于自己的工作，聚焦于自己的业绩。企业管理的透明度增加，员工可以通过绩效考核单中的详细指标，清楚地看到自己在过去的一年中，有什么是做得好的，有什么是做得不到位的、可以及时改进的。员工的优劣在绩效考核单中可以一目了然，这样，有的员工在拿到较少奖金后，也不会认为自己比别的同事吃亏，因为可以根据绩效考核单来分析出自己为什么奖金拿得少，这样可以激励自己下一次更加努力。

万物皆不完美，人生总有缺憾，企业管理制度也是一样。这种以结果为导向的绩效考核固然有很多优点，但是也会存在一些不足。结果导向会让员工关注短期业绩，而忽视了企业的长期利益，不利于企业的长期发展；而且整个企业一旦形成了这种实用主义、基于结果的企业文化，会使企业将人才视为和钱、财、物等一样的资源，只追求短期经济利益回报，而忽视了人才的长期开发培养工作。

因此，员工的绩效考核不能搞一刀切。对待不同层次、不同类型的员工应采取不同的绩效考核原则。比如对于基层员工或者销售岗位的员工，可以采取结果导向为主的绩效考核原则；而对待高层管理员工或者技术骨干，除了要对结果进行考核外，还要对工作过程进行考核。而且以结果为导向的绩效考核，在结果的选择上也应分长期结果和短期结果，这样才能够扬长避短，发挥它的最大优势。

学习指导

学习物流企业人力资源管理课程时会发现，其内容很多。第一，要掌握物流企业人力资源管理的基本内容；第二，学会进行人力资源的规划；第三，员工招聘、开发培训、绩效考核、激励和薪酬工作，都直接影响企业人力资源管理，不可忽视任何一项；第四，做人力资源管理还要学会有效的沟通。

思考题

1. 什么是物流企业人力资源管理?
2. 什么是物流企业人力资源规划?
3. 物流企业招聘的途径有哪些?
4. 物流企业绩效考核的内容包括什么?
5. 简述物流企业激励的原则。
6. 简述物流企业薪酬管理的特征。

拓展项目训练

1. 通过网络和其他途径，查找一些知名企业，对这些企业的人力资源管理进行一定的了解。

2. 通过网络或其他途径，查找一些物流企业，看看这些物流企业都做过哪些特别的人力资源管理项目。

项目七　物流企业财务管理

学习目标

一、知识目标

1. 理解物流企业财务管理的概念、目标、内容及基本方法
2. 理解物流企业筹资管理的概念、目标、要求及基本原则
3. 掌握物流企业投资管理的概念、分类、目标及原则
4. 掌握物流企业财务分析与评价的含义、要求、内容及依据
5. 掌握物流企业筹资渠道、筹资方式及筹资决策分析
6. 掌握物流企业投资决策方法
7. 掌握物流企业财务分析方法及评价指标

二、能力目标

1. 灵活运用所学知识分析案例
2. 学生初步具备进行简单的筹资、投资决策分析，进行简单的财务分析与评价的基本能力

三、素质目标

资金是企业从事生产经营的基本要素，在现代化的大生产背景下，财务管理是企业的一项重要职能，为企业的生存、发展和持续经营提供基本的资金保证。作为一个物流企业的管理人员，应该具备突出的财务管理职业素质、创新素质和财务管理思维，发挥学生的主观能动性，增强自我学习、自我管理、自我评价、自我发展的能力。

本项目包含四个模块：物流企业财务管理概述；物流企业筹资管理；物流企业投资管理；物流企业财务分析与评价。

导引案例

中远物流的财务精益化管理

作为规模和实力居市场领先地位的现代物流企业，中远物流在精益管理方面一直

在努力探索和尝试着，力争有效整合资源，控制成本，优化流程，以提高核心竞争力并最终实现利润最大化。尤其是在财务工作上，中远物流抓住重组、合资的契机，走出了一条颇具特色的精益管理之路。

中远物流经过重组改制后，在业务结构、管理体制和市场竞争环境上发生了很大变化。为实现中远物流全面、健康和可持续发展，尤其需要精益管理的长效机制，使管理工作能适应新变化，向集约化、系统化、精益化方向转变。在这个过程中，中远物流财务管理工作，紧紧围绕实现公司效益目标，建立精益化财务管理的长效机制，充分发挥财务管理在公司经营和管理链条中的运营作用，初步建成了满足第三方物流业务和其他业务发展需要、适应境内境外双重监管体系要求的会计核算体系和财务管理体系，为中远物流持续、稳健、快速发展起到了切实的保障作用。

一、加强成本管理，强化预算控制

精益管理的基本理念是利润来源于不断追求降低成本，成本是利润决定因素中企业最能直接控制的因素。中远物流财务管理工作始终重视成本管理，结合全面预算管理工作的实施，主要从以下几方面抓好成本控制工作。

第一，加强成本构成要素的分析控制。早在 2005 年公司就下发了《中远物流有限公司经济活动分析管理办法》，要求系统内部各级公司实行月度经济活动分析，并统一规定了经济活动所需分析的内容、结构，特别是要就其中成本构成要素进行明细分类，并逐项进行纵向、横向比较分析。

第二，借用外脑，对物流业的成本明细进行重新划分界定。组织财务人员参加中国交通会计协会、上海海事大学的物流成本定义课题小组。结合企业实际划分标准，采纳专家意见，对物流成本类会计科目进行了重新设定，并逐一明确定义；制定了《物流业务成本管理办法》并下发全系统统一执行。

第三，进一步强化预算的刚性控制机制。根据集团总公司关于提高预算编制质量、加强预算控制的要求，参考集团总公司制定的预算编制考核细则，在系统内建立财务预算考核指标体系，并纳入企管奖考核的范畴，强调预算编制的协同性和执行上的刚性原则。系统内各公司在预算编制和调整过程中，基本上都可以做到多部门、多环节共同参与预算的编制工作，同时在预算的执行过程中对成本费用的支出采用刚性控制的原则。

二、统一制度规范，优化流程再造

精益化管理贯彻持续改进的理念。“减少成本、彻底排除浪费”之后的流程再造工程，始终是中远物流建立精益化管理长效机制的主线。流程优化再造是一个系统工程，财务部将其分为 3 步实施。

第 1 步，规范全系统财务制度体系。财务部启动了财务制度建设的整体部署，通过制定有效的执行、监督机制，不断修改、完善、汇编各种财务管理制度，并在全系统内贯彻落实措施，提升整个系统公司的财务管理水平。修订和完善了《中远物流有限公司会计核算办法》，并制定了一系列配套制度，推出涉及资金管理、业务结算、运费管理、分部报表、净额转全额、截止性调整等方面的管理细则；另外，为细化对业务分部的管理，初步制定了第三方物流业务会计核算制度和财务管理制度。先后制定并完善了39项规章制度及具体实施细则。

第2步，规范会计核算流程体系。物流业务的快速发展对核算体系提出了更新、更高的要求，2005年针对会计核算体系推出了系统性的修订工作，为满足现代物流业务的需要，重新调整了科目设置。在全系统推广业务流程、财务流程再造工程，结合SAP（企业管理软件）的上线工作，汇集全系统的业务、商务、财务精英，优化完善了51个业务流程，使得业务分界的划分更加明确，从流程上为正确编制分部报表起到了保障作用，使各业务分部的核算做到了标准统一、科目统一，提高了系统公司各业务分部核算的准确性，同时提高了各区域公司间业务分部数据的可比性。

第3步，以SAP上线为契机，对再造的流程进行实质检验。2005年结合SAP在中远物流总部及上海区域上线的机会，将梳理后的51个业务流程和统一的会计科目在其他没有上线的区域进行了推进，为2006年在系统公司全面铺开奠定了基础，同时对财务信息披露系统的进一步建设提供了有力的保障。

三、结合TMT计划实施，持续推进精益管理

中远物流在2005年8月启动了全面强化物流业务管理的TMT计划。TMT计划的目的是实现物流业务从粗放管理向精细管理转变，从规模型发展向规模效益型发展转变，全面提升以技术、管理、人才培训为核心的整体竞争力，最终实现物流业务的全面、协调、可持续发展。中远物流财务工作通过结合TMT计划的实施，持续推进精益管理。

通过TMT计划的实施，对财务、商务及具体业务人员进行了相关财务知识培训，如ABC成本法、预算、项目收益成本核算、投资评估等内容。培养全员的全面预算观念、成本控制观念及精益化管理观念等。

配合TMT计划的实施，持续不断地加强精益化管理工作，逐步建立和完善了物流业务、商务、财务三位一体的运营控制体系，促进物流财务管理的规范化、标准化和专业化。

阅读上面的案例，请思考以下问题。

1. 中远物流的财务精益化管理体现在哪些方面？
2. 中远物流可以通过哪些途径控制成本？

模块一　物流企业财务管理概述

任务描述

小张在某职业学院经济管理系物流管理专业毕业后，通过招聘会被某物流公司选

中，招收为财务部的实习生，进行为期3个月的实习，在这期间要进行与岗位相关的培训和学习，如果实习合格则被聘为正式员工。

小张在实习的第一天到财务部报到，然后到培训部进行相关的培训。培训部的老师对小张进行了业务培训，要求小张完成下面的任务。

任务一：物流企业为什么要重视财务管理？

任务二：该物流企业财务管理存在哪些问题？

知识链接

一、物流企业财务管理的概念

物流企业财务管理是组织企业财务活动、处理企业财务关系的一项管理活动。企业的经营活动一方面表现为物资的采购、储存、加工与出售的实务流动；另一方面，在价值形态上表现为资金的流入与流出。围绕企业资金的收入和支出活动形成企业的财务活动和各种财务关系。具体来说，企业的财务活动包括企业筹资引起的财务活动、企业投资引起的财务活动、企业经营和分配引起的财务活动。在这些活动中，企业与各方发生各种各样的资金往来关系，这些关系就形成了企业的财务关系。这些财务关系主要包括企业同其所有者之间的财务关系、企业同其债权人之间的财务关系、企业同其被投资单位之间的财务关系、企业同其债务人之间的财务关系、企业同其职工和内部各单位之间的财务关系等。

总之，企业的财务管理是一项综合性的经济管理活动，它是通过多渠道筹集资金、合理地使用资金、对资金使用效果加以分析，进而提高企业的经营水平、实现企业经营目的的管理活动，是企业管理中十分重要的管理内容之一。

二、物流企业财务管理的目标

物流企业财务管理的目标取决于企业的总目标，并且受企业财务管理自身特点的限制。企业一经成立，就面临竞争。企业必须先求生存，才能求盈利，只有不断发展，才能追求进一步盈利。因此，企业的目标可以概括为生存、发展、获利3个方面。企业要实现这些目标，就要要求财务管理活动完成资金筹集并进行有效投放和回收。出资者创办一个企业，追求的目标就是增长收益，使企业的价值最大化。因此，财务管理的目标，实际上就是企业价值的最大化（也称为股东财富的最大化）。

三、物流企业财务管理的内容和基本方法

（一）物流企业财务管理的内容

物流企业财务管理就是管理企业的财务活动和财务关系。企业的财务活动包括筹

资活动、投资活动、经营引起的财务活动及利润分配活动。企业的财务关系是指企业在资金的运动过程中形成的与外界组织或内部单位及个人之间的财务关系。

财务管理的内容按照财务活动的过程可分为筹资管理活动、投资管理活动、运营资金管理活动、利润分配管理活动和财务分析与评价活动等方面。

（二）物流企业财务管理的基本方法

财务管理的基本方法有财务预测、财务决策、财务计划、财务控制和财务分析。

（1）财务预测是指根据历史资料，依据现实条件，运用特定的方法，对企业未来的财务活动和财务结果做出科学的预计和测算。

（2）财务决策是指在财务预测的基础上，对备选方案进行科学的论证，根据企业的财务目标，权衡利弊，确定最佳方案的过程。

（3）财务计划是指以财务决策确定的方案和财务预测提供的信息为基础，编制的未来一个时期生产经营所需资金来源、财务收入与支出、财务成果与分配等方面的计划。它是以货币形式反映的财务决策的具体化，是指导和控制财务活动的依据。

（4）财务控制是指在财务管理过程中，基于一定的信息，利用一定的手段，对企业的财务活动施加影响或调节，以便实现财务计划所规定的财务目标。

（5）财务分析是根据有关资料，运用特定的方法，对财务活动过程及其结果进行分析和评价的一项工作。通过财务分析，可以掌握企业财务指标的完成情况，研究企业财务活动的规律性，改善财务管理，提高管理水平，进而提高企业的经济效益。

解决方案

关于任务一：物流企业为什么要重视财务管理?

我国的物流企业目前正处于生命周期的起步期，要实现物流企业在现代经济中的功能，就必须通过一系列有效的管理工作来完成，物流企业的财务管理就是其中一种重要的管理活动。物流企业财务管理作为物流企业管理的一种手段，也凸显出了其必要性和重要性。

关于任务二：该物流企业财务管理存在哪些问题?

小张通过学习，了解本企业财务管理存在下列问题。

1. 财务管理环节的监控力度不足

目前本企业仍然没有深入、认真地管理与控制财务管理环节，导致物流企业面临着或多或少的财务管理问题，具体包括如下几方面：财务资金管理不到位、财务管理观念落后、财务管理方法单一、专业化的财务管理人员较少、企业财务管理资金的回收率较低等。

2. 财务管理的成本核算环节不标准、不健全

因为绝大多数物流企业都没有配置完善、健全、合理的成本核算环节，导致目前国内各个物流企业应用的成本核算手段、工具、方法、形式等都各不相同，使得各物流企业的成本信息缺乏一定的可比性，在一定程度上降低了当代物流企业的服务质量与服务效率。不仅会在根本上限制国内物流企业的可持续发展，还会弱化物流业发展政策的影响作用。

模块二　物流企业筹资管理

任务描述

通过培训，小张对财务管理有了更为深入的了解，培训部给小张培训了物流企业筹资管理的相关知识，并要求小张完成另一项任务。

2015 年 3 月，全国上百个仓库为电商商家提供分仓备货，同时推出顺丰仓储融资服务。优质电商商家如果提前备货至顺丰仓库，不仅可以实现就近发货，还可凭入库的货品拿到贷款。庞大的物流配送网络，密集的仓储服务网点，再加上新兴的金融贷款业务，形成了完整的物流服务闭环。这一模式极大地提高了客户的服务满意度和客户黏性。

在客户信用评级的基础上，将顺丰仓库中的商品作为抵押，从而获得质押贷款，解决客户商品采购等临时性资金需求，让客户在使用顺丰分仓备货服务的同时还可灵活地调整信贷额度，以解资金短缺之急，并能灵活地随借随还，最大限度降低客户资金使用成本。根据企业的资质和抵押的货品情况，顺丰给予的贷款额度为 100 万～3000 万元。

顺丰仓储质押业务可以实现动态质押，仓储数据实时在线更新，从而使得在仓储质押业务方面能够实现动态变更授信额度的功能，为仓单质押过程提供了非常精确的数据。

任务：试对顺丰金融信贷产品中的仓储融资进行分析。

知识链接

一、物流企业筹资管理概述

1. 物流企业筹资的概念

物流企业筹资是指物流企业根据其生产经营、对外投资及调整资本结构等需要，通过一定的渠道和资金市场，采取适当的方式，经济有效地筹措所需资金的过程。

2. 物流企业筹资的要求

物流企业筹资的基本目的是保证自身的生存、盈利与发展。企业的具体筹资活动一般是受特定的动机所驱使。企业筹资的动机多种多样，有单一动机，也有复合性动机。归纳起来，企业筹资的动机主要有设立性筹资动机、扩张性筹资动机、偿债性筹资动机、解困性筹资动机和混合性筹资动机。

物流企业筹资总的要求是要分析评价影响筹资的各种因素，讲究筹资的综合效果，主要包括确定资金需要量、控制资金投放时间、选择资金来源渠道、确定资金合理结构等。

3. 物流企业筹资管理的目标

物流企业筹资管理的目标，是在满足生产经营需要的情况下，不断降低资金成本和财务风险。现代物流企业，为了保证服务活动的正常进行，或由于扩大经营服务范围、拓展物流功能的需要，必须具有一定数量的资金。物流企业的资金可以通过多种渠道、多种方式来筹集，而不同来源的资金，其可使用时间的长短、附加条款限制和资金成本的多少都不相同。这就要求物流企业在筹资时不仅要从数量上满足物流活动的需要，而且要考虑到各种筹资方式给企业带来的资金成本的高低、财务风险的大小，以便选择最佳的筹资方式，实现资本运营的整体目标。

4. 物流企业筹资管理的原则

企业筹资是一项重要而复杂的工作，为了有效地筹集企业所需资金，必须遵循以下基本原则。

1）规模适当原则

物流企业不同时期的资金需求量并不是一个不变的常数，财务人员要认真分析企业物流经营活动及经营状况，采用一定的方法，预测资金的需要数量，合理确定筹资规模。

2）筹措及时原则

物流企业财务人员在筹集资金时必须熟知资金时间价值的原理和计算方法，以便根据资金需求的具体情况，合理安排资金的筹集时间，适时获取所需资金。

3）来源合理原则

资金的来源渠道和资金市场为物流企业提供了资金的源泉和筹资场所，它反映资金的分布状况和供求关系，决定着筹资的难易程度。不同来源的资金，对物流企业的收益和成本有不同影响。因此，物流企业应认真研究资金来源渠道和资金市场，合理选择资金来源。

4）方式经济原则

在确定筹资数量，筹资时间，资金来源的基础上，物流企业在筹资时还必须认真研究各种筹资方式。物流企业筹集资金必然要付出一定的代价，不同筹资方式条件下的资金成本有高有低。为此，就需要对各种筹资方式进行分析、对比，选择经济、可行的筹资方式，确定合理的资金结构，以便降低成本，减少风险。

二、物流企业筹资管理中的几个基本概念

1. 权益资本

权益资本又称自有资本，是企业依法拥有、自主调配使用的资金，包括资本公积金、盈余公积金、实收资本和未分配利润等。权益资本主要通过吸取直接投资和发行股票等方式筹集，其所有权归投资者。

2. 负债资本

负债资本又称借入资金或债务资金，是权益人依法筹集、按期偿还的资金。它包括银行及其他金融机构的各种借款、应付债券、应付票据等。负债资本主要通过银行贷款、发行债券、商业信用、融资合作等方式筹集。它体现了权益人与债权人之间的债权债务关系。

3. 资金时间价值

资金时间价值，是指资金在运行中随着时间的推移而发生的增值。即一定数量的资金在不同的时间上具有不同的价值，其实质是资金周转使用后的增值额。它取决于资金数量的大小、占用时间的长短和收益率的高低等因素。一定量的资金，其周转使用时间越长，增值额越大。

从形式上讲，资金时间价值是在资金所有权与使用权分离后，所有者向使用者索取的一种报酬；从来源上讲，资金时间价值是社会资金使用效益的一种体现。因此，企业的利润是资金时间价值在社会范围内的再分配。

4. 资金成本

资金成本是指资金使用者为筹措和占用资金支付的各种费用。

物流企业无论以何种方式从资本所有者那里筹到资本并拥有一定期限（或是永久）的使用权，都必须或多或少地承受使用代价。资金成本主要由筹集费用和占用费用两部分组成。从性质上看，资金成本主要包括资金时间价值和投资者的风险报酬，一定程度上受金融市场货币供求关系等因素的影响。

三、物流企业的筹资渠道

筹资渠道是指企业筹集资金的来源方向与通道。物流企业的筹资渠道一般有以下7种。

1. 国家财政资金

国家财政资金是指国家对企业的投资，它是国有企业资金的主要来源，特别是国有独资企业，其资本全部由国家投资形成。

2. 银行信贷资金

银行信贷资金是指银行对企业的贷款，它是企业重要的资金来源。商业性银行是

以盈利为目的从事信贷资金的投放的，其贷款方式同样多种多样；政策性银行是直属于国务院的政策性金融机构，按照国家宏观调控的导向为企业提供政策性贷款。

3. 非银行金融机构资金

非银行金融机构是指这些机构不但从事信贷投放，而且提供物资融通、证券承销等其他业务，提供资金比较灵活方便。

4. 国内其他企业资金

其他企业资金主要是指企业之间相互购买股票、债券以及通过赊购等形式产生资金流入的商业信用行为，这种信用行为既有长期稳定的联合，也有短期的融通。

5. 民间资金

民间资金是指社会上单位职工和城乡居民个人，利用闲置的资金对企业投资而形成的资金来源。有内部职工集资、入股，也有公开发行股票、债券等。

6. 企业内部形成的资金

企业内部形成的资金是指以资本公积金、盈余公积金和企业未分配利润等形式留在企业内部的资金，是所有者对企业追加投资的一种方式。

7. 外商资金

外商资金是指外国投资者以及我国港、澳、台地区投资者投入的资金。随着中国加入 WTO（世界贸易组织）及经济发展的全球一体化，引入外商资金为物流企业开辟了一条广阔的筹资新渠道。

四、物流企业的筹资方式

筹资渠道是指从哪里取得资金，而筹资方式则是如何取得资金，即企业筹资所采用的具体形式，两者紧密联系。筹资方式不单纯是一个方法问题，除受到国家财政体制和金融体制的制约外，还受到企业筹资的外部环境和内部环境等多种因素的影响。物流企业应针对客观存在的筹资渠道，选择合理的筹资方式。目前，常用的筹资方式主要有以下几种。

1. 吸引直接投资

直接投资是指物流企业在物流活动过程中，投资者或发起人直接投入企业的资金，这部分资金一经投入，便构成企业的资本金。吸引直接投资则是企业以协议形式吸引国家、其他企业、个人和外商等主体直接向物流企业投入资金，这种筹资方式是非股份制企业筹集权益资本的重要方式。通过吸引直接投资进行筹资，企业可以获得长期使用的股权资本，提高企业的资信和借款能力，有利于获取先进设备和先进技术，尽快形成生产能力。吸引直接投资的筹资方式风险比较低，但是筹资成本通常比较高。

2. 发行债券

发行债券是指企业按照法定程序发行，约定在一定期限内还本付息的债权凭证，它代表债券持有者与企业的一种债务关系。发行债券是企业筹集债权资本的重要方式。

《中华人民共和国公司法》规定，我国的股份有限公司和有限责任公司发行的债券称为公司债券。企业发行债券一般不涉及企业资产所有权、经营权，企业债权人对企业的资产和所有权没有控制权。企业债券的基本特征如下。

（1）期限性。各种公众债券在发行时都要明确规定归还的期限和条件。

（2）偿还性。企业债券到期必须还本付息。不同的公司债券有不同的偿还级别，如果公司破产清算，则按优先级别先后偿还。

（3）风险性。企业经营总有风险，如果公司经营不稳定，风险较大，其债券的可靠性就较低，受损失的可能性也较大。

（4）利息率。发行债券要事先规定好利息率，通常债券的利息率固定，与企业经营效果无关，无论经营如何都要按时、按固定利息率向债权人支付利息。

同时，公司发行债券应具备法律规定的发行资格和条件。债券筹资的优点是筹资成本较低，利息支出可以在所得税前扣除，可以保证普通股股东对公司的控制权等；缺点是财务风险较高，限制条件多，筹资数量有限。

3. 发行股票

股票筹资是股份制企业利用资本市场，通过发行股票筹集自有资本的方式。我国的有关法律规定，股份有限公司发行股票必须具备一定的发行资格，并严格按照一定的程序进行。和债券筹资相比，股票筹资不需要支付利息，便可取得长期使用的资本，财务风险较小，但是股票筹资的成本相对较高，支付的股利不能在所得税之前扣除，另外，大量发行股票可能会分散公司的控制权。股票按照股东享有的权利和义务的不同分为优先股和普通股。

（1）优先股：是企业为筹集资金而发行的一种混合型证券，兼有股票和债券的双重属性，在企业盈利和剩余财产分配上享有优先权。

优先股具有如下特点。

①优先股的股息率是事先约定的，而且是固定的，不随企业经营状况的变化而波动，并且公司对优先股的付息在普通股付息之前。

②当公司破产清算时，优先股的索取权位于债券持有者之后和普通股持有者之前。

③优先股持有者不能参与公司的经营管理，当公司经营景气时，不能像普通股那样获取高额利润。

④与普通股一样列入权益资本，股息用税后净值发放，不享受免税优惠。

⑤优先股发行费率和资金成本一般比普通股低。

（2）普通股：是享有普通权利、承担普通义务的股份，是公司股份最基本的形式。普通股的股东对公司的管理、收益享有平等权利，根据公司经营效益分红，风险较大。普通股是在公司的经营管理和盈利及财产的分配上享有普通权利的股份，代表满足所有债权偿付要求及优先股东的收益权与求偿权要求后对企业盈利和剩余财产的索取权。它构成公司资本的基础，是股票的一种基本形式，也是发行量最大、最为重要的股票。

目前在上海证券交易所和深圳证券交易所中交易的股票，都是普通股。

普通股的基本特征如下。

①风险性。股票一经购买就不能退还本金，而且购买者能否获得预期收益，完全取决于公司的经营状况。

②流动性。尽管股票持有者不能退股，但可以将其转让或作为抵押品。正是股票的流动性，促使了社会资金的有效配置和高效利用。

③决策性。普通股票的持有者有权参加股东大会，参与公司的经营管理决策。

④不一致性指的是股票交易价格和股票面值的不一致性。这种不一致性，给企业带来巨大压力，迫使其提高经济效益；同时，也产生了社会公众的资本选择行为。

4. 银行贷款

银行贷款筹资是指企业通过向银行借款的方式筹集所需要的资金。贷款利率的大小随贷款的对象、用途、期限的不同而不同，并且随着金融市场借贷资本供求关系的变动而变动。企业向银行贷款必须提出申请，并提供详尽的可行性研究报告及财务报表，银行审查后决定是否予以贷款。经银行审查批准后，企业和银行签订借款合同，明确双方的权利、责任和义务。和其他筹资方式相比，银行贷款筹资速度快、成本低，比较灵活，但是风险较高，限制条件较多，筹资数量受到严格的限制。

5. 租赁

租赁是一种以一定费用借贷实物的经济行为，即企业依照契约规定通过向资产所有者定期支付一定量的费用，从而长期获得某项资产使用权的行为。现代租赁按其形态主要分为融资性租赁和经营性租赁两大类。

融资性租赁，是指承租方通过签订租赁合同获得资产的使用权，然后在资产的经济寿命周期内按期支付租金。融资性租赁是一个典型的企业资金来源，属于完全转让租赁。

经营性租赁是不完全转让租赁，它的租赁期较短，出租方负责资产的保养与维修，费用按合同规定的支付方式由承租方负担。由于出租资产本身的经济寿命大于租赁合同的持续时间，因此出租方在一次租赁期内获得的租金收入不能完全补偿购买该资产的投资。

6. 商业信用

商业信用是指企业之间的赊销赊购行为。它是企业在资金紧张的情况下，为保证生产经营活动的连续进行，采取延期支付购货款和预收销货款而获得短期资金的一种方式。采用这种方式，企业必须具有良好的商业信誉，同时，国家也应该加强引导和管理，避免引发企业间的三角债务。

7. 投资基金

投资基金分为证券基金、产业基金和风险基金三大类，是由专门的投资机构打理，吸引众多投资者的资金。风险基金专门投资高成长型的项目，如网络项目，与项目创始公司合股成中小型企业，培育一段时间后争取在创业板股票市场上市。

8. 无形资产

无形资产融资是以专利、网络域名、商标、经营网络、知识产权等无形资产作为融资手段，采用转让、合作或合资的方式获得资金的筹资方式。

企业筹资过程中，究竟通过哪种渠道、采用哪种方式进行筹资必须根据企业自身条件来确定。

五、物流企业筹资决策分析

物流企业筹资决策分析是指物流企业在衡量财务风险的基础上对各种筹资方式的资金代价进行比较分析，使物流企业资金达到最优结构的过程。其核心是在多渠道、多种筹资方式的条件下，力求筹集到资金成本最低的资金。

1. 资金成本分析

资金成本是物流企业为筹措和使用一定量的资金而支付的各种费用，包括筹资费用和使用费用。资金成本是企业选择资金来源、拟订筹资方案、进行筹资决策的主要依据。资金成本还是评价投资项目、比较投资方案的主要经济指标。资金成本可以用绝对数表示，也可以用相对数表示，为了便于比较，通常用资金成本率来衡量资金成本的大小。其计算公式为：

$$资金成本率 = 使用费用 \div （筹资总额 - 筹资） \times 100\%$$

2. 资本结构优化分析

资本结构是指企业长期资金来源的结构，即企业长期资金来源中的资本与负债的比重。资本结构是物流企业筹资决策的核心问题。物流企业在筹资决策过程中，应确定最佳资本结构，并在以后追加筹资中继续保持最优资本结构。最优资本结构就是在一定的财务风险下，使得预期的综合资金成本率最低、企业价值最大的资本结构。

确定最优资本结构常用的方法有资金成本比较法、每股利润分析法和公司价值比较法。常用的决策指标主要有以下几个。

1）资产负债率

资产负债率是资产负债总额与资产总额的比率。资产负债率反映在总资产中通过借债筹集的资产的比例，也可以衡量企业在清算时保护债权人利益的程度。其计算公式为：

$$资产负债率 = 资产负债总额 \div 资产总额 \times 100\%$$

资产负债率越大，说明公司扩张经营的能力越强，股东权益的运用越充分，但债务太多会影响债务的偿还能力。

2）股东权益比率

股东权益比率是股东权益总额与资产总额的比率。其计算公式为：

$$股东权益比率 = 股东权益总额 \div 资产总额 \times 100\%$$

股东权益比率反映所有者提供的资本在总资产中的比重，股东权益比率越大，说明企业基本财务结构越稳定。

3. 财务风险

财务风险是企业筹资决策中常用的一个概念。财务风险是指由企业筹资决策所带来的风险，它有两层含义：一是指企业普通股东收益的可变性；二是指企业因财务杠杆而造成的财务困难的可能性，即由于利用财务杠杆，给企业带来的破产风险或普通股收益发生大幅度变动的风险。财务杠杆的基本原理是在长期资金总额不变的条件下，企业从营业利润中支付的债务成本是固定的，当营业利润增多或减少时，每一元营业利润所负担的债务成本就会相应地减少或增大，从而给每股普通股带来额外的收益或损失。

在筹资决策分析中，科学衡量财务风险是物流企业实现预期筹资与投资效益的保证。常用的财务风险分析方法有期望值分析法、标准离差分析法等。

解决方案

关于任务：试对顺丰金融信贷产品中的仓储融资进行分析。

通过学习，小张掌握了物流企业筹资的渠道和方式，在此基础上小张在网上搜索顺丰的相关资料，分析如下。

首先，这些年来，顺丰一直在谋求打造一个物流服务领域的完美闭环，随着互联网发展得越来越快，并迅速渗透至物流和金融领域，把三者合一是顺丰的必然选择，仓储融资的诞生，正好填补了顺丰在物流金融领域的空白。

从 2014 年 10 月开始，顺丰金融服务事业群的仓储融资产品开始内部测试，2015 年 1 月正式设计完成，3 月上线推出，与分仓备货一起与大众见面。目前，越来越多的电商企业正逐渐往轻资产的方向和模式转变，部分电商因为依靠互联网销售，没有银行认可的固定资产，所以很难从银行获得贷款，时常会陷入资金困境。而如果有货物在顺丰的仓库中做质押，这类企业就能成功从顺丰贷款；作为提供款项的一方，顺丰也可以相对更易控制资金的风险。这是顺丰金融和银行等金融机构不同的地方，同时也是更灵活的地方。

其次，作为质押贷款的一个分类产品，顺丰的仓储融资还表现出了它更贴合行业特点的一面。传统的质押贷款是相对静态的，顺丰的产品是动态灵活的。在客户使用仓储融资产品期间，顺丰借助互联网，通过仓储 WMIS（工作管理信息系统）监测客户每天的货流量和货值，进行动态记录，根据监测到的数据给客户提供变量的、流动性的融资。例如国内某大型电商企业以前把货物交给银行做仓单质押，货物储存在银行指定的仓库中，该电商定期提货，再根据提货时间定期还款，需要一个周期。如果该电商的货物流动性高，每天都有货物进出，那么原来的管理方式就比较麻烦，成本也很高。现在顺丰利用系统监控商家的货物流通情况，随时对其授信敞口进行调整，比较灵活，这是其他仓储和金融机构不会去做的。对客户来说，若在银行等机构贷款，需要层层审批、调查，而顺丰能为他们提供相对更加高效便捷的融资；对顺丰来说，目前有很大一部分客户是电商，如果把仓储和金融的信息打通了，做到利用数据调整精准的额度，那么顺丰给客户的授信也就有底气了。

另外，相对于银行，顺丰的仓储融资服务还可以选择不同的贷款模式，为轻资产的电商客户带来了更大的优惠。①先款后货：顺丰先放款，客户再进行采购，将采购的产品存到顺丰的仓库内，通过销售回款来偿还贷款；②先货后款：客户先把货物存放在顺丰的仓库，然后顺丰再提供贷款，客户利用销售回款偿还贷款。不仅如此，顺丰的客户还可以随借随还，体验也比较好。仓储融资产品运行之后，从市场来讲，轻资产的企业会越来越多，顺丰的产品也会越来越全面，客户将得到更高效便捷的服务。

模块三 物流企业投资管理

任务描述

通过培训，小张对财务管理有了深入的了解后，培训部给小张培训了物流企业投资管理的相关知识，并要求小张完成另一项任务。

2019 年 3 月 11 日，申通快递发布公告表示，阿里巴巴将投资 46.6 亿元，入股申通快递控股股东公司。本次交易完成后，申通快递将与阿里巴巴在物流科技、快递末端、新零售物流等领域进一步探索合作。

任务：试对阿里巴巴投资案例进行分析。

知识链接

一、物流企业投资概述

（一）物流企业投资管理的概念

企业投资是指企业将资金投入生产经营过程，期望从中取得收益的一种行为。投资是物流企业资本运营的重要内容之一，是企业生存和发展不可缺少的经济活动。在市场经济条件下，企业作为独立的经济主体，为追求利润的最大化和企业价值的增长，总是通过投资行为来不断地扩大经营规模和经营范围，不断地寻求新的收入和利润来源，并通过投资来分散经营风险。所以，投资活动在企业的经营活动中占据重要地位。投资管理着重研究企业资金的投向、规模和不同投资项目的组合，以及如何避开和消除风险，获得预期收益。

物流企业财务管理是指物流企业为达到既定目标，对筹集资金和运用资金的活动进行计划、组织协调与控制。投资管理是企业财务管理的重要工作之一。

（二）物流企业投资的分类

根据不同的分类标准，物流企业投资可以分为以下几种类型。

1. 按投资期限的长短不同，可分为长期投资和短期投资

短期投资又称流动资产投资，是指能够在 1 年或者少于 1 年的一个营业周期里回收的投资，主要是指对现金、应收账款、存货、短期有价证券等的投资。长期投资是指在 1 年以上的营业周期才能收回的投资，主要包括对厂房、机器、设备等固定资产的投资，也包括对无形资产和长期有价证券的投资。

2. 根据投资的方向不同，可分为对内投资和对外投资

对内投资是指将资金投放在企业内部，购置各种生产经营用的资产。对外投资是指企业将资金以现金、实物、无形资产等形式或是以购买股票、债券等有价证券的方式对其他单位进行投资。

3. 根据投资与生产经营的关系不同，可分为直接投资和间接投资

直接投资是把资金投放于生产经营性资产，以便获取利润的投资，在一般工业企业里，直接投资占很大的比重。间接投资又称有价证券投资，是把资金投放于证券等金融资产，以便取得股利和利息收入的投资。

（三）物流企业投资管理的目标

物流企业投资的根本目的是谋取利润，提高企业的价值。物流企业投资管理的目标就是要认真进行投资项目的可行性研究，力求提高投资报酬，降低投资风险。

（四）物流企业投资应遵循的原则

1. 正确处理企业微观环境与宏观环境之间的关系

企业的生存和发展离不开客观的经济环境，企业只有认真分析投资环境，才能保证投资决策的正确有效性。随着物流需求的增加及人们对物流认识的深化，传统物流企业正在努力改变原有单一的物流服务功能，积极扩大经营范围，使物流服务功能向多功能的现代物流方向发展，大有一股“投资物流热”的势头。但是，我们必须清醒地认识到，我国现代物流的发展尚处于起步阶段，物流基础设施还不够完善，物流技术设备还比较落后，有关物流发展的政策法律体系尚未健全，这些因素势必增加物流企业投资环境的复杂性和不确定性，从而增加物流企业的投资风险。

在物流企业投资决策方面，如何防止盲目投入，规避低水平重复建设，预防“物流投资热”变成泡沫，是每一个物流企业必须认真研究的重要课题。

2. 正确处理投资需求与资金供应的关系

目前，我国物流企业正处于高速发展阶段，投资市场旺盛，投资项目众多，每个物流企业都在努力提高自身的竞争能力，扩大经营规模，增加物流企业的广度和深度，以提高企业的经济效益。但是，对于一个企业来说，用于投资的资金来源总是有限的，这就要求企业在众多的投资项目中根据经济环境及企业自身条件做出合理的选择，即根据经济效益和适度规模原则，做好物流市场需求调查和预测，科学选择物流发展的目标和定位。

3. 正确处理内部投资和外部投资的关系

企业内部投资和外部投资的范围不同，投资目的也有较大差异。正确处理两者的关系对物流企业的稳定与发展以及投资效益的提高都具有重要意义。

从总体上看，物流企业外部投资与内部投资的根本目标是一致的，但就具体目标而言，又有一定差异。因此，企业在投资决策时，对投资的集中化和多元化战略要慎重考虑，必须认真协调内部投资和外部投资的关系。

二、物流企业投资决策分析的一般方法

（一）投资决策应考虑的主要因素

1. 资金的时间价值

资金的时间价值是指一定数量的货币在不同的时间点上所具有的不同的价值，取决于资金的数量、占用时间的长短和收益率。

2. 投资的风险价值

投资的风险价值是指承担风险进行的投资所取得的报酬。一般而言，风险越大，投资的报酬率就越高。

3. 现金流量

现金流量是指与某一投资方案相联系的、在未来所发生的现金流入和流出的数量。通过现金流量可以知道未来与投资有关的每笔现金的进出时机和时点。现金流量也是投资决策的关键因素。

4. 资金成本

资金成本是指资金使用者为筹措和占用资金支付的各种费用和各种形式的使用费用。

物流企业无论用何种方式从资本所有者那里筹到资本并拥有一定期限（或是永久）的使用权，都必须或多或少地承担使用代价。资金成本主要由筹集费用和占用费用两部分组成。从性质上看，资金成本主要包括资金时间价值和投资者的风险报酬，一定程度上受金融市场货币供求关系等因素的影响。

（二）投资决策分析的一般方法

1. 非贴现的投资决策分析方法

（1）投资回收期法。投资回收期是指收回全部投资所需要的时间，时间越短，则投资方案的风险越小，反之越大。每年的投资现金净流量相同时，投资回收期的计算公式为：

投资回收期＝原始投资额÷年现金净流量

每年的投资现金净流量不同时，其回收期应按累计现金净流量计算，即累计现金净流量达到原始投资所需要的时间就是回收期。

（2）投资收益率法。只有当投资项目的投资收益率高于预期的投资收益率时，投资方案才有价值。投资收益率的计算公式为：

投资收益率＝年现金净收益÷投资总额×100%

2. 贴现分析评价法

（1）净现值法。净现值是指投资方案未来各年现金流入量按一定的贴现率折算成的现值与投资额现值的差额。净现值大于零，方案可行。净现值的计算公式为：

净现值＝未来报酬总现值－初始投资额

该方法中使用的贴现率是投资者所要求的最低投资报酬率。可以使用以资金时间价值计算的无风险最低报酬率，也可以是投资者设定的希望获得的预期报酬率。

（2）现值指数法。现值指数是投资方案未来现金流入总金额的现值同现金流出现值的比值。其计算公式为：

现值指数＝未来报酬总现值÷初始投资额

当现值指数大于1时，方案可行，且指数越大，方案越优。

（3）内含报酬率法。内含报酬率也称内部收益率（IRR），是指能够使未来现金流入现值等于未来现金流出现值的贴现率，或者说是使投资方案净现值为零的贴现率，是指对项目每年的现金净流量进行贴现，使未来的现金流入量正好等于投资额现值。内含报酬率法是根据方案本身内含报酬率来评价方案优劣的一种方法。内含报酬率大于资金成本率，方案才具有财务可行性。

三、物流企业其他投资管理

（一）货币资金投资管理

货币资金是以货币形态存在的可以随时动用的款项，具体包括库存现金、银行存款和其他货币资金（主要包括外埠存款、信用证存款、银行汇票存款、银行本票存款、在途货币资金等）。

货币资金是企业流动性最强、控制风险最高的资产，是企业生存与发展的基础。因此，必须加强对企业货币资金的管理和控制，建立健全货币资金内部控制机制，确保经营管理活动合法而有效。货币资金内部控制机制的目标之一就是实现货币资金的效益性，即合理调度货币资金，使其发挥最大的效益。货币资金持有过多会降低企业的盈利能力，持有过少又会使企业资金周转困难，给企业带来财务风险，因此，物流企业必须确定货币资金的最佳持有量。确定货币资金最佳持有量的方法有很多，其中较常用的是利用存货经济批量模型，求货币总成本最低时的货币资金持有量。

（二）应收账款投资管理

应收账款是指企业因赊销产品或劳务而形成的应收款项，是企业流动资产的一个重要项目。应收账款产生的根源在于赊销的销售方式。赊销行为其实是企业向客户提供的一种商业信用贷款，通过延期偿付达到刺激销售、增加盈利的目的。赊销是一种投资，投资管理要达到的目的就是使"利"最大化（最大限度地增加企业利润），使"弊"最小化（使呆账损失最小，使产品转化为现金的时间最短）。为此，要分析比较应收账款的成本与收益。

应收账款的成本包括资金占用成本、管理成本和坏账成本，其收益是采取赊销方式增加销售额所带来的利润的增加。物流企业为控制应收账款的投资风险和收益，要从以下几个方面入手。

（1）根据自身的风险承受能力，确定企业的信用策略（信用标准和信用条件）。

（2）从个人品质、付款能力、财务状况、外部环境等几个方面衡量客户的信用。

（3）应用应收账款投资总额动态控制法、应收账款平均收账期控制法和账龄分析法进行信用动态管理。

（4）通过比较坏账损失和收账费用确定合理的收账政策。

解决方案

关于任务：试对阿里巴巴投资案例进行分析。

通过学习，小张掌握了物流企业投资的相关知识，在此基础上，小张在网上搜索阿里巴巴的相关资料，分析如下。

2013 年 5 月 28 日，阿里、顺丰、"三通一达"（申通、圆通、中通、韵达）等共同组建"菜鸟网络科技有限公司"（以下简称"菜鸟"）。该公司股权结构中，天猫投资 21.5 亿元，占股 43%；顺丰、申通、圆通、中通、韵达各出资 5000 万元，各占股 1%。

2017 年 9 月 26 日，阿里巴巴宣布，为进一步推进新零售战略，将增持旗下菜鸟的股份，并在已投入数百亿元的基础上，未来五年将继续投入 1000 亿元。

按照协议，此次阿里巴巴将投资菜鸟 53 亿元人民币。增资后，阿里巴巴持有的菜鸟股权将从原来的47%增加到51%，并新增一个董事席位，从而占董事会7个席位中的4席。

2018年7月，菜鸟再次布局同城配送领域，宣布以众包业务和其他业务资源及2.9亿美元战略投资即时物流平台“点我达”，成为其控股股东。

2019年11月8日，阿里巴巴宣布，阿里巴巴通过增资和购买老股的方式，投入人民币233亿元（约合33亿美元），持有菜鸟股权从约51%增加到约63%。菜鸟其他时任股东也参与了新一轮融资。

事实上，在菜鸟之前，阿里巴巴已经在电商物流上有多种方式的尝试，比如，在2010年年初入股星晨急便等快递企业；2011年年初，其又正式推出“物流宝”，通过接入第三方快递、仓储的信息，为卖家提供入库、发货、上门揽件等方面的信息调配服务。

在阿里巴巴集团内部，定位于数据化分析、追踪的物流宝的代号是“天网”，而涉足实体仓储投资的菜鸟是“地网”。

2013年5月28日，马云在深圳再次强调：阿里巴巴集团永远不做快递，菜鸟的“智能骨干网”建起来后，不会抢快递公司的生意，“因为我们没有这个能力，中国有很多快递公司做快递做得比我们好，但这张网可能会影响所有快递公司今天的商业模式”。

阿里巴巴真正的专长是互联网，就是把大量在互联网之前原本各自独立的信息连通起来，在这个过程中那些敢于否定自己以前功绩的人，会比阿里巴巴更早找到商机。

不难看出，阿里巴巴不断增加投资，意在对菜鸟网络科技有限公司，尤其是“三通一达”快递的控制，增加其黏性。

模块四　物流企业财务分析与评价

任务描述

通过培训，小张对财务管理有了深入的了解后，培训部给小张培训了物流企业财务分析与评价的相关知识，并要求小张完成下面任务。

任务：试对物流企业财务情况进行分析。

知识链接

一、财务分析与评价概述

（一）财务分析与评价的含义

财务分析与评价是指以企业财务报告及其他相关资料为主要依据，运用科学的方法，通过对企业物流活动的财务报表和管理会计报告所提供的数据信息进行加工处理和比较，以分析企业过去的财务状况和经营成果以及未来前景，从而为企业及各有关方面进行经济决策、提高资产管理水平提供重要依据。

（二）财务分析与评价的要求

财务分析与评价需要做到以下几点要求。

（1）分析与评价的内容应满足多元分析主体的需要。财务分析与评价的主体是指财务分析与评价工作为之服务的对象，包括企业经营者、投资者和债权人等。

（2）财务分析与评价应以公认的会计准则和有关规章制度为依据。

（3）及时提供财务分析与评价结果。

（4）注意各种指标的综合运用。如定量分析与定性分析相结合、趋势分析与比率分析相结合、横向分析与纵向分析相结合、静态分析与动态分析相结合，以便取长补短，发挥财务分析与评价的总体功能效应。

（三）财务分析与评价的内容

财务分析与评价信息的需求者主要包括企业所有者、企业债权人、企业经营决策者和政府等。不同主体出于不同的利益考虑，对财务分析与评价信息有着各自不同的要求。

（1）作为企业所有者的投资人或股东，必然高度关心其资本的保值和增值状况，也就是投资回报率。一般股东关心企业的股息、红利的提高；具有控制权的股东则更侧重于企业如何增强竞争能力，扩大市场占有率，降低财务风险，追求长期、稳定的利润增长，因此较为重视企业获利能力指标。

（2）作为企业债权人，因不能参与企业剩余收益的分配，首先关注的是其债权的安全性，考虑更多的是企业是否有足够的还款能力，以保证及时、足额地支付到期债务，因此更重视企业偿债能力指标。

（3）作为企业经营决策者，为了满足不同利益主体的需要，必须对企业经营理财的各个方面，包括运营能力、偿债能力、获利能力及发展能力的全部信息有详尽的了解和掌握，以便及时发现问题，采取对策，调整目标和定位，使经济利益得到稳步增长。

（4）政府兼具多重身份，既是宏观经济管理者，又是国有企业的所有者和重要的市场参与者。因此，政府对企业财务分析的关注点也与一般企业不同。政府既要在谋求资本保全的前提下，期望带来稳定的财政收入；又要同时借助对企业的财务分析，有效地组织和调整社会资源的配置，进而实现经济效益和社会效益的协调增长。

综上所述，财务分析与评价的基本内容包括偿债能力分析、运营能力分析、获利能力分析和发展能力分析 4 个方面，四者是相辅相成的关系。

（四）物流企业财务分析与评价的依据

1. 资产负债表

资产负债表是以“资产 = 负债 + 所有者权益”为依据编制的，按照一定的分类标准和次序反映现代物流企业在某一时点上资产、负债及所有者权益的基本状况的会计报表。资产负债表可以提供企业的资产结构、资产流动性、资金来源状况、负债水平及负债结构等信息，分析者可据以了解企业拥有的资产总额及其构成状况，考察企业资产结构的优劣和负债经营的合理程度，评估企业清偿债务的能力和筹资能力，预测企业未来的财务状况和财务安全度，从而为债权人、投资人及企业管理者提供决策依据。

2. 利润表

利润表是以“利润 = 收入 - 费用”为依据编制的，反映物流企业在一定经营周期内物流活动经营成果的财务报表。通过利润表可以考核现代物流企业利润计划完成情况，分析企业实际的盈利水平及利润增减变化原因，预测利润的发展趋势，为投资者及企业管理者等在各方面提供决策依据。利润表也是计算投资利润率和投资利税率的基础和依据。

3. 现金流量表

物流企业的现金流量表是以“现金净流量 = 现金流入量 - 现金流出量”为依据编制的，通过现金和现金等价物的流入、流出情况，反映企业在一定期间内的经营活动、投资活动和筹资活动的动态情况的财务报表。它是计算现代物流企业内含报酬率、财务净现值和投资回收期等反映投资项目盈利能力指标的基础。根据计算的基础不同，现金流量表可分为全部投资财务现金流量表和自有资金财务现金流量表。

二、财务分析的基本方法

（一）趋势分析法

趋势分析法又称水平分析法，是通过比较两期或连续数期财务报告中的相同指标，确定其增减变动的方向、数额和幅度，来说明企业财务状况或经营成果的变动趋势的一种方法。

趋势分析法的具体运用主要有重要财务指标的比较、会计报表的比较和会计报表项目构成的比较 3 种方式。

1. 重要财务指标的比较

这种方法是将不同时期财务报告中的相同指标或比率进行比较，直接观察其增减变动情况及变动幅度，考察其发展趋势，预测其发展前景。不同时期财务指标的比较主要有以下两种方法。

（1）定基动态比率。定基动态比率是以某一时期的数额为固定基期数额计算出来的动态比率。其计算公式为：

定基动态比率 = 分析期数额 ÷ 固定基期数额 × 100%

（2）环比动态比率。环比动态比率是以每一分析期的前期数额为基期数额计算出来的动态比率。其计算公式为：

环比动态比率 = 分析期数额 ÷ 前期数额 × 100%

2. 会计报表的比较

它是指将连续数期的会计报表的金额并列起来，比较其相同指标的增减变动金额和幅度，据以判断企业财务状况和经营成果发展变化的一种方法。会计报表的比较具体包括资产负债表比较、利润表比较和现金流量表比较等。

3. 会计报表项目构成的比较

这种方法是在会计报表比较的基础上发展而来的，是把会计报表中的某个总体指标作为一个整体基数，再计算出其各组成项目占该总体指标的百分比，从而比较各个项目百分比的增减变动，以此来判断有关财务活动的变化趋势。

采用趋势分析法时，应当注意以下问题：①所对比指标的计算口径必须一致；②应剔除偶发性项目的影响；③应运用例外原则对某项有显著变动的指标做重点分析。

（二）比率分析法

比率分析法是通过计算各种比率指标来确定财务活动变动程度的方法。比率指标的类型主要有构成比率、效率比率、相关比率 3 类。

1. 构成比率

构成比率又称结构比率，是某项财务指标的各组成部分数值占总体数值的百分比，反映部分与总体的关系。利用构成比率可以考察总体中某个部分的形成和安排是否合理，以便协调各项财务活动。其计算公式为：

构成比率 = 某个组成部分数值 ÷ 总体数值 × 100%

2. 效率比率

效率比率是某项财务活动中所花与所得的比率，反映投入与产出的关系。利用效率比率指标，可以进行得失比较，考察经营成果，评价经济效益。

3. 相关比率

相关比率是以某个项目和与其有关但又不同的项目加以对比所得的比率，反映有关经济活动的相互关系。利用相关比率指标，可以考察企业相互关联的业务安排得是否合理，以保障经营活动顺畅进行。

采用比率分析法时，应当注意以下几点：① 对比项目的相关性；② 对比口径的一致性；③ 衡量标准的科学性。

（三）因素分析法

因素分析法是依据分析指标与其影响因素的关系，从数量上确定各因素对分析指标的影响方向和影响程度的一种方法。采用这种方法的出发点在于，当有若干因素对分析指标产生影响作用时，假定其他各个因素都无变化，顺序确定每一个因素单独变化时所产生的影响。因素分析法具体有两种：连环替代法和差额分析法。

1. 连环替代法

连环替代法是将分析指标分解为各个可以计量的因素，并根据各个因素之间的依存关系，顺次用各因素的比较值（通常即实际值）替代基准值（通常即标准值或计划值），据以测定各因素对分析指标的影响。

2. 差额分析法

差额分析法是连环替代法的一种简化形式，它是利用各个因素的比较值与基准值之间的差额，来计算各因素对分析指标的影响。

采用因素分析法时，必须注意以下问题：① 因素分解的关联性；② 因素替代的顺序性；③ 顺序替代的连环性；④ 计算结果的假定性。

三、物流企业财务分析与评价指标体系

（一）偿债能力分析与评价

偿债能力是指物流企业偿还债务的能力。偿债能力指标是用来总结和评价企业长期及短期内能够用其资产偿还负债能力的大小，或者用来判断企业举债经营安全程度的指标。反映企业偿债能力的指标有以下 5 个。

1. 流动比率

流动比率是物流企业流动资产与流动负债的比率。它代表的含义是企业每一元流动负债有多少流动资产作为偿还的保证。其计算公式为：

$$流动比率 = 流动资产 \div 流动负债 \times 100\%$$

流动比率反映了流动资产对流动负债的保障程度。流动比率越高，表明企业短期偿债能力越强。从债权人的角度来看，流动比率越高则其债权越有保障，对其越有利。但从经营管理者理财的角度来看，过高的流动比率表明管理上存在问题，因为流动比率过高，可能是企业滞留在流动资产上的资金过多，未能有效地加以利用，进而会影响企业的获利能力。通常流动比率定为 200% 左右比较合适。

2. 速动比率

速动比率是企业速动资产与流动负债的比率。速动资产是指能迅速转变为现金的资产，包括现金、各种存款、有价证券和应收账款等资产。速动比率的计算公式为：

$$速动比率 = （流动资产 - 存货） \div 流动负债 \times 100\%$$

因为速动资产流动性强、变现速度快，所以速动比率比流动比率更能精确地反映企业短期债务的偿还能力。一般认为，企业速动比率应达到100%左右。速动比率过高，会造成资金浪费，导致资金使用效率低；速动比率过低，则偿债能力弱，财务风险大，不利于吸引投资者。

3. 资产负债率

资产负债率是企业负债总额与资产总额的比率，是衡量企业长期偿债能力的重要指标。它反映在企业总资产中，有多少比例是通过举债来筹集的，同时也表明企业清算时债权人利益的保障程度。资产负债率也称举债经营比率或负债比率，其计算公式为：

$$资产负债率 = 负债总额 \div 资产总额 \times 100\%$$

从债权人角度来看，这一指标越低越好，该指标越低，说明全部资本中所有者权益的比例越大，企业财力也越充足，债权人按期收回本金和利息也就越有保证。从所有权人的立场来看，该指标的评价要视借入资本的代价而定，当全部资产利润率高于借贷利率时，希望资产负债率高些；反之则希望其低些。从经营管理者角度来看，资产负债率的高低，反映其对企业前景的信心程度，资产负债率高，表明企业活力充沛，对其前景应充满信心，但需承担的财务风险较大，同时过高的负债比率也会影响企业的筹资能力，因此，企业经营管理者运用举债经营策略时，应全面考虑，权衡利害得失，保持适度的负债比。

4. 产权比率

产权比率也称负债与股东权益比率，是负债总额与所有者（股东）权益总额的比率，其计算公式为：

$$产权比率 = 负债总额 \div 所有者（股东）权益总额 \times 100\%$$

该指标用来衡量企业对长期债务的偿还能力，反映企业财务结构的稳定状况，实际上是负债比率的另一种表现形式。该指标越低，说明企业长期债务状况越好，债权人贷款的安全越有保障，企业财务风险越小。

5. 利息保障倍数

利息保障倍数也称利息所得倍数，是企业经营业务的收益与利息费用的比率，用于分析物流企业在一定盈利水平下支付债务利息的能力。其计算公式为：

$$利息保障倍数 = （税前利润 + 利息费用） \div 利息费用 \times 100\%$$

该指标越高，说明企业利润为支付债务利息提供的保障程度越高；反之，说明保障程度低，会使企业失去对债权人的吸引力。

（二）运营能力分析与评价

运营能力又称资金周转能力，即企业充分利用现有资源创造社会财富的能力。运营能力指标是用来总结、分析和评价物流企业销售能力、资金流动性等正常经运营转能力的指标。它反映企业资产管理的效率和水平。常用的评价指标有存货周转率、应收账款周转率、流动资产周转率、固定资产周转率和总资产周转率。

1. 存货周转率

存货周转率是企业一定时期内的销货成本与存货平均余额的比率。它是衡量企业购货、生产、销售各环节管理效率的综合性指标，通常用存货周转次数和存货周转天数两种方式表示。其计算公式分别为：

存货周转率（次数）=销货成本÷存货平均余额

存货周转天数=360÷存货周转率

式中，存货平均余额=（期初存货余额+期末存货余额）÷2

在正常情况下，存货周转率越高，说明存货周转越快，物流企业的销售能力越强，利润率就越大，运营资金用于存货的余额就越小。但存货周转率过高，也可能说明企业在经营管理方面存在一些问题，如存货水平过低、批量太小等。存货周转率过低常常是库存管理不善、存货积压、资金沉淀、销售状况不佳的结果。因此，对存货周转率的分析，必须结合企业实际情况，充分考虑诸多因素的影响。

2. 应收账款周转率

应收账款周转率是物流企业赊销收入净额与应收账款平均余额的比率，是反映企业应收账款回收速度和管理效率的指标。其计算公式为：

应收账款周转率=赊销收入净额÷应收账款平均余额

=360÷应收账款周天数

式中，应收账款平均余额=（期初应收账款余额+期末应收账款余额）÷2

该指标是评价应收账款流动性大小的一个重要财务比率，反映了企业在一个会计年度内应收账款的周转次数。这一比率高，表明企业应收账款的变现速度快、管理效率高、资金回收迅速，不易发生呆账或坏账损失，流动资产运营状况好；反之，则相反。

3. 流动资产周转率

流动资产周转率是销售收入和流动资产平均余额的比率，反映的是全部流动资产的利用效率，可用公式表示为：

流动资产周转率=销售收入÷流动资产平均余额

式中，流动资产平均余额=（年初流动资产余额+年末流动资产余额）÷2

该指标是分析流动资产周转情况的一个综合性指标，这项指标越高，说明流动资产周转速度越快，资金运用效果越好。

4. 固定资产周转率

固定资产周转率也称固定资产利用率，是销售收入与固定资产平均净值的比率。

其计算公式为：

固定资产周转率 = 销售收入 ÷ 固定资产平均净值

式中，固定资产平均净值 =（年初固定资产净值 + 年末固定资产净值）÷2

该指标用以分析固定资产的利用效率，指标越高，说明固定资产的利用效率越高。

5. 总资产周转率

总资产周转率也称总资产利用率，是销售收入与平均资产总额的比率。其计算公式为：

总资产周转率 = 销售收入 ÷ 平均资产总额

式中，平均资产总额 =（期初资产总额 + 期末资产总额）÷2

该指标可用来分析企业全部资产的使用效率。如果该比率较低，说明企业利用其资产进行经营的效率较差，会影响企业的获利能力，企业应采取措施提高销售收入或处置资产，以提高总资产利用率。

（三）获利能力分析与评价

获利能力是指企业赚取利润的能力。盈利是企业的重要经营指标，是企业生存和发展的物质基础。获利能力分析与评价是财务分析不可缺少的重要内容。

评价企业获利能力的指标主要有净利润率、资产报酬率、销售利税率和成本费用利润率。

1. 净利润率

净利润率也称销售利润率或销售净利率，是净利润与净销售收入的比率，其计算公式为：

净利润率 = 净利润 ÷ 净销售收入 ×100%

净利润率表明了企业每一元销售收入可实现的净利润是多少。净利润率越高，说明企业的获利能力越强。

2. 资产报酬率

资产报酬率是企业利润总额同利息之和与平均资产总额的比率。其计算公式为：

资产报酬率 = 息税前利润 ÷ 平均资产总额

式中，平均资产总额 =（年初资产总额 + 年末资产总额）÷2

在这里，把利息列入资产报酬总额，是因为利息也是企业负债资本增值的一部分，只是企业将其支付给债权人而已。企业资产报酬总额的多少，受到企业资产的数量、资产结构及经营管理水平的影响。该比率越高，表明资产利用效率越高，获利能力越强。分析评价资产报酬率，可以促进企业改进经营管理，将有限来源的资产尽可能使用得更好，从而提高企业的获利能力。

3. 销售利税率

销售利税率是指企业在一定时期内利税总额与净销售收入的比率。其计算公式为：

销售利税率 = 利润总额 ÷ 净销售收入

销售利税率是衡量企业销售收入水平的指标。该比率越高，说明企业的销售收益水平越高，同时也说明企业对国家的贡献越大。

4. 成本费用利润率

成本费用利润率是税后利润净额与成本费用总额的比率。其计算公式为：

成本费用利润率 = 税后利润净额 ÷ 成本费用总额

该指标反映企业付出与所得的关系。这一比率越高，说明企业为获取收益而付出的代价越小，企业获利能力越强。因此，该指标不仅可以用来评价企业获利能力的高低，也可以评价企业对成本费用的控制能力和经营管理水平。

解决方案

关于任务：试对物流企业财务情况进行分析。

小张得到的企业财务数据如下表所示，他根据这些数据对该企业的财务情况进行分析。

某公司 2019 年财务状况、经营成果情况　　单位：万元

项目	金额	项目	金额
货币资金	600	短期借款	600
交易性金融资产	400	应付账款	400
应收票据	204	长期负债	1 200
应收账款	196（年初 164）	所有者权益	2050（年初 1 550）
存货	960（年初 960）	主营业务收入	600
其他流动资产	40	主营业务成本	480
固定资产净值	2 572	税前利润	180
无形资产	28	税后利润	108

流动资产 = 600 + 400 + 204 + 196 + 960 + 40 = 2400（万元）

速动资产 = 600 + 400 + 204 + 196 = 1400（万元）

资产总额 = 2400 + 2572 + 28 = 5000（万元）

流动比率 = 2400 ÷（600 + 400）= 2.4

速动比率 = 1400 ÷（600 + 400）= 1.4

$$资产负债率 = (600 + 400 + 1200) \div 5000 \times 100\% = 44\%$$

$$销售净利率 = 108 \div 600 \times 100\% = 18\%$$

从流动比率和速动比率分析看，企业偿还短期债务能力较强，资产流动性较好；从资产负债率分析看，其高于同行业水平，财务风险大，影响企业未来筹资；从销售净利率分析看，其高于同行业水平，获利能力较强。

学习指导

学习物流企业计划和决策管理课程，第一，要掌握物流企业筹集资金渠道及方式；第二，要明确物流企业四大资金来源：债务、优先股本、普通股本和留存收益；第三，物流企业对财务进行分析的方法有：比率分析法、因素分析法和趋势分析法；第四，一个物流公司的财务指标分析可从三个方面入手：物流企业偿债能力分析、物流企业运营能力分析、物流企业获利能力分析。

思考题

1. 财务管理的主要目标是什么?
2. 常用的筹资渠道和方式有哪些？各有什么优缺点?
3. 什么是资金成本？如何计算?
4. 固定资产投资如何决策?
5. 为什么要进行财务分析?
6. 财务分析有哪些常用指标?

拓展项目训练

组织学生分组深入到本地若干物流企业中，对这些企业的财务管理状况进行调查、分析和评价，并撰写一篇调查分析报告。

项目八　物流企业内部运营管理

学习目标

一、知识目标

1. 了解合同、物流合同的概念及特征
2. 掌握物流企业实施合同管理的条件
3. 掌握物流合同的拟订
4. 掌握物流企业内部控制和风险管理
5. 掌握物流企业安全管理与环境评价

二、能力目标

1. 灵活运用所学知识分析案例
2. 初步具备进行拟订物流合同、内部控制及风险管理的能力
3. 初步具备物流企业安全管理与环境评价的能力

三、素质目标

培养学生在激烈竞争的市场环境中为更好地生存和发展应具有的风险意识及防控能力。

本项目包含三个模块：物流企业合同管理；物流企业内部控制和风险管理；物流企业安全管理与环境评价。

导引案例

某物流企业仓储合同纠纷

商贸公司 A 在物流公司 B 储存电视 100 台，价值共计 100 万元。双方商定：电视由物流公司 B 保管，保管日期为 2019 年 1 月 15 日至 2 月 15 日，商贸公司 A 分三批取走；2 月 15 日商贸公司 A 取走最后一批电视时，支付保管费 2000 元。2 月 15 日，商贸

公司A前来取最后一批电视时，双方因保管费的金额发生争议。商贸公司A认为自己的电视实际是在1月25日晚上才入库，应当少付保管费250元；物流公司B则拒绝减少保管费，理由是物流公司B早已为商贸公司A的电视的到来准备了仓储空间，至于商贸公司A是不是准时进库是其自己的事情，与物流公司B无关。商贸公司A认为物流公司B的仓库位于江边码头，自己又通知了电视到站的准确时间，仓库不可能空着货位，因此只同意支付1750元保管费。于是物流公司B拒绝商贸公司A提取剩下的电视。

阅读上面的案例，请思考以下问题。

1. 商贸公司A要求减少保管费是否合理？为什么？

2. 物流公司B在商贸公司A拒绝足额支付保管费的情况下是否可以拒绝其提取货物？请说明理由。

模块一　物流企业合同管理

任务描述

张某在某职业学院物流管理专业毕业后，通过招聘会被北京某物流公司选中，招收为物流内部运营岗位实习生，进行为期3个月的实习。在这期间要进行与岗位相关的培训和学习，如果实习合格则被聘为正式员工。

张某在实习的第一天到客服部报到，然后到公司的培训部进行相关的培训。培训部的李老师对张某进行了业务培训，要求张某完成下面的任务。

任务一：物流企业合同是什么？

任务二：物流企业合同管理的注意事项是什么？

知识链接

如果我们对正在履行的合同产生疑惑，在处理过程中，把合同欺诈当成了一般的合同纠纷，就很容易错过挽救损失的最佳时机，掉入别人的“陷阱”。

一、合同及物流合同

（一）合同的概念及特征

合同是指平等主体的自然人、法人及其他组织之间设立、变更、终止民事权利义务的协议。合同的一般特征如下。

（1）合同是法律行为，是设立、变更或消灭某种具体的法律关系的行为，其目的在于表达设立、变更或消灭法律关系的愿望和意图。这种愿望和意图是当事人的意思表示，通过这种意思表示，当事人双方或多方产生一定的权利义务关系，但这种意思表示必须是合法的，否则，合同没有约束力，也不受国家法律的保护。

（2）合同以在当事人之间产生权利义务为目的。合同当事人的协商，总是为了建立某种具体的权利义务关系，而一旦合同依法成立，这种对当事人有约束力的权利义务关系就建立起来了。任何一方当事人都必须履行自己所应履行的义务，如果不履行合同规定的义务，就是违反合同，就要承担相应的法律责任。

（3）合同是指当事人双方或多方相互的意思表示一致，是当事人之间的协议。主要表现为：合同的成立，必须有两方或两方以上的当事人；当事人双方或多方必须互相有意思表示；当事人的意思表示必须一致。

（二）物流合同的概念及特征

物流服务需求企业与第三方物流供应商经过协商后，在双方认可的基础上，签订关于购买物流服务与销售物流服务的协议，用以明确双方的责任、权利和义务，规范双方的行为，这份协议即为物流合同。第三方物流合同往往是综合的物流服务合同，是集运输合同、委托合同、仓储合同、加工合同等各种合同于一身的混合合同，其特征如下。

1. 第三方物流合同是双务合同

物流服务合同的双方均享有权利，也负有义务。双方当事人互负给付义务：一方提供物流服务，另一方给付报酬和费用。

2. 第三方物流合同是有偿合同

第三方物流合同中，双方当事人相互享有权利和义务，并且一方享有合同规定的权益的同时，必须向对方当事人提供相应服务。

3. 第三方物流合同应为要式合同

任何一个行业应该有统一标准的文本格式，物流行业也应如此。为了维护行业标准，并且防止一些企业的行业垄断，合同应该遵循一定的格式，这不仅有利于整个物流行业的市场规范，防止发生限制竞争行为，而且能够保护客户。

4. 第三方物流合同应为诺成性合同

这是由物流的性质决定的。在客户交付标的物之前，物流企业可能已经履行合同，支出了一些成本，如腾空仓位、整理仓库、安排车辆，并且还可能因为物流企业自身规模原因而拒绝了潜在的客户要约，所以，只要经过客户要约和物流企业的承诺即宣告合同成立。这样，不仅对物流企业有利，而且也对客户有利，维护了双方交易的安全。

5. 第三方物流合同有约束第三者的性质

第三方物流合同的双方是服务方和客户方，而收货方有时没有参加合同的签订，但服务方应向收货方交付货物，收货方可直接取得合同规定的利益，并自动受合同的约束。

二、物流企业实施合同管理的条件

合同是商品交换的法律表现形式，合同管理即对这一交换行为进行全过程、全方位的管理。实施合同管理的目的在于规范企业的经济合同，即防范与控制合同风险，保证合同顺利执行，有效维护企业的合法权益。但是物流企业实施合同管理需要一定的基本条件。

1. 物流企业必须具备合同履行能力，这是实施合同管理的前提

物流企业要在全面了解自身的服务能力与质量的条件下签订物流合同。合同管理的实质是绩效管理，无法履约的合同对合同管理来说没有任何意义。科学严格的合同管理是物流企业实现最大效益的必要手段。

2. 物流企业需要拥有具备合同执行、风险控制、环境协调等综合能力的管理人才

不少企业将这几种不同的管理任务分别交给几个不同角色的人员来执行。比如武汉三江华宇物流有限公司，物流合同的谈判、签订一般由业务员或者是分公司的经理来完成；合同的执行则由仓管、调度、操作主管来完成；有特殊要求的客户或是突发情况则一般由运营经理负责处理。

3. 物流企业要建立扁平化的组织结构

扁平化的组织结构管理层级较少，能尽量避免消息失真，直接面对市场，对公司总体目标负责，有助于快速有效地实现合同管理。

4. 要形成公平规范的市场

现代物流的发现要求打破以往的区域限制，建立一个统一、开放、竞争有序的大市场。公平、规范的市场对合同管理至关重要，是合同管理能否长时间顺利实施的一个重要的外在因素。我国物流企业现在刚刚起步，物流市场管理与物流行业管理还没有理顺，导致部分物流企业还无法实施合同管理，以武汉汉正街周边的物流市场为例，该区域就经常出现“货霸”“杀价”等现象，物流服务质量都难以保障，更何谈合同管理。

三、物流合同的拟订

（一）物流合同形式的拟订

物流合同有两种不同的形式，具体如下。

（1）综合性合同，即物流企业与客户签订“一揽子合同”，包括运输、仓储等所有物流运作服务，合同的条款也包含上述综合性内容。

（2）独立性合同，即物流企业就承揽的客户物流服务内容分别签订各自相对独立的合同，如独立的运输合同、独立的仓储合同等。

（二）物流合同内容的拟订

拟订合同时，应包含以下内容。

（1）购买物流服务的需求方和销售物流的服务方的企业名称。

（2）双方的责任、权利和义务。

（3）物流服务内容。具体的内容根据物流服务需求方对物流服务的需要确定，如果有其他特殊的要求应说明清楚。

（4）物流服务时间。即合同的起止时间，也就是双方合作的时间期限。

（5）涉及物品数量。主要是指物流服务涉及的客户的相关产品。

（6）服务收费、付款方法及时间。包括仓储费用、运输费用、收费标准、付款方式和时间、总体费用方案等。

（7）服务要求。包括对物流服务的质量、产品的包装、服务的验收方法等。

（8）服务方法。包括采用的设施、工具、运输方式、交货方式等。

（9）违约经济责任及处理方式。

以上基本内容必须详细而具体，措辞要严密谨慎，以免出现误解而造成双方合作上的矛盾。

（三）物流合同签订流程

（1）合同签订前的调查。交易双方通过信息咨询，了解双方是否存在业务合作可能，并进行合作意向接洽，对双方公司的资质等进行摸底调查。

（2）进行合同谈判。围绕物流服务内容、服务起止时间、价格条款、服务方法与要求、违约责任与赔偿、仲裁与诉讼等方面进行谈判。

（3）签订合同。以互惠互利为原则，求同存异、达成一致，签订第三方物流合同。

（4）合同的后续处理。在第三方物流合同的执行过程中，应对合同执行情况加以有效跟踪，双方均应采用现代化的物流运作系统，及时发现问题并加以解决，确保合同的顺利执行。

解决方案

关于任务一：物流企业合同是什么？

物流企业合同是联系物流企业与客户的纽带，合同管理的优劣，直接关系到物流企业的经营管理业务。物流中心需加强合同管理，充分发挥合同在商品购销管理中的作用。

关于任务二：物流企业合同管理的注意事项是什么？

1. 所签合同要合理

合同要考虑双方的利益，实现双赢，这一点很重要。如果只考虑一方赚钱而使另一方无利可图，这样的合同即使签下来，履约时也会出现各种问题。实践证明，如果双方的理念一致，所签合同的目标相同，履约时一般就不会产生什么问题，即使有问题也较容易解决。

2. 所签合同要完善

第三方物流企业与客户签订合同是一个非常复杂的过程。任何一方如在签约前考虑不周或者准备不足，都有可能在未来执行合同时出现问题。此外，合同的执行标准及衡量标准，是客户与第三方物流企业在签约时首先应协商解决的问题，但在实践中，大部分合同根本未对此作出规定，导致双方在执行合同或对所提供的服务产生争议。

3. 服务范围要明确

许多第三方物流企业往往会忽视服务范围的重要性。第三方物流企业与客户第一次签订合同时，一定要对“服务范围”进行明确界定，包括如何为客户提供长期的物流服务、服务的具体内容、服务到何种程度及服务的期限等。否则会出现第三方物流企业不清楚提供什么服务，而客户也不清楚支付什么服务费用的情况。服务范围应详细描述有关货物的物理特征，所有装卸、搬运和运输要求以及信息流和物流过程中的每一个细节。

4. 不要误导客户

第三方物流企业不要为了争取客户而使其产生误解，将物流服务视为灵丹妙药，认为第三方物流企业可治愈客户所有的毛病。应让客户认识到，没有一个物流方案能十全十美地解决企业的全部问题。

5. 避免操之过急

许多企业在尚未做好任何准备的情况下，就去寻求第三方物流企业的帮助，并对第三方物流企业寄予过高的期望，匆匆签约。或许这些企业有太多亟须解决的问题，但这样做往往会忙中出错。

6. 合同要具有可行性

对于专业性较强的企业，签约前应向有关专家咨询，甚至邀请他们参与谈判，分析企业生产和管理的特殊性、特殊要求及特别需要注意的问题，避免留下后患。对于经过努力仍无法做到的部分，千万不要轻易承诺。

7. 必须考虑经济性

第三方物流企业接受和签订的协议影响最终能产生效益的项目，而物流成本必然与所期望的服务表现有关。要在物流企业获得领导地位，关键是要掌握使自己的能力与关键客户的期望和需求相匹配的技术，对客户的承诺是形成物流战略的核心。一个完善战略的形成，需要具有对欲实现所选方案的服务水平所需成本的估算能力。

8. 条款要有可塑性

第三方物流企业在签订协议时，要掌握好一种尺度，即达到何种水平。比较好的尺度是将合同条款控制在中间性的、可改进的程度上，而非最终方案的程度上，以便为今后几年留出调整、改进的余地。合同条款要定好，要有保护措施，不要轻易设定那种没有除外责任、没有责任限制的条款，否则将有可能出现收取很少的费用而承担无限责任的情况；不要轻易承诺严格责任制条款，而要争取制定过失责任制条款。

模块二　物流企业内部控制和风险管理

任务描述

张某在对物流企业内部运营合同有了一定的认识之后，需要具体认识内部控制和风险管理，部门经理要求张某完成以下任务。

任务：物流企业的风险来源有哪些？

知识链接

一、物流企业内部控制

（一）物流企业内部控制的内容要素

物流企业内部控制包括五方面要素，如果把企业内部控制比作一个人，那么内部环境就是内部控制系统的“空气”、风险评估是“大脑”、控制活动是“神经”、信息沟通是“血液”、监控是“免疫”，缺一不可。企业内部控制系统出现问题会阻碍企业的发展，就如同人的器官出现疼痛会影响人的正常生活一样。

1. 内部控制系统的“空气”——内部环境

内部环境是物流企业的基调，是内部控制系统中其他要素的基础，是推动企业前进的助推器。所控制的对象一般包括企业文化、高层管理方式、企业经营理念、人力资源管理方法及规则。

2. 内部控制系统的“大脑”——风险评估

物流企业重视企业内部的风险评估，就如同人有一个健全的大脑。企业要建立具有识别、分析和管理风险能力的机制。了解企业面临的风险，运用相关机制加以控制，同时要在企业内部环境变化后，在新的内部环境下对企业可能存在的风险进行评估、管理和改善。

3. 内部控制系统的“神经”——控制活动

当物流企业出现风险或企业评估出有潜在风险时，内部控制的相关部门采取相应的行为或措施来控制、抵御风险，以保证企业的正常运转。企业应该订立一套针对风险评估结果的政策，做到未雨绸缪，以在出现问题时能及时根据政策执行相关措施，抵偿企业风险。

4. 内部控制系统的“血液”——信息沟通

物流企业信息具有流动性和分散性的特点，因此企业内部要保持总公司与下属公司之间、下属公司与下属公司之间在风险评估和控制中有良好的信息沟通活动，使企业的员工获得他们在执行、管控企业发展时所需要的信息。

5. 内部控制系统的“免疫”——监控

主要是物流企业管理层、内部审计部门或企业外的第三方，对企业控制系统的运行实施情况做出评估，以确保当企业出现状况时，内控制度会随之做出相关反应。

（二）物流企业内部控制存在的问题及原因分析

1. 物流企业内部环境不完善

现在，我国物流企业存在高层管理方式混乱、人力资源管理方式滞后等问题。许多物流企业采用了企业法人治理结构，但是股东会、董事会、监事会相互干涉，有的甚至董事长、总经理由一人担当，导致物流企业在高层管理方面出现管理混乱。物流企业员工普遍存在综合素质不高的问题，企业在员工培训方面没有做到位，相关的员工考核激励制度不健全，致使企业内部控制的实施面临困难。

2. 风险评估及控制能力比较弱

有些企业管理者不能很好地理解风险评估及控制活动，甚至不重视内部控制，感觉企业没有发生过问题、员工很可靠。企业管理者风险意识比较弱，许多物流企业在激烈竞争中无法认识到自身存在的经营风险，没有完整的控制活动、管控规范来抵御风险，导致企业错失了降低风险损失的最佳时间。

3. 企业内部信息沟通不畅

物流企业信息具有流动性、分散性的特点，企业的资源很难得到共享，企业管理者管理活动比较分散，容易出现企业总公司与下属子公司之间、各子公司之间不能进行良好的、及时的信息沟通的情况，使企业员工不能很好地参与到公司的内部控制中来。

4. 监控制度不合理

我国物流企业没有形成一套完整、有效的行业内部控制规范，各内部部门缺乏有效沟通，在监控中存在“长官意志大于一切”的现象。而且企业内审计部门开展工作时多以事后检查的方式为主，没有对活动过程进行监控，导致审计部门不能发现在内部控制制度上出现的问题及缺陷。

（三）完善我国物流企业内部控制的有效途径

1. 完善物流企业内部环境

内部环境是内部中位于基础地位的元素，是其他内部控制活动得以进行的保障。完善物流企业内部环境可以从以下两方面完成。一方面，完善法人治理结构。严格按照公司章程和相关制度任选董事、监事及其他各部门管理人员，使各个部门人员各司其职，发挥各级人员的内部控制职责。公司董事长与总经理应由不同的人员担当，发挥各自的能力与职权，互不干涉。另一方面，提高企业人力资源管理水平，建立健全考核与奖惩机制。人力资源部门要建立严格的招聘程序、制定员工工作规范、定期对员工进行业务及素质培训，提高员工的工作能力和综合素质，建立起一套完整的内部考核机制，通过强化企业人力资源管理来调动员工的积极性、主动性和创造性。同时突出本企业的企业文化，以此影响员工的精神世界，极大地激发员工工作热情，使每个员工都能不断快乐成长，增强企业的凝聚力。

2. 完善风险评估制度，提高风险控制能力

物流企业管理人员要有风险意识，并重视内部控制的施行，依据相关规范和政策建立健全风险评估制度，可以借鉴发达国家先进的风险评估机制，识别、管理企业发展中来自内部及外部的风险因素。当识别到企业存在的风险因素时，内部控制的相关部门应采取相应的行为抵御风险，以保证企业的正常运转。同时企业应该制定一套有针对性的政策，以在出现问题时能及时根据政策执行，降低企业损失。

3. 加强企业信息沟通能力

物流企业的信息沟通包括内部信息的沟通和外部信息的沟通。企业可以建立高效的信息数据库，使企业的信息资源得以共享，同时加强信息在各部门之间的传递与沟通，疏通总公司与下属物流公司的沟通渠道，使企业内部实现自由、快捷的沟通。另外，物流企业还应加强与外部企业的交流，实现外部信息的沟通，保证本企业的发展。

4. 强化物流企业监控系统

加强管理层的监督能力，引入内部审计制度。内部审计要对企业活动过程进行监控、审计，以便于在出现问题时，可以很好地发现并制定相关措施。各部门要加强沟通、互相监督，保证管理层的监控能力及准确性。

5. 消除关键控制点风险

关键控制点是指企业经营过程中容易发生错误或舞弊行为而需要控制的环节。企业可以依据相关法律、规章制度，寻找活动中的关键控制点，并且对这些关键点进行风险评估，制定出应对措施，以降低风险。在这个过程中，内部审计调查内部控制的执行情况，以此对内部控制制度的完善性做出评价。

二、物流企业风险管理

（一）物流风险的概念及特征

1. 物流风险的概念

物流风险指发生在物流领域内的风险。就物流企业而言，物流企业风险可定义为未来的不确定性对物流企业实现其经营目标的影响，主要如下。

1）合同风险

此类风险是物流行业中最易发生且潜在周期最长的风险，主要如下。

（1）因合同相对方资信不足，缺乏履约能力，导致合同无法履行。例如，合同签订后，物流企业在提供物流服务时通常要先垫付大量资金。因此，物流企业往往对流动资金的需求很大，而一旦货主或托运人拖欠物流费用，就可能导致物流企业出现资金周转不灵的情况，从而遭受损失；或是由于合作的分包商资信较差，未能完成或未能及时完成分包的工作内容，导致物流企业遭受损失。因为在与分包商的合作中，当货物发生损失或发生其他索赔事件时，无论是物流企业自身的过失还是分包商的过失，都要由物流企业先对外承担赔偿责任。此类风险主要源于物流企业对客户信用风险管理的缺失，或者仅采用粗放的信用风险管理方式。

（2）因合同未明确约定交货地址或指定收货人，或因物流企业操作人员疏忽，如手工制单字迹模糊等，导致货物发生错发错运，此种情况下，客户可以错误交货为由向物流企业索赔。又如，物流企业在合同履行中未能在收货时对包装内的货物是否完好无损，是否与客户托运申报的货物的品种、数量、质量相一致进行核实，以至于到了交货时才发现包装内的货物发生了破损或缺失，而又无法证明货物在收货时已发生破损或缺失，那么在这种情况下，物流企业很可能要承担赔偿责任。此类风险主要源于合同条款约定不够明确，对合同的重要性缺乏认识，且相关人员的岗位职责意识不强。

2）货物毁损或灭失风险

此类风险主要是指因货物运输、包装、保管、装卸不当等造成货物毁损或灭失而引起的赔偿风险。在物流活动中，可能发生此类风险的环节较多。发生此类风险的原因有主观因素和客观因素。主观因素主要包括：因包装不当，以致货物发生腐蚀的情况；因仓储保管不当，以致货物被盗的情况；因野蛮装卸，以致货物发生毁损的情况；因运输不当，以致货物发生丢失的情况等。客观因素主要包括自然灾害等不可抗力事件。

3）货物延迟交付风险

此类风险主要是因货物延迟交付而引发的违约风险。众所周知，时间是最大的成本，货物延迟交付往往是物流行业中最普遍却又最难以接受的情况。因此，合同中通常都会对延迟交付货物的行为明确约定违约责任。

4）社会公众风险

此类风险主要是指与社会公众之间可能产生的责任风险。例如，交通事故风险，即运输司机在运输货物的途中发生交通事故，由此引发的事故责任由其所属的公司承担，物流企业因此承担了交通事故风险。又如，环境污染风险，即运输货物过程中，不可避免地会对环境造成污染，主要表现在交通拥堵、尾气排放、噪声以及因车辆超载给公共道路造成毁坏等。此外，如果运输的货物是危险品，一旦发生泄漏、爆炸事故，很可能会给周边社会公众的生命财产安全带来严重的威胁。对此，物流企业要承担相应的法律责任并给予赔偿。

2. 物流风险的特征

伴随着物流产业的不断兴起，在当今全球经济一体化的经济发展背景下，物流已经成为促进各国经济长远发展的重要前提和必要条件，从世界各国的全球化视野到国内经济发展的实际要求来分析，物流在社会经济发展中开始扮演着不可替代的重要角色，必须不断促进物流产业的顺畅发展，保证智能化、现代化的物流网络覆盖全国。在当前我国物流产业快速发展的过程中，存在着各种各样的风险因素，不论是自然环境的不可抗力影响，还是物流环节的流程风险等。一旦这些风险引发事故，将会对物流的发展造成不同程度的影响。物流风险的特征如下。

（1）网络化、非封闭性、产品无形性。

（2）现代物流更强调向客户提供个性化的整体解决方案及增值服务，因此更复杂。

（3）国际物流更是存在距离、需求、多样性、单证等壁垒。

（二）物流风险的规避防范措施

物流企业面临的风险类别因具体的环境、自身的条件等的不同而不同，对于物流风险的规避防范需要从多个方面进行研究分析，必须制定出综合性和灵活性紧密结合的防范措施，从而更好地防范风险的发生，以及在出现风险时有效地将损失降低到最低程度。主要需要从以下几个方面进行。

1. 努力营造物流企业内部防范风险的企业文化

通过企业文化管理企业是未来企业发展的必然趋势，一个企业经历了经验管理、科学管理的阶段之后，必然会通过文化管理来使企业经营达到更高的层次。对于物流企业来说，为了更好地面对各种风险，首先必须在企业内部营造出良好的风险防范的企业文化，形成良好的风险管理氛围，从而保证企业制定的各种风险应对措施、制度能够有效实施。

2. 全面树立物流企业人员的风险意识

企业管理的主体最终是人，对于物流企业所面临的各类风险因素的防范、处理等都最终要通过人的行动进行规避处理。当营造出了良好优秀的企业文化氛围后，就需要对企业所有管理人员及普通员工进行风险防范理念的培训教育，可通过风险课程的专门培训、派公司内部管理人员去外部专业的机构进行风险管理知识学习、内部进行海报文件宣传、组织模拟风险应对训练等各种方式进行。通过各种方式进行宣传教育，使物流企业的所有员工时刻保持风险防范意识，提高对于各种未知风险的规避能力，减少不必要的损失。

3. 建立健全科学合理的风险应对及处理制度

一套健全的风险应对及处理制度是物流企业进行风险管理工作的重要条件，没有规范合理的管理制度，再优秀的风险管理方案都会在实施效果上大打折扣，所以必须根据物流企业的实际状况，结合物流企业所处的自然、政策环境中存在的可能风险，建立一套完整合理的风险管理制度。

根据物流企业所处的自然环境与市场经济环境，结合企业自身的业务特点和管理现状，可以建立以下几个风险防范管理制度：风险因素评价管理制度、风险规避预警管理制度、事中风险控制管理制度、事后风险处置管理制度、风险经验库管理制度、风险应对绩效激励制度、风险处理效果监督制度等。

4. 建立准确全面的物流风险评价体系

想要更好地对各类风险进行有效预警和防范，以及在风险出现后能及时处理控制，必须对于各种可知的和潜在的风险因素进行识别、归类、分析和评估。通过运用整体分析、综合评价等各类方法对不同风险进行分析说明，物流企业就能够制定相应的应对方案，风险预警机制和控制体系的建立也就更具有针对性。

5. 形成高效及时的物流风险预警机制

风险预警机制是物流企业防止风险的核心环节，要尽可能避免风险发生，防止经济损失的发生，这才是物流风险管理的最佳效果。针对不同的风险设立相应的风险预警值，当风险达到既定的预警值时，相应预警警报就会及时提醒企业做好应对风险的准备，从而更好地避免不必要的损失。

6. 构建综合多重的物流风险控制体系

有些风险能够避免，但是大多数的风险由于随机性和不可知性，往往是难以避免的。因此建立风险发生时的风险控制体系是物流企业处理风险的关键环节。风险发生后要将各类风险控制在有限的范围内，努力将风险威胁降低到最小。风险控制体系建设是物流企业风险管理的核心内容所在。由于风险已经发生或者正在发生，按照发生的风险的类型、特点、内容等方面形成针对性强的应对方案，并在处理的过程中提出风险控制过程结束后的后续处理措施。

7. 配置相应的风险控制过程反馈机制

因为物流企业所面临的风险因素总是动态变化的，除已经出现的风险，随时会出现新的风险威胁，所以在风险控制的过程中必须有相应的即时风险控制效果反馈机制，以便根据随时出现的风险进行控制方案的调整。同时，对于风险控制体系执行过程中出现的各种偏差进行及时修正。

解决方案

关于任务：物流企业的风险来源有哪些？

物流企业在日常经营活动中会遇到许多风险，归纳起来包括以下两种类型：一是企业自身在内部管理上存在的风险，即物流企业内部风险；二是外部环境因素给企业造成的风险，即物流企业外部风险。而这些风险的产生都与物流企业内部管理控制工作有着直接关系。

（一）物流企业内部风险

所谓物流企业的内部风险主要指企业财务管理工作方面存在的风险，也就是企业在对资金进行管理、使用过程中所暗藏的诸多风险。而企业财务管理工作也是企业内部控制机制建设的主要内容。由于物流企业自身的财务管理特殊性，从而让物流企业的财务管理工作以“两大两小”为追求目标。所谓“两大”就是努力实现企业自身价值最大化和努力实现企业客户价值最大化。所谓“两小”就是努力实现企业经营运作成本最小化以及企业客户投入成本最小化。在这“两大两小”的财务管理工作目标驱使下，物流企业必然面临比一般企业更多的财务管理风险及内部管理风险。企业想要做大做强的愿望过于强烈以及企业对市场的预期过于乐观，从而导致了企业在财务管理及内部控制方面的粗放型发展，在此种情况下就非常容易出现资金使用无计划、内部管理无规范、管理系统不完善等种种内部控制管理问题，最终不但无法实现企业总体发展目标，反而可能会使企业因此遭到市场的淘汰而陷入生存困境。

（二）物流企业外部风险

物流企业是一个面向客户、面向市场，全方位开放的企业类型，因此外界因素对物流企业自身的发展也会造成不小的影响。比如在与大客户的合作过程中，由于对方的实力雄厚，物流企业可能会因为怀着强烈的合作意愿而在谈判过程中疏忽了对合同条款的仔细斟酌。从而在事后合作中产生许多矛盾和纠纷，这些问题很有可能让物流企业陷入窘境，严重时甚至可能出现破产的危险。此外，物流企业作为交通运输行业的重要组成部分，其经营过程中还肩负着向客户提供准确及时的物流信息的重要责任，如果因为企业自身的原因或者外界环境因素的干扰而出现了信息的延迟甚至错误，就会让企业陷入歹势，轻则终止合同，重则可能被告上法庭，承担相应的法律责任。

模块三　物流企业安全管理与环境评价

任务描述

张某在某职业学院物流管理专业毕业后，通过招聘会被北京某物流公司选中，招收为物流内部运营岗位实习生，进行为期3个月的实习。在这期间要进行与岗位相关的培训和学习，如果实习合格则被聘为正式员工。

张某在实习的第一天到安全部报到，然后到公司的培训部进行相关的培训。培训部的李老师对张某进行了业务培训，要求张某完成下面的任务。

任务：试述物流企业应如何做好安全防护？

知识链接

一、物流安全

（一）物流安全的概念

凡是人类生活和活动的空间领域，都普遍存在着安全问题。人类生存、繁衍和发展离不开生产与安全。人类的社会活动和经济活动，既有给人类提供物质财富，促进社会发展的一面，也有给人类带来灾难的一面。在物流活动中，运输过程中可能发生交通事故，装卸搬运过程中可能发生物体打击事故，储存过程中可能发生火灾等。因此，安全科学和安全工作贯穿于物流活动的始终。

从安全的科学概念上看，“安全”通常是指没有导致人员伤害、疫病或死亡，没有造成设备、财产破坏或损失的状态。由安全的定义可以看出，它既涉及人又涉及物，也涉及各种情况下的局部或整体损失。当人们给出约束条件时，该定义也可限定为“人的伤害或死亡”，或“设备、财产损失”。

在我国的物流发展过程中，物流安全也越来越受到重视，但系统化的物流安全理论和技术体系基本没有形成，大部分的物流安全还只停留在各个物流因素的各自领域内，没有形成物流安全的系统化理论。作为一个活动过程，物流安全就不是一个点上的研究或者是一类事故的控制，而且对所有涉及物流安全方面进行综合分析和控制的全过程，基于这样的研究认识，物流安全所涵盖的内容也就是多样化和多层面的，而且各个方面的内容之间具有一定的关联性，相互影响，相互作用，不能分割。

根据现代物流发展情况和物流对安全的需求，可以认为，物流安全是为了保证物品从供应地向接收地的实体流动过程中的运输、储存、装卸、搬运、包装、流通加工、配送及信息处理等基本功能的顺利实现，使其免受人员伤害、疾病或死亡的影响，没有造成设备、财产破坏或损失，确保最大的经济和安全效益。

（二）物流安全的特征

要把物流安全的工作做好，确保物流功能的正常发挥，必须深刻认识物流的基本特征，以实现最佳的经济效益和安全效益。物流安全主要特征有以下几个方面。

1. 物流安全的必要性和普遍性

在物流过程中，人和物遭遇人为或自然的危害或损失是常见的，因此，在物流系统中，不安全因素是客观存在的。物流活动顺利开展的必要条件是安全，如果安全都不能保证，物流活动就无法进行。因此，物流安全是物流活动顺利开展的必要前提。同时，实现物流安全又是普遍需要的，在物流活动的一切领域，必须尽力减少失误、降低风险，尽量使其趋向本质安全化，使人能控制和减少灾害，维护人与物、物与人、人与人、物与物相互间协调运转，保证物流功能的实现。

2. 物流安全的随机性

物流安全取决于物流活动中人、物和人与物的关系协调，如果失调就会出现危害或损坏。安全状态的存在和维持时间、地点及其动态平衡的方式都带有随机性。物流活动中，时空在不断变化，安全状态也在不断变化。因此，实现物流安全要尽量提升安全率。但是，就当代人的素质和科技水平而言，只能做到尽力控制事故。

3. 物流安全的相对性

安全的标准是相对的。物流安全的内涵引申程度及标准取决于人们的生理和心理承受程度、科技发展水平和政治经济状况、社会的伦理道德和安全法学理念、人民的物质和精神文明程度等现实条件。公众接受的相对安全与本质安全之间是有差距的，现实安全是有条件的，安全标准是随着社会的物质文明和精神文明程度提高而提高的。

4. 物流安全的局部稳定性

物流系统是一个复杂的、巨大的系统，无条件地追求绝对安全是不可能的。但是有条件地实现人的局部安全和追求物的本质安全化则是可能的、必需的。只要利用系统工程原理调节、控制安全的探测、延迟与反应，就能实现局部稳定的安全。

5. 物流安全的经济性

物流安全与经济效益密切相关。保障物流安全的必要经济投入，如维护劳动者的生产能力的基本条件，包括安全装置、安全技能培训、防护设施等。完善安全与卫生条件、增加防护用品等方面的投入，是促进物流活动持续稳定进行、物流效益稳步增长的重要保证。

6. 物流安全的复杂性

物流安全取决于人、物（机）与人与物（机）的关系，实际形成了“人（主体）—物（对象）—环境（条件）”运转系统。这是一个自然与社会结合的开放性系统，在物流安全活动中，人的主导作用和本质属性，包括人的思维、心理、生理等因素以及人与社会的关系，即人的生物性和社会性，使物流安全具有极大的复杂性。

7. 物流安全的社会性

物流安全与社会的安定、稳定直接相关。在物流活动中，无论是人为灾害还是自然灾害，如物流运输配送中的交通事故、仓储场所的火灾、包装过程中的有毒物质泄露、装卸搬运中的事故等，都将给个人、家庭、企业单位带来心灵上的伤害和物质上的损失，成为影响社会安定、稳定的重要因素。物流安全的社会性还在于物流安全能够影响政府决策等。

（三）物流安全的作用

物流活动是一个复杂的过程，无论是正向物流还是逆向物流，任何一个环节出现问题都会带来不同程度的财产损失、人员伤亡甚至社会危害。物流安全具有非同小可的作用，它主要表现在以下几个方面。

1. 保证生产

物流安全能够保证商品生产活动的不间断进行。物流是生产的延伸和继续，又是生产的准备和先导，关系着产品的销售和原材料的输入，即物流—生产—物流，就这样无限运行着。

2. 保证消费

人们的衣食住行、柴米油盐都依靠着物流，如果没有正常的物流运行，人们基本的生活所需将无法得到供给，社会就会变得不安定。没有物流，商品也无法得到消费，导致生产也无法继续进行。生产、物流和消费三者构成了社会经济运行的一个有机体，缺一不可。

3. 减少商品在物流过程中的损失

商品如果在物流过程中遭遇损失，致使商品所有权受到侵害或商品的使用价值遭到破坏，会给商品所有者造成经济上的损失，侵害商品所有者的经济利益，影响物流效益的提高。

4. 保证物流作业人员及财产的安全

由于物流作业安全保障设施不完善，物流作业危险系数上升，使作业的工作人员的生命和健康受到威胁，如剧毒品保管或操作不合理引起人员中毒、易燃品引起爆炸造成人员伤亡等。

作业人员操作不当，不但会使商品遭到损坏，连物流设备和设施也会遭到破坏，造成不应有的损失。

5. 减少对生态环境的破坏

随着经济的快速发展，物流活动对生态环境的破坏越来越严重，如废气污染、噪声污染、资源浪费、交通堵塞、废弃物增加等。循环物流将形成物流与环境之间的推动与制约关系，进而促进现代物流的发展，达到环境与物流的共生。

二、安全意识

物流是作业风险较高的一个行业，我国物流企业的安全生产状况与世界一些发达和发展中国家相比有一定的差距。如何提高物流作业人员的劳动安全保障水平，加大安全投入，改善物流作业环境，推进物流技术进步，采用科学的方法进行安全预防、安全预警和安全事故的控制是刻不容缓的问题。

（一）安全意识的概念

安全意识贯穿于物流作业人员操作及工作内容，是制约安全事故发生的内在因素，既提高物流作业人员的安全意识就能有效遏制安全事故的发生，也是有效降低我国物流安全作业事故发生率的关键途径。

根据《职业健康安全管理体系要求及使用指南》（GB/T 45001—2020）的相关规定，物流企业应要求物流从业人员具备相应的安全意识，具体有四个方面的内容。

（1）能够按照安全生产标准履行职业安全健康好的，以及充分认识到职业安全健康生产管理体系的重要性。

（2）深刻认识到在工作活动中可能或实际存在的能够对职业安全健康产生危害的问题，并及时增强安全意识创造出新的职业安全健康效益。

（3）按照标准履行职业安全健康活动的过程中，完成职业健康安全管理体系的要求，并且能够在紧急情况下及时作出正确反应。

（4）认识了解而且能够及时规避违规操作所带来的不良后果。

安全意识是物流从业人员在实际工作环境氛围中通过认知自我安全而产生的心理状态，体现了物流管理人员对自我安全和健康在实际工作中的客观存在关系，既包含了人们在安全领域的意识因素和观念形态的全部，也包含了人类社会精神文化的产生和发展。

（二）安全意识的特点

1. 能动性

安全意识产生于人类的日常说出来的，并且对人类的日常生产劳动产生了重要的能动作用。安全意识的能动性具体体现在以下两个方面。

（1）可以主观地反映物质世界的现象与外在关系，物质世界与事物中的客观规律也可以经过理性思维来发现，从而建立理论体系和概念系统。

（2）通过了解物质世界的本质和规律，在大脑中根据自身的需求形成概念、思维、想法，控制自身的活动，即为了完成安全的目标而组织和协调人类的各项安全生产活动。

2. 传递性

安全意识能够在人们中间相互影响，尤其是领导阶层对普通阶层，并且负面影响比正面影响要大。因此，要想进一步提升安全意识水平，一个重要的方法就是提倡安全文明的工作作风，谴责不安全行为。

3. 波动性

正常来说，某个企业或个人连续发生事故的概率很小，一是事故的发生有一定的偶然性；二是发生事故后可以在一定时间段内产生持续的警示作用。然而当距离上次事故发生的时间越来越久远，工作人员便会渐渐忘记了上次事故产生的危险，自我安全意识逐渐淡薄，导致安全事故的人为因素逐渐增多。因此，不断加强安全意识是保证安全生产的重要手段。

4. 可塑性

通过宣传、培训可以提高人员安全意识。人的安全意识是后天养成的，其强弱程度也是在不断变化中的，是在先天条件的基础上通过后天的安全教育和社会影响等而形成的，安全意识可以通过多种学习和教育手段来培养、发展、提高。因此，为了提高人的安全意识水平，保证安全生产目标的成功，采用多层次、多种形式的安全教育和培训等手段都是可行的。

5. 制约性

安全意识不是无中生有的，不同人的安全意识因各自的成长经历和社会环境不同而不同，在面对相同条件的情况下，会有不一样的反应，这些反应的区别往往体现在反应速度、反应数量、反应程度上。而且，特定社会外部环境、历史条件也能对人的安全意识产生影响，在不同的时代有不同的安全意识状况和等级，不同的社会阶层也会产生不同的安全意识。

（三）物流从业人员安全意识及影响因素界定

1. 物流从业人员安全意识构成维度

物流安全意识主要是指物流从业人员在认识自我安全的物流实践中逐步形成的，是物流管理人员在管理过程中对安全生产和身体健康理性思考的客观反映，它是物流管理人员在安全生产过程中产生的全部意识因素和理性思维以及人类社会发展过程中关于安全生产的所有精神文化。

安全意识的构成分为安全知识、安全理智感、预判伤害发生能力和自我效能四个维度。

（1）安全知识。安全知识是一种让人产生行动的信息，这种信息能够使人用安全的方式进行生产工作。员工通过学习知识，进一步深入了解自身在工作中可能遇到的危险情况，提高对危险的防范意识，促使员工在生产中积极主动采取有利于自我保护的安全行为。

（2）安全理智感。安全理智感是指人们在安全生产过程中，了解、评价安全和与它有联系的事物，是在安全生产过程中体会到的某种情绪，是一种情感。这种情感是当人们的求真需要及理性观念得以实现时产生的，比如面临困难时的责任感、接受困难任务的使命感、通过安全活动查明问题的惊奇感、研究问题时的疑惑感、解决困难后的愉悦感等。

安全理智感是促使员工进行安全生产的主观内在因素，当员工拥有良好的安全理智感后，他们在安全生产过程中，严肃认真对待安全问题，严格按照安全规章制度操作，在长期的工作中养成了良好的安全生产习惯，并且持续较长的时间。缺乏安全理智感不仅会导致员工安全意识淡薄、违规操作，而且会造成重大安全事故。

（3）预判伤害发生能力。预判伤害发生能力是通过客观现象在自身具备知识基础上进行的假想、推理、思考以及对物质世界所发生的事情的事前预判。预判伤害发生能力不仅可以直接影响人在安全生产活动中的习惯，还可以影响人的具体行动。预判伤害发生能力不是一成不变的，它不仅可以经常发生变化，还可以有目的、有计划地进行塑造。要想增强员工的预判伤害发生能力，就必须对员工进行一定的教育和培训。安全意识是随着预判伤害发生能力的提高而提高的，只有提高了能力，才能在事故发生前有所警觉，因为许多征兆都是发生伤害事故产生之前，假如在伤害事故发生前就提前警觉，就可以及时采取必要的措施，从而防止伤害事故的发生，降低损失。

（4）自我效能。自我效能是自我改变自身的事件，以及掌握自我具体行动水平的信念，也就是自我可以对自身按照指定的标准来执行具体行动的信息。

自我效能产生于可以控制个体的行动、举止与外部条件的相互影响，其以目标为方向，是自我控制中的一个方面。技能不是自我效能的重要因素，而是人判断自己所具备的技能可以做什么。所以，拥有相似或同样技能的不同个体或同一个个体在不相同的外部条件下，由于对自我效能判断的不一致，将会产生不同的效果。

2. 物流从业人员安全意识影响因素

（1）物流法律法规。法律法规的执行是为了确保劳动者能够安全、健康地工作，预防安全事故的发生，降低安全事故发生率进一步加强对安全生产的管理。物流安全法规和行业标准以及完善的安全管理规章制度，是从事物流工作的行动准则和技术规范，物流企业必须严格遵守执行。通过法律法规对物流企业安全生产工作进行强有力的约束，为物流企业建立良好的安全意识环境氛围提供了法律依据，进而有效地控制物流企业安全生产事故。

（2）物流安全管理。安全管理机构及岗位设置是指在物流企业中成立专职的安全管理部门，聘用专职的安全管理人员负责物流企业具体的安全工作。该岗位的工作人员必须具备较强的责任心，有较高的文化水平和丰富的工作经验，并且掌握物流企业的工程技术，通过安全机构及岗位设置能够便于物流企业管理，提高物流从业人员的安全意识。

物流企业安全管理岗位工作人员定期对各级物流管理人员安全作业规章制度的建立和落实情况进行检查，能够有效促进、增强物流企业从业人员的安全意识和自我效能。

物流企业除设置安全管理机构及岗位、进行安全检查外，还要增加在人员、资金及安全设施方面的投入，这些安全投入的落实必须依照物流企业相关标准和规定，它不仅是顺利开展安全生产工作的保证，更是增强施工管理人员安全意识的必要经济基础。

（3）安全防护。安全防护是指做好准备和保护，以应付突发事故避免受害，从而使被保护对象处于没有危险、不受侵害、不出事故的安全状态。显而易见，安全是目的，防护是手段，通过现场防护及安全措施，制定事故预防及应急处理方案，对施工管理人员采取安全宣传教育等防范手段，从而达到或实现安全的目的。

解决方案

关于任务：试述物流企业应如何做好安全防护？

1. 现场防护及安全措施

现场防护及安全措施是为了避免及预防在物流作业过程中物的不安全状态，防止安全事故的发生，为物流从业人员提供安全保障。对物流作业过程中存在的安全隐患进行分析和预测，并在技术管理层面采取相应的措施，建立完善的现场防护及安全措施，对物流作业全过程进行监管，从而为物流从业人员增强安全意识和改善物质环境奠定良好的基础，为安全生产提供保障。

2. 事故预防及应急处理

事故预防及应急处理是为了应对火灾、洪灾、爆炸、食物中毒、高空坠落、重大疫情以及重大环境污染等重大事故或险情而制定的应急预案。在制定了应急预案后，物流企业还应当根据应急预案购买相应的应急设备，并且按照应急预案的规定安排员工进行演练，找出问题和不足之处，并据此进一步完善，从而建立一套合理、高效的应急预案，保障物流企业事故预防机制的形成，促进物流从业人员应急反应能力的提高，有助于物流从业人员应变技能的提升，为物流从业人员的预判伤害发生能力的提高创造良好的条件，从根本上进一步加强物流从业人员的安全意识。

3. 安全宣传教育及培训

安全宣传教育培训师对受训人员进行各种法律法规、安全政策的宣传教育，起到安全警示作用，帮助培训人员实现其生产和人的价值的文化教育。

学习指导

学习本章的内容，建议学生能够从物流企业运营管理的角度对物流企业进行管理，掌握企业合同管理、内部控制和风险管理等内容。

思考题

1. 什么是企业内部控制和风险管理？
2. 为何要加强企业内部控制？
3. 风险管理与内部控制的认知误区有哪些？
4. 物流安全的作用有哪些？
5. 物流从业人员安全意识构成维度有哪些？

拓展项目训练

企业风险管理与内部控制建设是一项非常复杂的系统工程，企业应当明确目标，充分提高公司治理水平，完善内部环境。试根据自身实际情况，选择一家物流企业并尝试为其建立一套适合企业发展的风险管理与内部控制的流程体系。

项目九　物流企业质量管理

学习目标

一、知识目标

1. 了解质量及质量管理的相关概念
2. 理解物流质量内涵
3. 理解物流服务质量环
4. 掌握物流质量管理的基本方法
5. 物流企业质量管理体系的评价

二、能力目标

1. 灵活运用所学知识分析案例
2. 具备运用理论知识对物流企业质量管理进行分析的基本技能

三、素质目标

质量管理理论是一门管理科学、技术科学和自然科学相互交叉的边缘学科。作为一个物流企业的管理人员，应该具备将质量管理理论与物流企业管理相结合并应用质量管理理论指导物流企业管理工作的能力，以提高工作全过程的质量，提高物流服务水平。

本项目包含三个模块：物流企业质量管理概述，物流服务质量管理，物流质量管理常用方法。

导引案例

云南白药集团股份有限公司“四全管理”激发新动力

漫步在位于昆明市郊的云南白药集团股份有限公司（以下简称“云南白药集团”），仿佛走在风景如画的欧洲小镇。无论是在秩序井然的办公区，还是在川流不息的物流车间，身着不同颜色制服的员工都在工位上紧张地忙碌着。穿行其间，所见的各处与环境融为一体的“新白药·大健康”标语，强烈地向人们表达着云南白药集团新时期的发展战略。

“新白药·大健康”是云南白药集团十二五时期提出并成功实施的发展战略，在今后相当一段时间将继续发挥引领作用。“新白药”是指新的品牌内涵、新的产业基础、新的发展平台；“大健康”是指集药品、个人护理产品、医疗卫生、营养保健、健康管理、养生休闲于一体的，一、二、三产融合发展的新型产业形态。在“四全管理模式”中，“新白药·大健康”是战略引领，“全产业链的市场培育”是发展导向，“全过程的安全管控”是前提基础，“全方位的品牌重塑”是核心内涵，“全员参与的价值创新”是驱动源泉。“四全管理模式”为云南白药集团的快速发展注入了源源不断的新动力。

云南白药着力打造4P（指四种关于药品质量的管理规范）融合的全过程质量管控体系，构建了基于4P的全产业链、全过程、溯源可控的质量管理体系，涵盖良种选育、标准化种植、创新性研究、规范化生产、现代化物流与信息化运营。通过CNAS（中国合格评定国家认可委员会）认可的第三方检测和安全性评价两大平台，强力支撑质量体系有效运行。在良种选育与产品可追溯系统建设过程中，准确鉴定1万多种天然药物，采集10余万份药用植物标本，有效把控品质源点；通过物料和产品的质量信息控制系统，实现产品全程监控与溯源。同时整合质量大数据，利用大数据“线上线下”模式收集各环节的顾客需求，通过PDCA循环（质量管理的方法），将需求中提到的“问题点”作为改进点，将改进点作为创新点，不断变革创新，持续提升产品质量，使公司各过程控制阶段无缝对接形成一个整体，不仅能够满足政策法规和行业规范的要求，同时保证了全过程的有效控制及产品质量安全。

在“新白药·大健康”战略的引领下，通过有效推行“四全管理模式”，云南白药集团实现了从单纯药品制造到大健康产业链、从传统国企到完全市场竞争主体、从区域性产品到全国性品牌的成功转型，主要经济指标持续增长，盈利能力和品牌价值连续10余年居中医药行业领先地位。1999—2015年这17年间，净利润复合增长率超过32%，连续10余年净资产收益率超过20%，国有资产大幅增值。

阅读上面的案例，请思考以下问题。

1. 云南白药集团股份有限公司“四全管理”是哪四全？
2. 云南白药集团股份有限公司在物流方面有哪些有效的举措？

模块一　物流企业质量管理概述

任务描述

小董在某职业学院经济管理系物流管理专业毕业后，通过招聘会被某物流公司选中，招收为质检部的实习生，进行为期3个月的实习，在这期间要进行与岗位相关的培训和学习，如果实习合格则被聘为正式员工。

小董在实习的第一天到质检部报到，然后到培训部进行相关的培训。培训部的老师对小董进行了业务培训，要求小董完成下面的任务。

任务一：为什么物流企业要重视质量管理？

任务二：如何衡量物流质量？

知识链接

质量管理理论产生于20世纪初，经历了质量检验、统计质量和全面质量管理三个发展阶段，已经形成了较为完善的研究体系，是一门管理科学、技术科学和自然科学相互交叉的边缘学科。将质量管理理论应用到物流企业管理的实践中来，具有非常重要的意义。从物品（物流对象）的角度看，实施质量管理是保持物品质量的前提和保证，是保持和转移物品价值和使用价值的必要条件；从物流业务的角度看，实施质量管理是提高物流企业管理水平的有效手段；从企业发展角度看，实施质量管理是企业提高竞争力的重要条件。

一、质量及质量管理的基本概念

（一）质量的基本概念

质量是一个具有丰富内涵的多层次的概念。按照我国国家标准《质量管理体系 基础和术语》（GB/T 19000—2016，等同于国际标准 ISO 9001—2015）的界定，质量是客体的一组固有特性满足要求的程度。

对质量定义的理解如下。

（1）质量不仅是指产品，而且包括某项活动或过程的工作质量以及质量管理体系运行的质量。

（2）“固有特性”是产品、过程和体系的一部分，与产品本身不可分割，如螺栓的直径、车轮的载重量、仓库的库容量等。而产品的价格就不是该产品的固有特性，是人为赋予的特性。

（3）质量反映的是“满足要求的程度”，而不是反映为“特性总和”，因为顾客要求的满足程度才是反映质量好坏的重要标准。

（4）质量具有相对性。质量标准和质量要求因环境、地区、国家、消费者、时间等因素的差别而有所变化。如销往欧洲地区的电视与在国内销售的电视在制式、电压及电压的波动范围方面的要求都有区别。质量作为一个整体概念，包含了“符合规格”和“符合期望”两层内涵：一方面，产品流动过程需要的各种资源和技术是完全可以控制的，很容易确定质量规格和操作标准，所以，“符合规格”就成为质量的一个内涵；另一方面，在物品流动过程中，为创造形式效用、时间效用和地点效用，需要根据顾客的不同要求提供不同的服务，而服务质量是由顾客根据自己的期望来评价的，所以，“符合期望”也构成了质量概念的一个内涵。

（二）质量管理及相关概念

在国际标准和我国国家标准中，质量管理的定义为：确定质量方针、目标和职责，并在质量体系中通过质量策划、质量控制、质量保证和质量改进来使其实现所有管理职能的全部活动。

质量管理是企业围绕着使产品质量能够满足不断更新的质量要求，而展开的质量策划、组织、实施、检查、监督审核等所有管理活动的总和。而一件产品或一项服务能否成功地完成它的使命取决于以下因素。

（1）设计质量。设计是指为使产品和服务满足某方面的需要而进行的作业确定和解决问题的过程。产品设计则是从明确产品设计任务起，至确定产品整体结构的一系列工作过程。设计质量是这一过程的工作质量。

（2）制造质量。制造质量又称产品符合性质量，指符合给定的产品图样和技术文件要求的程度，也就是制造过程和结果符合产品设计的程度。制造质量受人员素质、设备、材料、方法、检测和环境等因素的影响。

（3）使用和服务质量。使用质量又称使用效果，是使用过程的可靠性和可维修性。服务质量指满足规定或潜在需要的特性。服务质量要求对顾客（用户）响应迅速，能够快速排除故障，守信誉，及时提供配件，以优质服务赢得用户信赖。

对质量管理定义的理解如下。

（1）质量管理的实施涉及组织中所有成员，必须由最高管理者进行领导。

（2）质量管理的职责是制定并实施质量方针、质量目标和质量职责，质量管理应与经营活动相结合。

（3）质量管理是有计划的系统活动，为了实施质量管理，需要建立质量体系。

（4）质量管理是以质量体系为基础，通过质量策划、质量控制，质量保证和质量改进等活动发挥其职能。

二、物流质量管理

（一）物流质量的内涵

物流质量是指物流活动满足企业生产需要和顾客消费需要的能力特性的总和。物流质量是物流服务管理的核心，物流运作质量的好坏直接关系到物流整体绩效。物流质量的概念既包括物流对象的质量，又包括物流手段、物流方法的质量，还包括工作质量，因而是一种全面的质量观。

（二）物流质量的内容

1. 物流对象质量

物流对象质量就是商品的质量保证及改善。物流的直接服务对象是具有一定质量的实体，具有合乎要求的等级、尺寸、规格、性质、外观等特征。这些商品的质量是在生产过程中形成的，物流过程在于转移和保护这些商品的质量，最后实现对用户的质量保证。因此，对用户的质量保证既依赖于生产，又依赖于流通。

现代物流过程不再只是消极地保护和转移物流对象，还可以采用流通加工等手段改善和提高商品的质量，因此，物流过程在一定程度上就是商品质量的“形成过程”。

2. 物流服务质量

物流活动具有服务的本质特征，既要为企业生产经营过程服务，也要为企业产品和服务的顾客提供全面的物流服务。可以说，整个物流的质量目标就是企业物流的服务质量。服务质量因不同客户要求而异，因此要掌握和了解客户要求。客户要求包括：批量及数量的满足程度；配送额度、间隔期及交货期的保证程度；配送、运输方式的满足程度；成本水平及物流费用的满足程度；相关服务（如信息提供、索赔及纠纷处理）的满足程度等。

物流服务质量是变化发展的，在社会发展进程中根据顾客需要绿色物流、柔性物流等新的服务概念被提出，形成了新的服务质量要求。同时，需要适应经济全球化发展，引进国际物流服务标准，不断提高物流服务质量，积极开展国际化物流经营活动。

3. 物流工作质量

工作质量指的是物流各环节、各工种、各岗位的具体工作质量。工作质量和物流服务质量是两个有关联但又不相同的概念，物流服务质量水平取决于各个工作质量的总和。所以，工作质量是物流服务质量的基础。重点抓好工作质量，物流服务质量也就有了一定程度的保证。同时，需要强化物流质量管理，建立科学合理的管理制度，充分调动员工的积极性，不断提高物流工作质量。

4. 物流工程质量

物流质量不但取决于工作质量，还取决于工程质量。在物流过程中，将对产品质量发生影响的各因素（人的因素、体制因素、设备因素、工艺方法因素、计量与测试因素、环境因素等）统称为“工程”。很明显，提高工程质量是进行物流质量管理的基础工作，能提高工程质量，就能做到“防御为主”的质量管理。

物流质量管理是指以全向质量管理的思想，运用科学的管理方法和手段，对物流过程的质量及其影响因素进行计划、控制，使物流质量不断得以改善和提高的过程，是用经济的办法，向用户提供满足其要求物流质量的手段体系。物流质量管理既包括物流对象质量，又包括服务质量、工作质量、工程质量，应是一种全面的质量观。

（三）物流企业质量管理

1. 物流企业质量管理的概念

物流企业质量管理是依据物流系统运动的客观规律，为了满足物流顾客的服务需要，通过制定科学合理的基本标准，运用经济办法开展的策划、组织、计划、实施、检查和监督、审核等所有管理活动的过程。物流企业质量管理必须满足两个方面的要求：一是满足生产者的要求，必须保证生产者的产品能够保质保量地转移给顾客；二是满足顾客的要求，按照顾客的要求将其所需的商品交给顾客。

物流企业质量管理主要包括两个方面的内容：质量保证和质量控制。质量保证是物流企业对顾客来说的，即对顾客实行质量保证，就是为了维护顾客的利益，使顾客满意，并取得顾客信任的一系列有组织、有计划的活动。质量保证是物流企业质量管理的核心。质量控制是对物流企业内部来说的，是为保证某一工作、过程和服务的质量达到作业技术标准所采取的有关活动。质量控制的目标是确保物流质量能满足顾客、法律法规等方面所提出的质量要求。质量控制是测量实际的质量结果，并与标准进行对比，对某些差异采取措施的调节管理过程，是质量保证的基础。

2. 物流企业质量管理的特点

物流活动具有内在的客观规律，在质量管理方面同样反映出相应的基本要求。物流企业质量管理具有以下特点。

（1）系统性。质量是一个系统过程，它渗透在企业的每个环节中，只有理解了这一点，才能实现全面质量管理。物流企业是一个完整统一的系统，加强物流企业质量管理就必须从系统的各个环节、各种资源及整个物流活动的相互配合、相互协调做起，通过强化整个企业基本质量素质来促进企业质量的系统发展。

（2）全员性。保证质量是物流企业里每个人的责任，而全员性正是由物流企业所从事物流工作的综合性、物流质量问题的重要性和复杂性所决定的，它反映了物流企业质量管理的客观要求。

（3）目的性。质量应以满足顾客需要而存在，不应只是为了满足企业占领市场或提高生产效益的需要。

（4）先进性。现代质量管理和改进要求有新的技术手段，包括从质量设计到改进的技术及辅导手段。

（5）广泛性。质量改进必须有各个层级人员的参加，这些人员不仅包括本企业的员工，也包括社会各阶层人士，没有他们的参加和帮助质量是很难得到改进的。

（6）全面性。影响物流企业质量的因素是综合的、复杂的和多变的，而且物流企业质量管理的内容是广泛的，除了包括物流对象本身，还包括相关的工作质量、工程质量和服务质量。要加强物流企业质量管理就必须全面分析各种相关要素，把握内在规律，建立健全合理的质量管理体制，真正实现全面质量管理。

3. 物流企业质量管理的基本工作

物流企业质量管理是一个不断优化的过程，在物流企业质量管理过程中包括很多工作，归纳起来主要包括以下 3 个方面。

（1）建立管理组织和管理制度。质量管理工作体现在每一个过程中，因此，质量工作应是整个企业的事情。但是，各个过程又都有其独特的功能，故往往在操作时只注重实现功能，而忽视质量管理。另外，物流过程的连续性，又很难明确区分质量状况和质量责任。所以，建立一个统筹的质量组织，实行质量管理的规划、协调、组织、监督是十分必要的。

（2）做好质量管理信息工作。物流过程涉及的范围广，信息传递距离远，收集难度大，及时性差。为解决这些问题，应建立有效的质量管理信息系统，对物流过程实行动态管理，以提高质量保证程度，指导管理工作。

（3）做好实施质量管理的标准化和制度化工作。标准化是开展物流企业质量管理工作的依据之一。在标准化过程中，要具体制定各项工作的质量要求、工作规范、质量检查方法，保证各项工作的质量都要在标准的规定范围之内。另外，质量管理作为企业一项永久性工作，必须有制度的保证。建立协作体制、质量管理小组都是制度化的一部分。而且制度要程序化，以便于了解、执行和检查。制度化的另一个重要方式是要与岗位责任制紧密结合起来，使质量工作能在日常的细微工作中体现出来。

解决方案

关于任务一：为什么物流企业要重视质量管理？

小董通过培训学习，进一步认识到了随着科学技术的进步和经济的不断发展，消费呈现个性化、多样化的特征，企业面临着缩短交货期、提高产品质量和降低成本的压力。商品在进入成熟期以后，顾客对于商品的比较不仅仅放在质量方面，而且侧重于伴随商品购买所得到的服务，服务质量在顾客决策中已占据重要地位。面对激烈的市场竞争，越来越多的企业开始关注客户需求，去主动靠近顾客，并以顾客的需求和利益为中心，最大限度地满足顾客的需求，顾客服务成为企业竞争力的重要表现。作为顾客服务主要构成部分的物流服务，则成为企业提升竞争力的关键。特别是随着网络技术的发展，企业间的竞争已突破了地域的限制，竞争的中心逐步转移为物流服务的竞争。目前许多大型制造业、零售业的跨国公司，为争夺全球市场，把物流服务作为自己的竞争优势。同时，它们也从高效、优质的顾客服务中获得巨额利润。在日益激烈的市场竞争环境下，如何提升和确定企业的物流服务水平，保证企业长期竞争优势，已成为企业需要关注的重大课题。

关于任务二：如何衡量物流质量?

小董通过培训学习，明确了衡量物流质量是物流企业管理的重点。物流质量的保证首先建立在准确有效的质量衡量标准上。大致说来，物流质量主要从以下 3 个方面来衡量。

1. 物流时间

时间的价值在现代社会的竞争中越来越凸显出来，谁能保证时间的准确性，谁就获得了客户。由于物流的重要目标是保证商品的及时送交，因此时间成为衡量物流质量的重要因素。然而，在货物运输中，中国现行运输管理体制在一定程度上制约了不同运输方式之间的高效衔接，减缓了物流速度。由此可见，物流质量的提高还依赖于物流大环境的改善。

2. 物流成本

物流成本的降低不仅是企业获得利润的源泉，也是节约社会资源的有效途径。在国民经济各部门中，因不同产品对运输的依赖程度不同，运输费用在生产费用中所占比重也不同。据有关资料显示，物流费用占商品总成本的比重已超过 40%。

3. 物流效率

物流效率对于企业来说，指的是物流系统能否在一定的服务水平下满足客户的要求，也是指物流系统的整体构建。衡量物流效率是一件复杂的事情。因为社会经济活动中的物流过程非常复杂，物流活动内容和形式不同，因此必须采用不同的方法去分析物流效率。

模块二　物流服务质量管理

任务描述

通过培训，小董对质量管理有了深入的了解后，培训部给小董培训了物流服务与服务质量管理的相关知识，并要求小董完成下面的任务。

任务一：物流服务质量要素体现在哪些方面?

任务二：影响物流服务质量的主要因素有哪些?

知识链接

一、服务质量

（一）服务质量的定义及要素

服务质量是指服务满足规定或潜在的特征和特性的总和，是指企业通过提供物流服务，对达到服务产品质量标准、满足用户需要的保证程度。物流服务是顾客感知的物流服务集合，它离不开生产和交易的过程，是在买卖双方相互作用的真实瞬间实现的，因此得知一个顾客感知到的物流服务质量绝非易事。当 ISO 9000 将产品的定义扩大为包括服务、硬件、流程性材料、软件或它们的组合后，物流企业可以通过 ISO 9000 认证来提高流通企业的服务质量，因为以 ISO 9000 为指导性标准将具有可操作性。

服务质量有 5 个方面的要素，即可靠性、响应性、保证性、移情性和有形性。

（1）可靠性。是指连续地、准确地履行服务承诺的能力，它意味着服务以相同的方式、无差错地准时完成。

（2）响应性。是指帮助顾客并迅速提供服务的愿望。让顾客等待，特别是无原因地等待，会对服务质量感知造成不必要的消极影响；出现服务失败时，迅速解决问题会给服务质量感知带来积极的影响。

（3）保证性。是指员工所具有的知识、礼节以及表达出自信与可行的能力。保证性包括完成服务的能力、对顾客的礼貌和尊敬、与顾客有效的沟通、将顾客最关心的事放在心上的态度。

（4）移情性。是指设身处地地为顾客着想和对顾客给予特别的关注。移情性的特点是具有接近顾客的能力、保持敏感性和有效地理解顾客需求。

（5）有形性。是指有形的设施、设备、人员和沟通材料的外表。有形的环境条件是服务人员对顾客更细致的照顾和关心的有形表现。

（二）顾客感知服务质量

工业企业质量管理的一个基本观念是产品是生产出来的且符合一定技术特性的商品，因此，工业企业质量管理强调的是从企业自身出发，不断改进工作方法、流程，提高工作效率。服务性企业质量管理则强调从顾客角度出发，物流服务与有形产品不同，具有其自身的特性。一方面，由于物流服务的无形性，企业无法制定明确的质量标准来衡量服务的质量；另一方面，由于物流服务的生产与消费过程同时进行，企业很难通过控制生产过程，减少操作上的失误，以保证产品的质量符合既定的质量标准。因此，同有形产品的质量相比，物流服务质量更难被顾客评价。

顾客对服务质量的认知取决于他们的预期同实际所感受到的服务水平的对比，即物流服务质量是顾客感知的服务质量。如果实际质量满足了顾客的期望，那么可感知质量就是好的，从而认为企业具有较高的服务质量；如果顾客期望未能实现，即使实际质量以客观的标准衡量是好的，整体可感知质量仍是不好的，顾客会认为企业的服务质量较低。顾客感知服务质量的形成过程如图 9－1 所示。

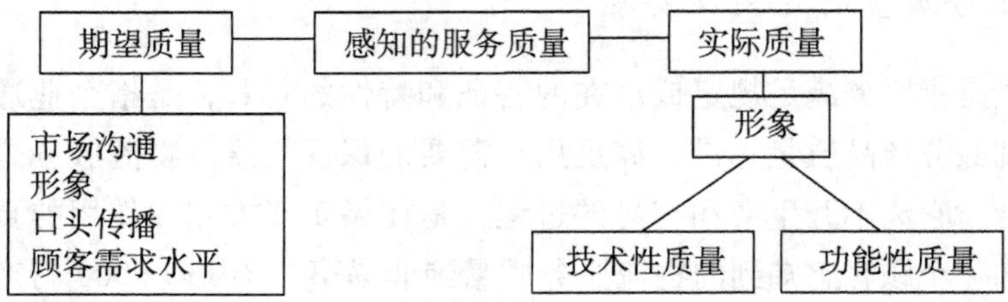

图 9－1　顾客感知服务质量的形成过程

期望质量是一系列因素的综合，企业与顾客的市场沟通、企业形象、口头传播、顾客需求水平都对期望质量有影响。从顾客的角度看，物流服务质量具有双重属性，它不仅与服务结果有关，而且与服务过程有关。顾客实际经历的服务质量包括技术性质量与功能性质量。技术性质量是指物流服务的结果，这使许多顾客能比较客观地评估的技术性质量；而功能性质量是指服务过程的质量，因为服务过程与顾客消费过程同时发生，企业如何提供服务，必然会影响顾客对质量的看法。服务过程的质量不仅与服务时间、服务地点、服务人员的仪表仪态、服务态度、服务方法、服务程序有关，而且与顾客的个性特点、态度、知识、行为方式等因素有关。企业在特定的时间和地点，才真正有机会向顾客展示自己服务的质量，这一瞬间将直接影响功能质量。企业形象是顾客实际经历和期望的函数，当顾客以服务的技术性质量和功能性质量的形式形成期望并有了实际经历时，其最终感知到的服务质量就会改变形象。形象是个“过滤器”，它影响人们对企业经营的认识，通过这个过滤器，人们可以看清技术质量，特别是功能质量。企业任何细微的失误都会给顾客造成很坏的印象，但如果形象良好，它就成了一顶保护伞，顾客可能会原谅企业在推广服务过程中的个别失误。

二、物流服务质量分析

顾客实际经历的物流服务，是由物流企业的一系列经营管理决策和经营管理活动决定的。企业管理人员根据自己对顾客期望的理解来确定企业的服务质量标准，要求员工按照这些标准为顾客服务。在服务过程中，由于多个主体自身的复杂性，往往难以充分表达和有效实施，从而造成服务传递中的种种差距，影响服务质量。图 9－2 体现了影响物流服务质量的 5 种差距，查明各类差距产生的原因，分析各类差距对服务质量的影响，企业管理人员就能确定适当的措施提高物流服务质量管理工作。

差距一是管理人员认知的差距，产生的原因有：①市场研究和需求分析的信息不

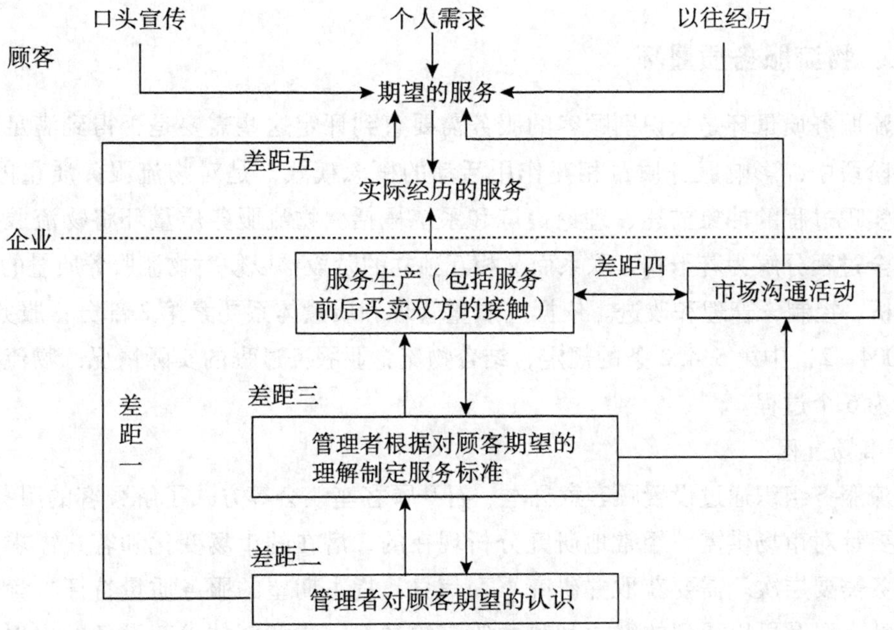

图9－2　物流服务质量差距分析模型

准确；②对期望的解释不准确；③没有进行市场需求分析；④服务人员未向管理人员反映或未向管理人员精确地反映顾客的期望；⑤企业组织管理层次过多，阻碍或改变了在顾客联系中所产生的信息的传输等。要缩小这一差距应改进市场调研，增进管理者和员工间的交流，减少管理层次，缩短与顾客的距离。

差距二是质量标准差距，产生的原因有：①物流服务质量设计工作失误或服务质量设计程序不够完善；②企业未明确目标；③高层管理人员对服务质量设计工作不够重视。设定目标和将服务传递工作标准化可弥补这一差距。

差距三是服务绩效的差距，实际服务过程不一定能达到管理者制定的要求，产生的原因有：①标准过于复杂或太苛刻；②员工不愿自觉接受标准的约束；③标准与现有的企业文化不相适应；④服务操作管理不善；⑤内部营销不充分或根本未开展内部营销活动；⑥企业的技术设备或经营管理系统不适应标准的需要。

差距四是营销沟通的差距，表现在企业在市场营销沟通活动中所做出的承诺与实际提供的服务不一致。产生的原因有：①营销沟通计划与服务能力不匹配；②传统的营销活动和物流处理活动缺乏协作；③营销活动和物流处理活动缺乏协作；④夸大其词，过度承诺。营销部门应与业务部门合作，客观地做出服务承诺。

差距五是顾客期望的服务与实际经历的服务之间的差距，这个差距影响着服务质量，它依赖于与服务传递过程相关的其他四个差距，是它们的综合结果。企业管理人员做好物流服务差距分析工作，可发现各类质量问题产生的原因，从而采取措施，缩小并最终消除差距，使物流服务符合顾客期望，提高顾客满意度，进而提高顾客忠诚度。

三、物流服务质量环

物流服务质量环是从识别顾客的服务需要直到评定这些需要是否得到满足的服务过程各阶段中，影响服务质量相互作用活动的概念模式，是对物流服务质量的产生、形成和实现过程的抽象描述、理论提炼和系统概括。物流服务质量环将物流服务质量形成的全过程分解为若干相互联系而又相互独立的阶段，以便对物流服务质量的全过程进行分析、控制、管理和改进。依据《质量管理和质量体系要素第2部分：服务指南》(ISO 9004-2) 中第5.4.2条的规定，结合物流企业服务过程的实际情况，物流服务质量环分为6个过程。

1. 市场过程

物流服务组织通过设置顾客意见本、召开顾客座谈会等方式了解顾客的服务需要，特别是要针对市场供需，经常地研究分析现在的、潜在的市场变化和客户需求，以及物流服务需要层次。需要获取并研究下列信息：货主期望的服务质量特征、竞争对手的服务特点以及可以得到的财力和物力等资源情况，注意新技术新设备的出现，并研究广告宣传的策略。征询顾客还需要哪些额外服务，希望得到哪些目前还没有提供的服务，订单传送的方法是否需要改进，确定哪方面的物流服务对顾客最为重要，目前的订货速度可否接受，为了得到较高水平的服务是否愿意支付较多的费用等。

2. 编撰服务简报过程

市场调研过程结束后，将得到的信息综合、归类、分析、对比、明晰化、条理化和书面化，从而编撰出服务简报，用于服务过程设计。

3. 设计服务过程

这是物流服务质量环的核心，它有三方面的工作：①根据市场调研过程中获得的信息，即货主期望的服务质量的特征，制定具体的服务标准（或规范）；②设计出服务程序，以便实现已制定的服务标准；③制定服务过程的质量控制规范，保证服务程序的完整实施和服务标准的严格执行。

4. 服务提供过程

物流服务提供过程分为进货、搬运、盘点、订单处理、拣货、补货、出货和配送等阶段。服务过程产生服务结果，即功能性、安全性、时间性、经济性、舒适性和文明性，这是物流服务质量的特性。

5. 评价过程

在提供服务之后，一方面，物流服务组织要对其服务提供过程和服务结果，进行自我评价；另一方面，货主对物流服务组织提供的服务质量进行评价。

6. 服务绩效分析改进过程

在物流服务过程中，物流企业应采取行政、经济、教育等各种手段确保各类规范的实施，不断地对服务过程质量进行评定和记录，识别和纠正不规范服务，把影响服务过程质量的各方面因素置于受控状态，如检查所有订单信息是否完全、准确，顾客的信誉程度如何，各部门对每笔交易记录是否完整，是否有延误订单及时处理的情况，订单的分拣和集合情况如何，备货和运货的方式是否合理，企业是否对退货的处理、检查和准许等事项作出规定，是否定期走访顾客，有无明文规定以检查服务人员同顾客之间的联系。此外，还应十分重视顾客对服务质量的投诉和评价，不断提高顾客的满意率，力争实现无缺陷服务。为此要建立一个服务质量信息的反馈和管理系统，对服务业绩进行定量的数据收集和统计分析，以寻求质量改进的机会，提高物流服务质量水平，从而在更好的基础上进行新一轮的循环。每一轮循环都是形式上重复，内容上加深，服务组织素质上的进步和物流服务质量的进一步提高是相辅相成的。

四、影响物流服务质量的主要因素

物流服务质量是在整个物流过程中形成的，这种无形产品质量需要依靠整个物流公司综合的改进，它涉及整个质量管理的各个环节。要想做到“事前控制”物流质量，预防不良品的出现，必须对影响物流质量的因素进行有效控制。在物流过程中，这些因素可以归纳为以下 5 个方面。

（1）人的因素。包括人的知识结构、能力结构、技术熟练程度、质量意识、管理意念、个人素质与修养责任心归属感等反映人的综合素质的各项因素。

（2）体制的因素。包括企业战略与发展规划、领导方式、组织结构、工作制度等。

（3）设备的因素。包括物流各项装备的技术水平、设备生产能力、设备适应性、维修及保养状况和设备配套能力等。

（4）工艺方法因素。包括物流流程设计、设备组合及配置、工艺操作等。

（5）环境因素。包括物流设施规模、水平、湿度、温度、粉尘、照明、噪声、卫生条件等。

这 5 个因素在物流过程中同时对物流服务质量、物流工作质量和物流工程质量产生影响。物流公司通过设计、建设、培训等方式创造条件，全面监控物流过程，改善物流工程质量，完善物流工作质量。这些是进行物流质量管理的基础工作，也是进行以“预防为主”的物流质量管理的必要环节。

影响物流质量的因素具有综合性、复杂性，加强物流质量管理就必须全面分析各种相关因素，把握内在规律。物流质量管理不仅管理物流对象本身，还管理物流工作质量和物流工程质量，最终对成本和交货期起到管理作用，具有全面性。因此，必须从系统的各个环节、各种资源以及整个物流活动的相互配合和相互协调做起，只有质量管理的整体发展才能最终实现物流管理目标。

五、物流过程对物流服务质量的影响分析

物流过程是由各个物流功能相互衔接构成的一个系统，所以物流过程中各功能的

管理直接影响着物流服务质量。

1. 仓储管理对物流服务质量的影响分析

仓储是物流系统不可缺少的组成部分，是物流的支柱功能之一。它的基本任务是保管储存、库存控制、质量维护。现代仓储目标由原材料及产成品的长期静态储存转变为以较短周转时间、较低存货率、较低的成本和较好的客户服务为内容的动态储存，仓储在物流系统内扮演了“蓄水池”和“调节阀”的作用。通过仓储，物流企业能在顾客要求的时间和地点将货物交到顾客手上。

2. 运输管理对物流服务质量的影响分析

运输主要是指干线运输，是完成货物运输的功能模块，也是物流系统中的重要组成部分。物流企业可以通过对集中货物，组织合理有效的运输来节约运力，降低物流成本。

运输创造了时间效用和空间效用，而时间效用和空间效用是物流企业获得成功的必要条件。如果产品不能及时送到消费者的手中，就会形成很大的负面效果。快速、有效的运输可以提高客户的满意度，而满意度是衡量客户服务质量的一个重要指标。同时，由于运输成本占现代物流总成本的比重很大，运输成本的高低直接关系到物流成本的大小，影响到物流企业的价格及企业的经济效益。

3. 装卸搬运对物流服务质量的影响分析

装卸搬运作业是物流企业的主要作业之一，是衔接物流系统其他功能要素的桥梁和纽带。随着自动化技术、智能化技术以及计算机信息技术的不断发展，机械手、传送带、自动导引车等各种先进的设备设施不断涌现，装卸搬运工作效率在不断提高。因此，物料搬运的改善成为降低成本的首要任务，装卸搬运对物流系统的作用是不言而喻的，它与运输、保管、包装、流通加工等其他物流要素有着密切联系。如果没有物料搬运，物流的各个环节就无法进行。物料搬运不仅直接影响着物流服务的质量和效率，还影响着物流活动的安全和物流服务成本。

4. 配送质量对物流服务质量的影响分析

配送是物流中一种特殊的活动形式，它是一种包含了物流中若干功能要素的综合物流活动，是商物合一的产物，是物流过程中的增值活动。配送是指物流企业按用户订单或配送协议进行配货，经过科学统筹规划，在用户指定的时间内，将货物送达用户指定地点的一种供应方式。正是通过配送系统物流企业才得以最终完成货物从生产商到用户的转移，实现商品的使用效用。一般的配送包括装卸、包装、保管、运输（市内，短途运输）等。通过这一系列活动完成将物品送达到客户的目的。

5. 流通加工对物流服务质量的影响分析

流通加工是指物品在从生产领域向消费领域流动的过程中，为了维护产品质量、改善产品功能、增加附加价值、满足客户需求、促进销售以及提高物流效率而对物品进行的加工。流通加工是生产加工的延伸和补充，相对生产加工而言，流通加工只对物品进行简单的处理和改变，通常包括包装、组装、分拣、计量、贴标签等简单的加工作业，对产品功能进行完善，使之更有利于销售和流通。流通加工作业多在配送中心、流通仓库、卡车终端等物流场所进行。流通加工通过提高原材料利用率、方便消费者购买、促进产品销售等方式创造附加价值，间接地提高了商品的价值和使用价值，提高了物流服务水平，从而为流通加工者提供了丰厚的利润空间，从利润角度看，流通加工是一种低投入、高产出的加工方式，大力发展流通加工是促进物流增值的有效手段。流通加工并非物流业务流程的必然作业，但它不仅能够提高物流系统效率、提高物流服务质量水平，而且对生产的标准化和计划化、提高销售效率、提高商品价值、促进销售也将越来越重要。随着销售竞争的日益激烈和用户的个性化、多样化需求，用户对于物流过程的要求越来越高，越来越显示出流通加工对物流系统的影响。

6. 信息处理对物流服务质量的影响分析

除了以上所述的实体功能，物流运作过程中还有很重要的一部分——信息。物流、资金流、商流、信息流是维系物流企业运作的四大主要流程，其中信息流更是决定物流运作顺畅与否的关键因素。面对现代科技的突飞猛进，一个完整的物流作业体系，除了要具有现代化、自动化的硬件设备，更需要有物流信息管理系统，以提高物流服务效率，提高信息传输的及时性和正确性，同时加快商品的流通效率，提升物流服务质量水平，从而提高物流企业的竞争能力。信息是整个物流过程和企业客户之间极其重要的联系。准确、及时的信息沟通是保障物流质量的基础。信息系统自动化有助于物流系统的集成，最终实现最低的物流总成本。因此，物流信息的质量和及时性是物流运作的关键因素。

六、物流企业服务绩效评价指标体系

（一）建立物流企业服务绩效评价指标体系的原则

在建立物流企业评价指标体系时，一般应遵循以下原则。

（1）系统性原则。物流企业须针对内外的各种情况设立相应的指标，系统科学地反映物流企业的全貌，达到对企业整体的科学评价。

（2）层次性原则。指标应分出评价层次，在每一层次指标的选取中应突出重点，要对关键的服务绩效指标进行重点分析。

（3）可比性原则。评价指标体系所涉及的经济内容、时间范围、计算口径和方法都应具有可比性，所以在建立体系的时候要参照国际和国内同行业的物流管理标准。

（4）通用性原则。评价指标体系在物流企业应该普遍适用，同时应在理论和实践的发展变化中具有相对的稳定性。

（5）经济性原则。评价指标体系应当考虑到操作时的成本收益，选择具有较强代表性且能综合反映物流企业整体水平的指标，以期既能减少工作量、误差，又能降低成本，提高效率。

（6）定量与定性相结合的原则。由于第三方物流企业的服务绩效涉及的客户满意度等方面的指标很难进行量化，所以评价指标体系的建立除了要对服务绩效进行量化外，还应当使用一些定性的指标对定量指标进行修正。

（7）动态长期原则。由于选择物流企业后，货主方与物流供应商之间是战略伙伴的关系，所以对物流企业的评价不应该只局限在目前的企业状况，而应考虑物流企业的长远发展潜力，企业的长期利益要与企业的发展目标和战略规划相一致。

（二）物流企业服务绩效评价体系的建立

衡量物流质量的重要方法就是通过建立服务绩效评价体系来实现对物流质量的管理与评价。服务绩效评价体系中指标的确立直接关系到评价体系的全面性和完整性。根据物流企业的特点，应从以下3个方面确定物流企业的指标体系。

1. 功能指标

功能指标反映物流企业各个增值环节的功能实现情况，具体包括以下几种。

（1）配送功能。反映配送功能实现情况的指标主要有：配送安全性、产品可得性、拣货准确率。

（2）运输功能。反映运输功能实现情况的指标主要有：正点运输率、运输经济性、运输车辆满载率、运力利用率、在途时间、运输准确率、商品损坏率。

（3）库存功能。反映库存功能实现情况的指标主要有：库存能力、库存周转率、收发货物能力、库存结构合理性、库存准确率、预测准确率。

（4）采购功能。反映采购功能实现情况的指标主要有：交付期、付款条件、与供应商的关系。

（5）流通加工功能。反映流通功能实现情况的指标主要有：工艺合理性、技术先进性、流通加工程度、对消费的促进作用。

2. 经营指标

经营指标反映物流企业当前的经营状况，具体包括以下几个方面。

（1）客户服务水平。反映客户服务水平的指标主要有：缺货频率、进货出错率、顾客满意度、平均交货期、订单处理时间、准时送货率、交货柔性、订单完成稳定性、顾客保持率、单个顾客服务成本、信息沟通、事后顾客满意率。

（2）管理水平。反映管理水平的指标主要有：产品的残损率、物流系统纠错处理时间、供应计划实现率、设备时间利用率、业务流程规范程度、管理人员比重。

（3）企业实力。反映企业实力的指标主要有：财务投资能力、信息技术能力、设备先进水平、同行业影响力及业务范围、市场占有率、市场增长率、新用户开发成功率。

（4）信息化水平。反映信息化水平的指标主要有：硬件配备水平、软件先进程度、信息活动主体的水平、信息共享率、信息利用价值率、实时信息传输量、信息化投资、客户变动提前期、客户变动完成率、网络覆盖率、平均传输延迟、传输错误率。

（5）成本水平。反映成本水平的指标主要有：单位产品的物流成本、物流成本占制造成本的比重、物流成本控制水平、每个顾客服务成本、订单反应成本、库存单位成本。

（6）盈利水平。反映盈利水平的指标主要有：净资产利润率、总资产利润率、资金周转率。

3. 稳定性指标

稳定性指标反映物流企业的发展潜力，影响到物流企业长期经营及与企业长期合作的可能性。具体包括以下几个方面。

（1）技术实力。反映企业技术实力的指标主要有：技术人员比重、技术开发经费比重、开发创新能力、技术改造资产比重、专利拥有比例、设备技术领先程度、硬件设施稳定性。

（2）盈利能力。反映企业盈利能力的指标主要有：净资产利润率、总资产利润率、资金周转率。

（3）应变力。反映企业应变力的指标主要有：系统信息化水平、预测能力、集成度、外部沟通能力、流程再造能力。

（4）企业聚合力。反映企业聚合力的指标主要有：领导层的团结进取力、职工的凝聚力、员工满意度。

（5）经验。反映企业经验的指标主要有：行业服务时间、提供的服务种类、成本节约比例、人才培养与培训、客户稳定性、供应商稳定性、历史合作情况、利益与风险共享性、战略观念兼容性。

（6）企业形象。反映企业形象的指标主要有：员工素质、经营理念、市场信誉、社会责任。

解决方案

关于任务一：物流服务质量要素体现在哪些方面？

通过学习，小董掌握了物流服务及服务质量管理的基本知识，在此基础上结合本企业的具体情况，小董对物流服务质量要素理解如下。

物流服务质量是满足物流客户要求的能力水平。即企业通过提供物流服务，对达到服务产品质量标准、满足用户需要的保证程度。其要素包括以下几个方面。

（1）可靠性。是指连续地、准确地履行服务承诺的能力，它意味着服务以相同的方式、无差错地准时完成。

（2）响应性。是指帮助顾客并迅速提供服务的愿望。让顾客等待，特别是无原因地等待，会对服务质量感知造成不必要的消极影响；当客户对服务不满时，迅速解决问题会给服务质量感知带来积极的影响。

（3）保证性。是指员工所具有的知识、礼节以及表达出自信与可行的能力。保证性包括完成服务的能力、对顾客的礼貌和尊敬、与顾客有效的沟通、将顾客最关心的事放在心上的态度。

（4）移情性。是指设身处地地为顾客着想和对顾客给予特别的关注。移情性的特点是具有接近顾客的能力、保持敏感性和有效地理解顾客需求。

（5）有形性。是指有形的设施、设备、人员和沟通材料的外表。有形的环境条件是服务人员对顾客更细致的照顾和关心的有形表现。

关于任务二：影响物流服务质量的主要因素有哪些？

通过学习，小董掌握了物流服务及服务质量管理的基本知识，在此基础上结合本企业的具体情况，小董对物流服务质量要素理解如下。

影响质量的因素称之为质量因素。影响质量的五大因素为：人（Man）、机（Machine）、料（Material）、法（Method）、环（Environment），即4M1E。

（1）人：人的思想素质、责任心、质量观、业务能力、技术水平等均直接影响质量。

（2）机：所采用的机械设备应适用于生产、性能可靠、使用安全、操作和维修方便。合理使用机械设备，正确地进行操作，是保证质量的重要环节。

（3）料：材料、零部件、构配件的质量要符合有关标准和设计的要求，要加强检查、验收，严把质量关。

（4）法：工艺流程、技术方案、检测手段、操作方法均应符合标准、规范、规程要求，并有利于质量控制。

（5）环：影响项目质量的环境因素很多，有技术环境、劳动环境和自然环境等。除此以外，测量仪器、计算机软件、辅助材料、水、电等公用设施也会对质量产生影响。

在质量管理中，人是决定性的因素，这已为越来越多的人所认识。对于物流企业也是一样。因此，人们应当以人为中心，把重视人的因素作为做好质量管理的基本出发点。

模块三　物流质量管理常用方法

任务描述

通过培训，小董对质量管理有了深入的了解后，培训部给小董培训了物流企业质量管理方法的相关知识，并要求小董完成下面任务，相关信息见下表。

某车间加工某工件的不合格品统计情况

原因	数量（件）	比率（%）	累计百分比（%）
包边不良	5207	10.8	10.8
小头破裂	6557	13.6	24.4
壳体开裂	34856	72.3	96.7
自检废品	1253	2.6	99.3
其他	337	0.7	100
总计	48210	100	—

任务：结合解决某车间不合格品的案例来说明 PDCA 循环在质量管理中的应用，特别是如何利用质量管理中常用的统计分析方法。

知识链接

质量管理必须科学化、现代化，表现为质量管理工作应更加自觉地利用先进科学技术和管理方法。建立严密的质量管理体系的同时，还应采取一整套科学的质量管理的基本方法，即以 PDCA 循环为总框架，广泛运用建立在数理统计、价值分析、运筹学等数学原理基础上的科学管理方法。其实质在于找出产品或服务质量存在问题的关键原因，为解决质量问题指明方向和选择途径，达到保证和提高质量的目的。

一、物流企业质量管理的一般程序——PDCA 模式

管理是一个动态的概念。企业管理是一个过程，即企业在不同的时间内，应完成不同的工作任务。企业的每项活动，都有一个计划、实施、检查、处理的过程。建立和完善物流企业质量管理的计量、评估体系，切实消除物流企业过程中的差错。根据“管理是个过程”的理论，美国质量管理专家戴明博士将其运用到质量管理中，总结出“计划（Plan）、实施（Do）、检查（Check）、处理（Action）”四个阶段，称为 PDCA 循环，亦称“戴明环”，如图 9－3 所示。

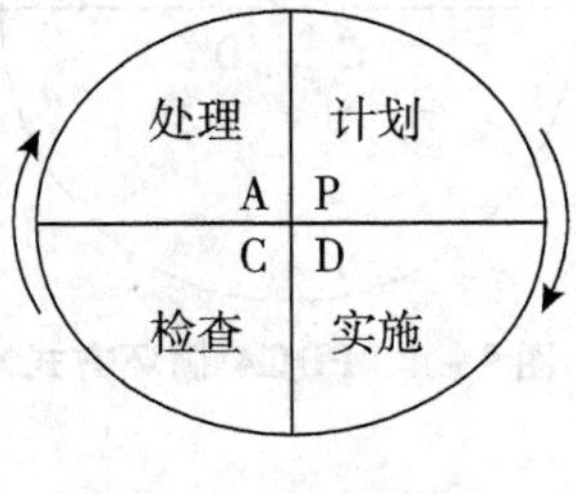

图 9－3　PDCA 循环

（一）PDCA 循环的含义

PDCA 循环是质量管理的工作方法，也是做事情的一般规律。开展某项工作，首先，必须有设想或计划；其次，实施计划，亦可称为执行计划；再次，再将执行的过程及结果同计划相比较，找出问题，这就是核对检查；最后，根据检查结果，把成功的经验加以肯定并列入标准中，将遗留的问题作为下一个 PDCA 循环的 P（计划）阶段的目标。PDCA 循环就是按照这样的顺序进行质量管理，并且按顺时针转动，循环不止地进行下去的科学程序。

（二）PDCA 循环的具体步骤

为了解决和改进产品质量问题，在质量管理中，根据现场实践经验，又把 PDCA 循环进一步具体化为八个步骤，即所谓“四个阶段、八个步骤”的循环方式，如图 9－4所示。

1. 计划阶段（P 阶段）

该阶段包括四个工作步骤：①分析现状，找出存在的主要问题；②寻找主要问题发生的原因；③找出主要原因；④制订计划。

2. 实施阶段（D 阶段）

该阶段只包括一个工作步骤：按计划实施。

3. 检查阶段（C 阶段）

该阶段也只包括一个工作步骤：检查结果。

4. 处理阶段（A 阶段）

该阶段包括两个工作步骤：①总结经验，巩固成绩，将工作结果标准化；②提出遗留问题并处理。

在质量管理工作中，四个阶段、八个步骤必须是完整的，要一个也不能少地按顺序进行循环。

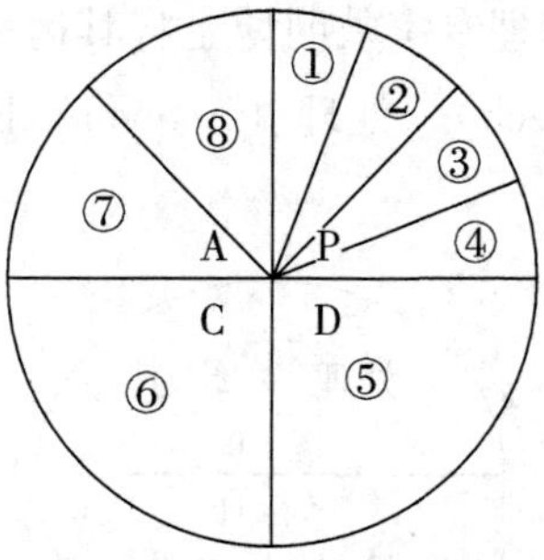

图 9－4　PDCA 循环方式

（三）PDCA 循环的特点

1. 大环套小环

PDCA 循环作为质量管理的一种科学方法，可用于企业各个环节、各个方面的质量管理工作。整个企业的质量管理体系构成一个大的 PDCA 循环，而各部门、各级单位又都有各自的 PDCA 循环，依次又有更小的 PDCA 循环，从而形成一个大环套小环的综合管理体系。上一级 PDCA 循环是下一级 PDCA 循环的依据，下一级 PDCA 循环是上一级 PDCA 循环的保证。通过大小 PDCA 循环的不停转动，就把企业各个环节、各项工作有机地组织成一个统一的质量体系，实现总的质量目标。因此，PDCA 管理循环的转动，不是哪个人的力量，而是组织的力量、集体的力量，是整个企业全员推动的结果。

2. 螺旋上升

管理循环是螺旋式上升的，因此有人将其形象地称为“爬楼梯”，如图 9－5 所示。PDCA 四个阶段周而复始的循环绝不是在旧的水平上原地打转，而是每循环一次，转动一圈，就前进一步，上升到一个新的高度。这样循环往复，质量问题不断得到解决，工作质量、管理水平和产品质量不断提高。

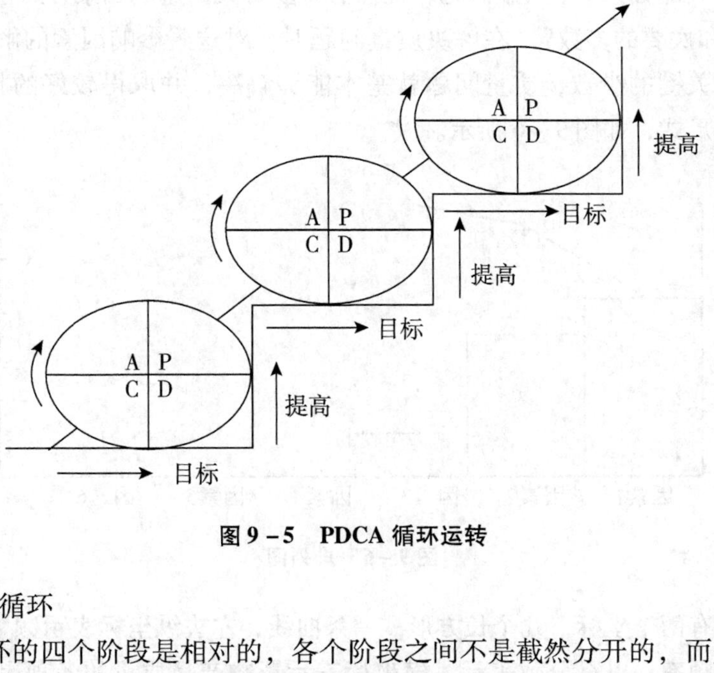

图 9－5　PDCA 循环运转

3. 综合性循环

PDCA 循环的四个阶段是相对的，各个阶段之间不是截然分开的，而是紧密衔接成一体的，甚至有时是边计划边执行、边执行边检查总结、边总结边改进等交叉进行的。质量管理工作就是在这样的循环往复中，从实践到认识、认识到实践的两个过程中实现目标的。

4. “处理”阶段是关键

在企业的质量管理中，往往是计划、布置多，实施、检查少，总结、处理更少。

只有 PDC 阶段，而没有 A 阶段，或者有 A 阶段但没有起到应有的作用，使 PDCA 循环不能顺利进行，工作质量和产品质量难以提高。因此，PDCA 循环的运转，“处理”阶段十分关键，它具有承上启下的作用。只有很好地进行了 A 阶段的工作，才能切实转完一圈，把成功的经验和失败的教训纳入标准（规则、制度）中，防止同类问题再发生，质量管理水平才能不断提高。

二、质量管理的工具

质量管理中常用的统计方法是以概率论为基础的一整套管理图表和方法。人们通常称为“七种统计工具”，它们是排列图法、因果分析图法、相关图法、分层法、调查表法、直方图法、控制图法。这七种方法应相互结合，灵活运用，从而有效地控制和提高产品质量。

（一）排列图（主次因素排列图）法

排列图又叫帕累托图，它是找出影响产品质量主要因素的一种简单而有效的方法。由于影响产品质量的因素很多，而主要因素往往只是其中少数几项，由它造成的废品却占总数的绝大部分。一个质量问题，往往有许多有关的影响因素，这些影响因素包括“关键的少数和次要的多数”。在解决质量问题时，对这些影响因素的解决也要有所侧重。如果抓了关键的少数，质量问题就基本能够解决，并取得较好的技术经济效果。排列图的基本形式，如图 9－6 所示。

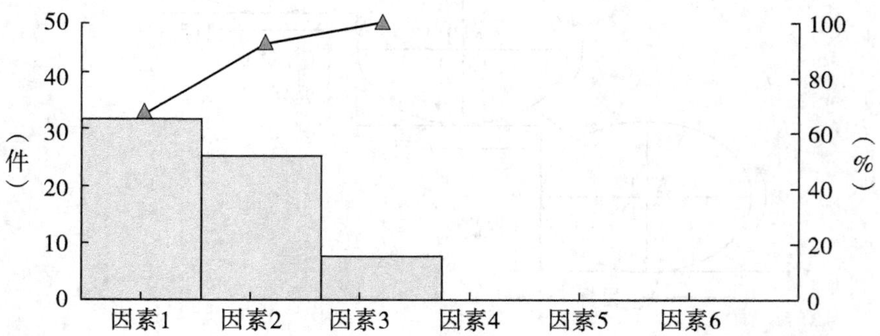

图 9－6 排列图

排列图中有两个坐标，几个长方形，一条曲线，左边纵坐标表示频数（件数），右边纵坐标表示频率，以百分数表示。横坐标表示影响产品质量的各项因素，按影响因素大小从左向右排列。曲线表示各影响因素大小的累计百分数，通常把累计百分数分为三类：0～80% 为 A 类因素，称为主要因素；80%～90% 为 B 类因素，称为次要因素；90%～100% 为 C 类因素，称为一般因素。主要因素找到后，就可以集中力量加以解决。

制作排列图应注意以下几个问题。

（1）主要因素最好是1～2个，最多3个，否则就失去了“找主要矛盾”的意义。当不太重要的项目很多时，横轴将会变得很长，一般都把这些不太重要的项目合并列入“其他”栏内。

（2）仔细分析结果总是很重要，不仅要靠数据，还要利用常识来找出问题的原因和优先顺序。

（3）纵坐标可以用“件数”来表示，也可以用“金额”或“时间”来表示。

（二）因果分析图法

因果分析图又叫鱼刺图、树枝图，它是一种分析影响质量诸因素的有效方法。影响产品质量的因素很多，从大的方面分析，有设备、原材料、操作者、作业方法、作业环境等；从小的方面分析，每一方面又有许多具体影响因素，这些因素又是其他因素作用的结果。因果分析图如图9－7所示。

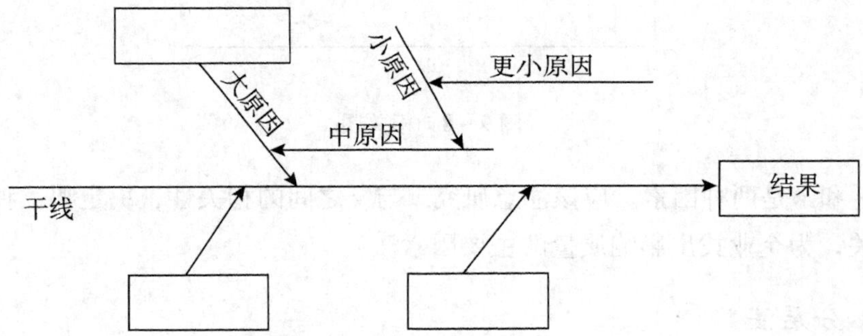

图9－7　因果分析图

在生产过程中，影响产品质量的大的原因主要有5个方面：人、机器、材料、方法、环境，简称4M1E。这些表面的大原因由一系列中间原因构成，还可以进一步逐级分层找出构成中间原因的小原因及更小原因，直到找出可直接对应有效措施的原因为止。

绘制因果分析图的步骤如下。

第一步，明确分析的对象，即分析什么产品、什么工序、什么问题。

第二步，由大到小、由粗到细查明原因，直到能采取措施为止。

第三步，对于主要的、关键的原因，用不同的标志标记出来，以作为制定改进措施的主要依据。

这种方法的主要特点在于能够全面地反映影响产品质量的各种因素，而且层次分明，可以从中看出各种因素之间的关系。这种分析，有助于使管理工作越做越细，从而找出产生质量问题的真正原因，然后对症下药，采取层层落实、明确到人等措施加以解决。

因果分析图是一种较好的思维工具，因为它提供了一种快捷的方法把各种想法总括出来，并可在相关的枝杈出现时随即增加细节。

（三）相关图法

相关图又叫散布图。它是把两个变量之间的相关关系，用直角坐标系表示的一种图形。这种方法是将影响质量特性因素的每对数据填写在直角坐标图上，以观察判断两个变量特性之间的关系，对产品或工序进行有效控制，其基本图形如图9－8所示。

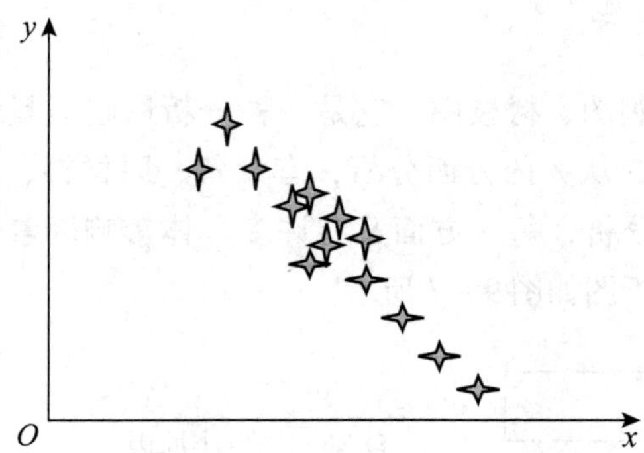

图9－8　相关图

图中 x 和 y 是两种因素。应该注意研究 x 与 y 之间的相关性，决定哪一种因素与质量密切相关，为企业找出影响质量的主要因素。

（四）分层法

分层法又叫分类法，它是一种把收集来的原始质量数据按照不同目的加以分类，以便分析影响产品质量的具体因素的方法。分层是为了分清责任，找出原因。分层法没有独立固定图表，可利用统计图表中的排列图和直方图等进行统计分析。

（五）调查表法

调查表又叫核对表，它是利用统计图表来记录和积累数据，并整理和粗略分析影响产品质量原因的一种常用图表。常用调查表有缺陷位置调查表、不良品原因调查表、频数分布调查表等。

（六）直方图法

在质量管理中，直方图也称质量分布图，它是由很多长方形组成，表示质量数据离散程度的一种图形。

在任何相同工艺条件下，加工出来的产品质量是不会完全相同的，总在某个范围内变动。做直方图的目的，就是把其变动的实际情况，用图形反映出来，通过观察图形的形状，与公差要求相比较，来判断生产过程是否处于稳定状态，预测生产过程的不合格品率。因此，直方图是用来整理质量数据、找出规律、判断和预测作业过程质量好坏、估算作业过程不合格率时较常用的一种工具。其基本的图形如图 9－9 所示。

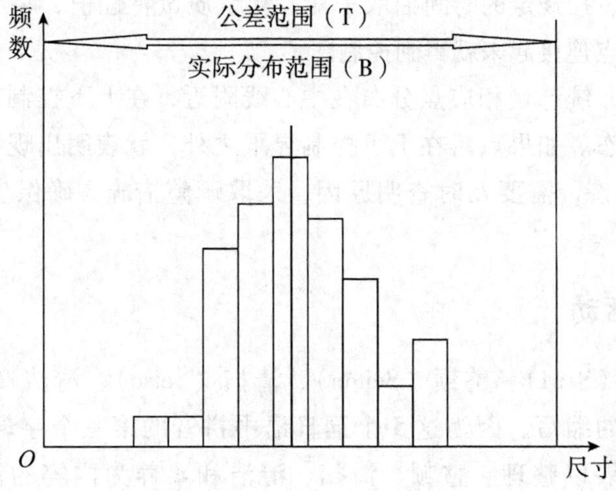

图 9－9　直方图

（七）控制图法

控制图又叫管理图，它是工序质量控制的主要手段，是一种动态的质量分析与控制方法。控制图不仅对判别质量稳定性、评定作业过程质量状态、发现和消除作业过程的失控现象以及预防废品产生有着重要作用，而且可以为质量评比提供依据。控制图的基本结构形式如图 9－10 所示。

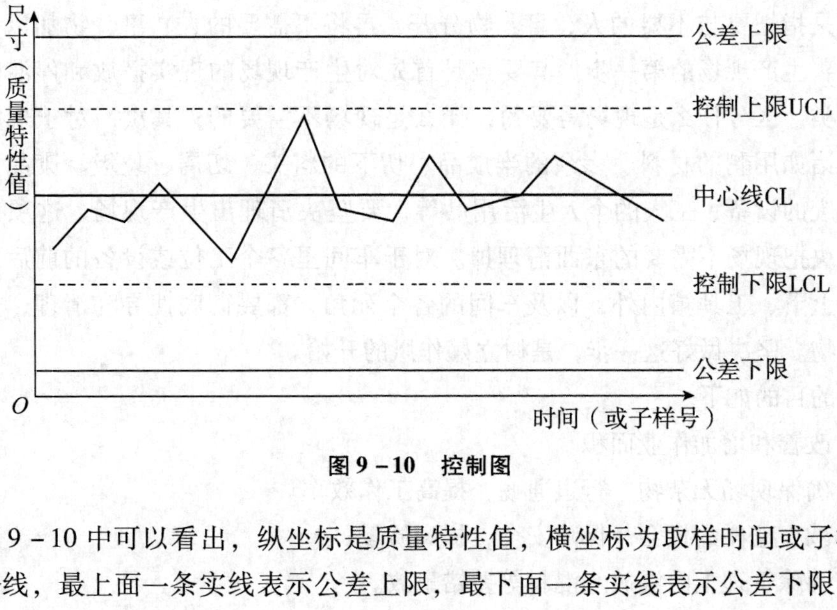

图 9－10　控制图

从图 9－10 中可以看出，纵坐标是质量特性值，横坐标为取样时间或子样号。图上有五条线，最上面一条实线表示公差上限，最下面一条实线表示公差下限；上面一条虚线叫控制上限，用 UCL 表示，下面一条虚线叫控制下限，用 LCL 表示；中间一条实线叫中心线，用 CL 表示。控制上限与控制下限、中心线是通过收集过去一段时间生产处于稳定状态下的数据计算出来的。控制线的范围应比技术标准（公差）的范围要窄。在作业过程中，按规定的时间抽取子样，测量质量特性值，将测得的数据用点描在控制图上，并将点连接起来就得到控制图了。

在正常情况下，统计量相应点分布在中心线附近，在上下控制界限之内，表明生产过程处于稳定状态。如果点落在上下控制界限之外，就表明出现了异常现象，生产过程处于不稳定状态，需要及时查明原因，采取调整措施，确保生产过程处于稳定状态。

三、“5S”活动

“5S”是整理（Seiri）、整顿（Seiton）、清扫（Seiso）、清洁（Seiketsu）和素养（Shitsuke）5 个词的缩写。因为这 5 个词日语中拼音的第一个字母都是“S”，所以简称为“5S”，开展以整理、整顿、清扫、清洁和素养为内容的活动，称为“5S”活动。

“5S”活动起源于日本，并在日本企业中广泛推行，它相当于我国企业开展的文明生产活动。“5S”活动的对象是现场的“环境”，它对生产现场环境全局进行综合考虑，并制订切实可行的计划与措施，从而达到规范化管理。“5S”活动的核心和精髓是素养，如果没有职工队伍素养的相应提高，“5S”活动就难以开展和坚持下去。

（一）“5S”活动的内容

1. 整理

整理是指把要与不要的人、事、物分开，再将不需要的人、事、物加以处理，这是开始改善生产现场的第一步。其要点是首先对生产现场的现实摆放和停滞的各种物品进行分类，区分什么是现场需要的，什么是现场不需要的；其次，对于现场不需要的物品，诸如用剩的材料、多余的半成品、切下的料头、切屑、垃圾、废品、多余的工具、报废的设备、工人的个人生活用品等，要坚决清理出生产现场，这项工作的重点在于坚决把现场不需要的东西清理掉。对于车间里各个工位或设备的前后、通道左右、厂房上下、工具箱内外，以及车间的各个死角，都要彻底搜寻和清理，达到现场无不用之物。坚决做好这一步，是树立好作风的开始。

整理的目的如下。

（1）改善和增加作业面积。

（2）确保现场无杂物，行道通畅，提高工作效率。

（3）减少磕碰的机会，保障安全，提高质量。

（4）消除管理上的混放、混料等差错事故。

（5）有利于减少库存量，节约资金。

（6）改变作风，提高工作情绪。

2. 整顿

整顿是指把需要的人、事、物加以定量、定位。通过前一步整理后，对生产现场需要留下的物品进行科学合理的布置和摆放，以便用最快的速度取得所需之物，在最有效的规章、制度和最简捷的流程下完成作业。

整顿活动的要点如下。

（1）物品摆放要有固定的地点和区域，以便于寻找，消除因混放而造成的差错。

（2）物品的摆放地点要科学合理。例如，根据物品使用的频率，经常使用的东西应放得近些（如放在作业区内），偶尔使用或不常使用的东西则应放得远些（如集中放在车间某处）。

（3）物品摆放可视化，使定量装载的物品做到过目知数，摆放不同物品的区域采用不同的色彩和标记加以区别。

生产现场物品的合理摆放有利于提高工作效率和产品质量，保障生产安全。这项工作已发展成一项专门的现场管理方法——定置管理。

3. 清扫

清扫是指把工作场所打扫干净，设备异常时马上修理，使之恢复正常。生产现场在生产过程中会产生灰尘、油污、铁屑、垃圾等，从而使现场变脏。脏的现场会使设备精度降低，故障多发，影响产品质量，而且容易发生安全事故；脏的现场更会影响人们的工作情绪，使人不愿久留。因此，必须通过清扫活动来清除，从而创建一个明快、舒畅的工作环境。

清扫活动的要点如下。

（1）自用的物品，如设备、工具等，要自己清扫，而不要依赖他人，不增加专门的清扫工。

（2）对设备的清扫，着眼于对设备的维护保养。清扫设备要同设备的清点检查结合起来，做到清扫即点检；清扫设备时要同时做设备的润滑工作，清扫也是保养。

（3）清扫也是为了改善。当清扫地面发现有飞屑和油水泄漏时，要查明原因，并采取措施加以改进。

4. 清洁

整理、整顿、清扫之后要认真维护，使现场保持完美和最佳状态。清洁，是对前三项活动的坚持与深入，从而消除发生安全事故的根源，创造一个良好的工作环境，使职工能愉快地工作。

清洁活动的要点如下。

（1）车间环境不仅要整齐，而且要做到清洁卫生，保证工人身体健康，提高工人的劳动热情。

（2）不仅物品要清洁，工人本身也要做到清洁，如工作服要清洁，仪表要整洁，及时理发、刮须、修指甲、洗澡等。

（3）工人不仅要做到形体上的清洁，而且要做到精神上的“清洁”，待人要礼貌，要尊重别人。

（4）要使环境不受污染，进一步消除混浊的空气、粉尘、噪声和污染源，消灭职业病。

5. 素养

素养即教养，指要努力提高人员的素养，养成严格遵守规章制度的习惯和作风，这是“5S”活动的核心。没有人员素质的提高，各项活动就不能顺利开展，即使开展了也坚持不下去。所以，要想做好“5S”活动，要始终着眼于提高人的素质。

（二）开展“5S”活动的原则

1. 自我管理原则

良好的工作环境，不能只靠添置设备，也不能指望别人来创造。应当充分依靠现场人员，由现场人员自己动手创造一个整齐、清洁、方便、安全的工作环境，使他们在改造客观世界的同时，也改造自己的主观世界，产生“美”的意识，养成现代化大生产所要求的遵章守纪、严格要求的风气和习惯。因为是自己动手创造的成果，也就容易保持和坚持下去。

2. 勤俭办厂原则

开展“5S”活动，要从生产现场清理出很多无用之物，其中，有的只是在现场无用，但可用于其他的地方；有的虽然是废物，但应本着废物利用、变废为宝的精神，能利用的应千方百计地利用，需要报废的也应按报废手续办理并收回其“残值”，千万不可只图一时“痛快”，不分青红皂白地将所有物品当作垃圾一扔了之。对于那种大手大脚、置企业财产于不顾的“败家子”作风，应及时制止、批评、教育，情节严重的要给予适当处分。

3. 持之以恒原则

“5S”活动开展起来比较容易，可以在短时间内取得明显的效果，但要坚持下去，持之以恒，不断优化就不太容易。不少企业发生过一紧、二松、三垮台、四重来的现象。因此，开展“5S”活动，贵在坚持。为将这项活动坚持下去，企业首先应将“5S”活动纳入岗位责任制，使每一个部门、每一个人员都有明确的岗位责任和工作标准；其次，要严格、认真地做好检查、评比和考核工作，将考核结果同各部门和每一个人员的经济利益挂钩；最后，要坚持 PDCA 循环，不断提高现场的“5S”水平，即要通过检查，不断发现问题、解决问题。因此，在检查考核后，还必须针对问题，提出改进的措施和计划，使“5S”活动坚持不断地开展下去。

解决方案

关于任务：结合解决某车间不合格品的案例来说明 PDCA 循环在质量管理中的应用，特别是如何利用质量管理中常用的统计分析方法。

小董基于所掌握的物流企业质量管理的常用方法，结合该企业存在的质量问题，提出的分析方案如下。

（1）分析现状，找出存在的问题。本案例主要存在的问题是不合格品数量较大，需要找出相应的方法来解决。

（2）分析产生问题的各种原因或影响因素。根据这个统计资料，就可以画出它的排列图（见图 9 – 11），从排列图中明显地可以看出，壳体开裂是影响产品质量的主要原因，如果解决了这个质量问题，就可以降低 72.3% 的不合格品率。

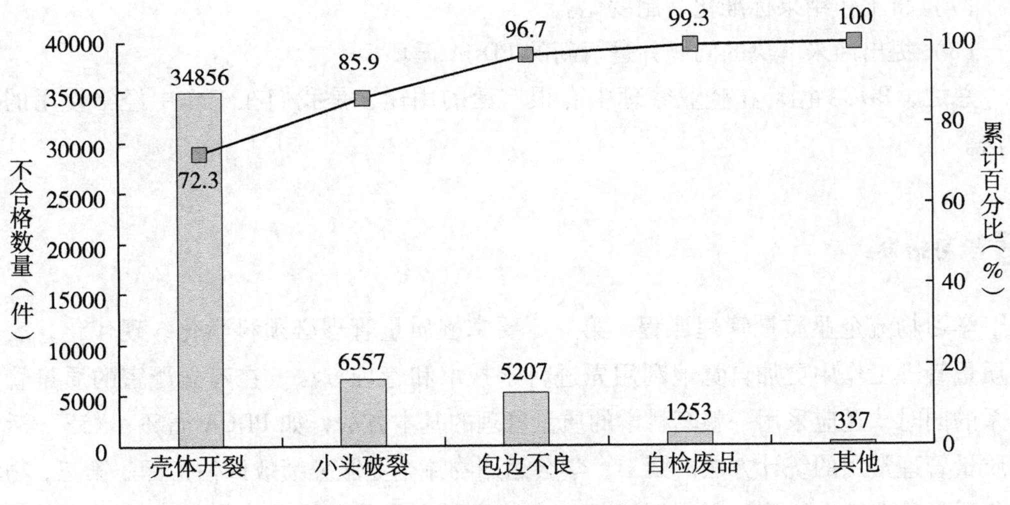

图 9 – 11　不合格品排列图

（3）找出主要影响因素。我们可以利用因果分析图对壳体开裂这个质量问题进行分析。根据统计资料，我们知道构成工序的五大因素（即人、机器、材料、方法和环境）都同时对产品质量发生作用，产生影响，也就是说，它们决定着产品质量。我们用 4M1E 分析法对产生壳体开裂质量问题的因素逐步进行分析，画出因果分析图（见图 9 – 12），从而找出主要原因。我们还可以应用分层法来分析，是把收集的数据按照不同的目的加以分类，并把性质相同、在同一生产条件下收集的数据归集在一起。这样，可以使数据反映的事实更明显、更突出，便于分析问题，找出原因，从而对症下药找出主要原因。根据分析，我们假设壳体开裂的主要原因为材料的原因。

（4）制定解决措施。针对质量原因我们可以采取更换原材料、采用各种方法对材

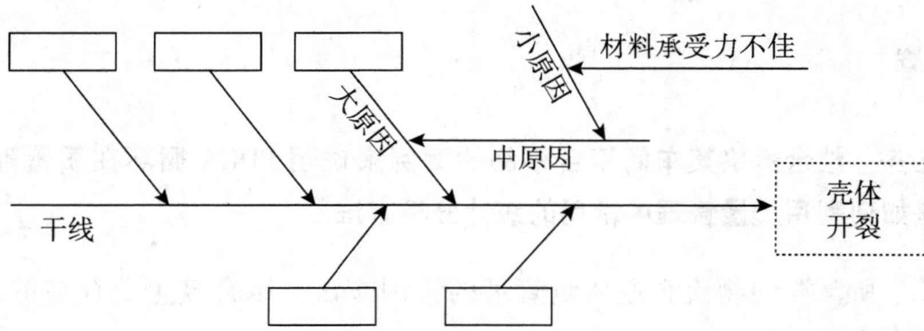

图 9－12　壳体开裂的因果分析图

料进行处理等措施来解决。

（5）执行措施计划。

（6）调查和评价阶段。经过采取措施后，我们还应再用排列图等方法进行检查并与我们最初的设想对比，从而评价其实施效果。

（7）将工作结果标准化、制度化。

（8）提出尚未解决的问题并进行新的 PDCA 循环。

总之，PDCA 循环在企业管理中有很广泛的用途，是我们在工作中经常使用的好方法。

学习指导

学习物流企业质量管理课程，第一，要掌握质量管理必须科学化、现代化，表现为质量管理工作中更加自觉地利用先进科学技术和管理方法，在建立严密的质量管理体系的同时，还应采用一整套科学的质量管理的基本方法，如 PDCA 循环、“5S” 活动和质量管理常用的统计方法。第二，学会运用物流企业服务绩效评估指标。第三，物流服务质量是在整个物流过程中形成的，这种无形产品质量需要依靠整个物流公司综合的改进，它涉及整个质量管理的各个环节。

思考题

1. 什么是物流质量？它包括哪些内容？
2. 影响物流服务质量的主要因素是什么？
3. 简述物流服务质量分析相关内容。
4. 简述建立物流企业绩效评价指标体系的原则。
5. 简述 PDCA 循环的特点和“5S” 活动的内容。
6. 物流企业质量管理常用的统计方法有哪些？

拓展项目训练

1. 调查1～2个物流企业，了解其质量管理开展情况并撰写调查报告。

2. 寻找一个通过ISO 9000认证的物流企业，了解其认证所需准备的文件及其申请认证的经过，整理成书面材料。

3. 阅读下面的故事，谈谈自己的感想，并分组讨论现实生活中还有哪些质量管理方面的例子。

配钥匙的质量控制

又要搬办公室配钥匙了，每次都是辛苦办公室的阿芳为大家配钥匙，这次也不例外。周一刚乔迁新居，阿芳"家长"就拿来10把钥匙，准备分给大家："发放前，我们先进行个来料检验吧？都是做质量管理的，这一关自然不能漏过。我们天天做自己产品的首检，今天也做做别人的。"

"糟糕，10把才有2把能用，谁比较急用，可以先领这两把。"阿芳说。"这成品率也太低了吧，才20%。"做数据分析的同事回应道，"生产的质量成本太高，这样配钥匙，供应商要倒闭了。2把能用，还有8把要返修，这供应商的过程控制也太糟糕了。"

周二，阿芳拿来返修后的钥匙进行检验。"问题大了，没有一把能用的，看来只能明天了。"阿芳也无奈起来。"这样配钥匙，谁还敢再去啊？顾客不满意，就有可能失去顾客了。而且二次返修品还不能用，看来这个产品只能报废处理。返修的费用要计算到内部损失，劣质成本增加，直接导致厂商自己亏本。而且产品已经流到客户手中，直接影响厂商的声誉，有失去客户的风险。看来平时应用的这些质量知识都用得上啊。"

周三，阿芳一来就分钥匙，并解释说："昨天去重新打了新的，全部可以用。"一试，果然都行。大家纳闷了：怎么短短一天时间，成品率提高这么多？"是另一个人打的，这个人技术更好。"阿芳解释道。原来是配钥匙的人员出了问题。看来，配钥匙的人也应该要求"上岗考核"才行，不然让不具有资格的人员上岗，造成成品率低，那么客户就会抱怨甚至可能跑掉，那样后果就大了。

最后阿芳补充了一句："他们的态度还是挺好的！"看来这个投诉得到了及时妥善的处理，客户没有跑掉，属于补救措施得当，也应了一句话："顾客满意不是顾客忠诚的必要条件，因为顾客的问题处理得好，也会得到顾客的信任。"

如此看来，质量的管理方法在生活中其是随处可见啊。

项目十　物流企业文化管理

学习目标

一、知识目标

1. 理解物流企业文化的含义、内容及作用
2. 掌握物流企业文化建设的程序和方法
3. 掌握物流企业文化创新相关内容

二、能力目标

初步具备从事物流企业文化管理工作的基本能力

三、素质目标

现代物流企业间的竞争，是科学技术和经济实力的竞争，更是物流企业文化力的较量，物流企业文化建设对于企业的生存和发展具有决定性的意义。作为物流企业管理人员，应具有较强的责任心，具有敬业、奉献的团队精神及较强的沟通能力。

本项目包含两个模块：物流企业文化概述，物流企业文化建设。

导引案例

如何成功建设企业文化

甲公司是一个长期注重企业精神文明建设的物流企业，公司在发展的历史中留下了很厚重的精神文化积淀，公司改制后，董事会决定进行企业新文化建设，成立了由公司多个部门和基层单位共建，老、中、青三代中层、基层干部参加的企业文化建设小组。董事长（书记）任组长，总经理任副组长，一个副总经理负责具体工作。经过调研，企业聘请了一位对行业比较了解的企业文化专家担任小组顾问，进行内外结合式的企业新文化建设。

首先，顾问对企业进行了全面调研，和主要领导、主要部门单独进行了交流访谈，

协助小组制订了企业文化建设工作计划。

根据顾问的建议，企业文化建设小组实行集中封闭讨论、分散工作的工作方式，由顾问主持，先后两次集中完成了企业文化体系初稿。并根据新的理念，逐一从企业中挖掘出相应的案例故事，用以支持说明。

小组成员根据初稿在公司各二级单位分别召开座谈会，征询意见，顾问主持了部分基层和公司总部及高层的座谈会。座谈会从企业文化建设的目的、目前公司的文化表现及新文化导向等几个方面，综合介绍了小组前期工作的成果。由于有案例配合，讨论会进行得很热烈，与会人员参与性高，提出了一些具有建设性的意见。

小组成员在汇集意见后，迅速采取封闭方式拿出了二稿。并根据一稿讨论记录，邀请发言踊跃的部分人员召开了二稿小范围座谈会。座谈会后，小组将会议总结和二稿一起向公司主要领导进行了集体汇报，听取了高层意见。

在二稿基础上，由专家执笔，完成了三稿，确定了有广泛群众基础的企业文化理念体系。

小组成员历经了企业文化理念调研、提炼、讨论的全过程，对新文化的理解都已非常深刻。这些成员经过专家培训后，作为企业文化宣讲员，对所有二级单位进行了企业文化培训。新文化得到了员工的广泛认同，迅速成为公司上下的关注焦点。

随后，在专家主持下，公司全员行动，对现有各项规章制度和流程进行了广泛梳理，在梳理过程中，员工普遍加深了对文化理念的理解。

至此，甲公司的企业文化建设已经初见成效，成为公司发展的精神动力。

另一家物流企业乙公司，在决定开展企业文化建设后，成立由公司党群部、宣传部、市场部组成的企业文化建设小组，开始独立自主的企业文化建设。

企业文化建设小组首先在全公司开展了大规模的企业文化问卷调查，并派出了多批人员参加各类企业文化培训和论坛。在经过了半年的实践后，小组向公司高层提交了企业文化体系草案。

公司高层都很认真地研究了草案，书记、总经理等 8 位公司领导班子成员提出了非常具体的修改建议。拿到这些建议，党群部部长不知如何是好，因为意见都提得很具体，特别是书记和总经理在一些关键理念上理解还不一致，很难统一。

第一次修改历经了 3 个月，修改稿提交后，有 5 位领导班子成员向党群部要自己上次的修改意见来对照，总经理还专门找党群部部长谈了一次，最后汇集的意见不但没有减少，矛盾反而更加尖锐，部长向书记建议，是否领导班子开会时研究一下，书记当即表示："意见没有统一，怎么研究？"

时间一天天过去，第三稿还是没有出来，企业文化建设小组已经不再开会了。

阅读上面的案例，请思考以下问题。

1. 甲公司和乙公司分别采用了什么方式进行企业文化建设？各自有什么特点？

2. 甲公司是怎样成功地进行企业文化建设的？

3. 请分析乙公司企业文化建设失败的原因。

模块一　物流企业文化概述

任务描述

小刘在某职业学院经济管理系物流管理专业毕业后，通过招聘会被某物流公司选中，招收为办公室的实习生，进行为期3个月的实习，在这期间要进行与岗位相关的培训和学习，如果实习合格则被聘为正式员工。

小刘在实习的第一天到办公室报到，然后到培训部进行相关的培训。培训部的老师对小刘进行了业务培训，要求小刘完成下面的任务。

任务一：为什么物流企业要重视企业文化？

任务二：物流企业文化有何功能？

知识链接

企业文化是一个企业向公众树起的一面旗帜，往往是一个企业的灵魂、价值观取向和精神支柱，是现代企业管理制度理论和哲学理念的融合、创新和飞跃。一个优秀的物流企业必须拥有优秀的企业文化，谁拥有企业文化优势，谁就拥有竞争优势。企业文化是物流企业的核心竞争力，也是物流企业生生不息的源泉。

一、企业文化的概念

管理理论的发展是伴随着对人性假设的不断发展而前进的。文化管理是以人为中心的管理，其对人性的基本假设是将人视为自我实现人；缺乏对人性的合理假设，就难以形成文化管理的态势。同时，在企业与外部环境相适应的过程中，企业要根据内部资源与能力采取相适应的管理方式。

纵观企业管理的全部历史，从英国工业革命开始，企业管理可以大致划分为经验管理、科学管理与文化管理3个阶段。从物流角度来讲，物流从传统物流经过实物配送与一体化物流走向供应链管理；从技术角度来讲，技术从手工操作经过机械化到达自动化。对每个企业来说，从实现对物的管理到实现对人的管理是一个历史性的飞跃。

世界企业管理大师对企业文化作出了基本相同的解释。彼得·德鲁克说：“管理是一种社会职能，并植根于一种文化（一个社会），一种价值传统、习惯和信念之中，植根于政府制度和政治制度之中。”威廉·大内说：“一个公司的文化由其传统和风气所构成。此外，文化还包含一个公司的价值观，如进取、守势、灵活性，确定活动、意见和行为模式的人的价值观。”阿伦·肯尼迪和特伦斯·迪尔说：“价值观是企业文化的基石。价值观是企业成功哲学的精髓，为所有的职工提供了一种走向共同方向的意识，也给他们的日常行为提供了指导方针。”

企业文化有广义和狭义两种理解。广义的企业文化是指企业所创造的具有自身特点的物质文化、精神文化和制度文化的总和；狭义的企业文化是指企业所形成的具有自身个性的经营宗旨、价值观念和道德行为准则的综合。

企业文化就是指企业在长期的生存和发展中所形成的，为本企业所拥有的，并且为企业内部全体成员所共同持有的理想信念、价值观念和行为准则，是外显于厂风厂貌、内隐于人们心灵之中的，以价值观为核心的一种意识形态及其在企业中的反映。

二、物流企业文化的含义

所谓物流文化，是指物流行业经过长期创造性的实践活动，逐渐积累而形成的富有本行业特色且在行业内被认可的物质和精神产品。

物流文化是物流活动中典范案例的归纳总结，由这个群体中的卓越人物发起和倡导，它们对物流活动有着深远的影响，并被物流行业的人们普遍认同，这些文化成果在行业内外拥有很高的知名度和影响力。

有效的企业文化建设是企业管理的第一要务，企业文化建设是一个日积月累的过程，坚不可摧的企业文化将成为企业持续经营和品牌建设的强大基石。

物流企业文化实质是人文化，从一定意义上来说，就是企业家文化、物流企业经营者文化、物流企业领导人文化。没有优秀的企业家，就不可能创造出优秀的物流企业文化。企业家在物流企业文化建设中有着不容忽视的地位和作用。一方面，静态地看，企业家与物流企业文化呈现出内在结构一一对应的关系，企业家的知识、能力和品质等要素成为物流企业文化生成的原生酵素，决定着物流企业文化的性质和风格，并制约和引导着物流企业文化的个性和发展；另一方面，在物流企业文化塑造、控制、发展的动态过程中，企业家又扮演了定位、创建、控制、变革等举足轻重的角色，从而成为某一物流企业文化动态模型中第一位的活跃因素。因此，物流企业文化建设首先应当解决好企业领导人和各层次负责人的文化观念建设问题，实现这些人的高文化素质构造。

三、物流企业文化的内容

物流企业文化由企业的外显文化和内隐文化构成。外显文化是指文化教育、技术培训和联谊活动，内隐文化是指企业内部为达到一定的目标而一贯提倡的，并为全体成员自觉遵守的价值观和行为规范等。企业文化的内核是价值观，从具体构造而言，企业文化一般可分为物质文化、制度文化和精神文化 3 个层次。

（一）物流企业的物质文化

物流企业的物质文化也称表层文化，是企业文化的最外层，也是企业深层文化的外显部分，塑造那些视之有形、闻之有声、触之有觉的文化形象。例如，外显于厂容厂貌、厂旗、厂标、厂服、厂歌等人们可以直接感受到的企业形象；外显于产品造型设计、包装装潢和优异性能等可使消费者与用户感觉到的产品形象；外显于职工待人接物、言谈话语、行为习惯等可使人看到的职工工作作风；等等。企业的物质文化是形成企业文化精神层和制度层的条件，从直观上看，是指企业中能看得见的形象或行为方式。事实上，它所包含的内容要丰富得多。从文化的角度来看，企业的物质文化往往能折射出公司的经营思想、管理哲学、工作作风和审美意识。物质文化主要包括以下几个方面。

（1）企业名称、标志、标准字、标准色等，这是企业物质文化的集中体现。

（2）厂旗、厂歌、厂服等。

（3）企业造型及标志性建筑，包括厂区雕塑、纪念碑、纪念墙、企业英模塑像等。

（4）企业的机器设备和提供的服务产品，尤其是企业服务产品的特色以及它们能够为顾客带来什么样的利益等。

（5）企业外貌，企业的自然环境、建筑风格，办公室和车间的设计和布置方式，绿化美化情况等。

（6）企业的文化、娱乐、体育及生活设施。

（7）企业文化传播的内部网络，如企业自办的报纸、刊物、有线广播、闭路电视、内部互联网、宣传栏等。

（8）企业文化传播的外部媒介，如企业的影视广告、平面广告（报纸、杂志、宣传画册）、户外广告牌、宣传海报、招贴等。

（9）传达企业文化的各类物品，如名片、信纸、信封、纪念品等。

（二）物流企业的制度文化

物流企业的制度文化也称中层文化，是企业文化的中间层，是指企业的人际交流方式和各种典礼仪式、规章制度以及这些规章制度所遵循的理念，主要是指对企业组织和企业员工的行为产生规范性、约束性影响的部分，它集中体现了企业文化的精神层对员工和企业组织行为的要求。制度层规定了企业成员在共同的生产经营活动中应当遵守的行为准则，它主要包括以下几个方面。

（1）企业规章制度。企业规章制度是指企业中存在的一些带有普遍意义的工作制度和管理制度，以及各种责任制度。

（2）企业行为规范。行为规范是在企业生产经营过程中有意或无意形成的，以及在生产经营活动中约定俗成的行为原则、标准和模式。公司的行为规范体现了公司管理者及员工在长期的管理实践中形成的基本经验，体现了某一企业区别于其他企业特有的行为方式。

(3) 企业的管理方略。企业的管理方略是企业管理者在长期的管理实践中对自身管理经验进行总结与反省，形成的关于管理行为的基本原则、基本方法、手段和策略。

(4) 企业风俗与礼仪。企业风俗礼仪是指企业长期沿用、逐步形成的典礼、仪式、礼貌、习惯和娱乐活动等。

(三) 物流企业的精神文化

物流企业的精神文化也称深层文化，是企业文化的核心层，是在企业中形成的共同价值观念，主要是指公司的领导和员工共同信守的基本信念、价值标准、职业道德及精神风貌。精神层是企业文化的核心和灵魂，是物质层和制度层的升华，是企业文化中比较稳定的部分。企业文化精神层包括以下几个方面的内容。

1. 企业愿景

企业愿景就是本组织的长期愿望及未来状况，它是企业发展的蓝图，体现企业永恒的追求。企业愿景与企业使命、企业战略、企业目标有着极为密切的关系，事实上它们是同一意义的概念。使命就是本企业为实现愿景而作出的承诺，也是对自身和社会发展所作出的承诺；战略是指为落实与实施愿景和使命而制定的总体方针、总体原则、总体规划、总体部署；目标是为实现使命和战略而采取的具有特定对象、衡量标准和预期结果的行动指南。

2. 企业理念、精神或意识

理念是指人的意识、思维活动和一般心理状态。理念、精神和意识是同一意义的概念，都是物质世界在人脑的反映。企业理念就是人们在企业实践基础上产生的认识、观念、思想等，属于企业的意识形态。

3. 企业价值观

价值观是指企业成员对本企业及其相关的人、事、物的意义与重要性的基本评价与共同看法，以及这种评价和看法的取向和标准。企业价值观决定了企业最需要注意和重视的事情，应为企业内所有层次的所有人所熟知、认同。企业价值观是不可侵犯、不可动摇的。企业价值观是企业文化的核心，可以这么说，一个企业有什么样的价值观，就有什么样的企业理念、精神或意识，就有什么样的企业愿景。

4. 企业风气

企业风气是指企业及其员工在生产经营活动中逐步形成的一种带有普遍性的、重复出现、相对稳定的行为心理状态，是影响整个企业生活的重要因素。企业风气是企业文化的直观表现，人们总是通过企业员工的言行举止感受到企业的风气，并透过它体验到企业的价值观念，从而进一步感受企业的文化。

5. 企业道德

企业道德是调整企业之间、员工之间关系的行为规范的总和。它是一种内在的价值观念，一种企业意识。一方面，企业道德是企业经营管理理论与实践的一种必然产物；另一方面，从企业经营管理活动特点来看，企业道德又是人们在实践中求生存、求发展的主体性的强烈表现。企业道德的一般本质是一种企业意识，而它的特殊本质则表现在它区别于其他企业意识的内在特征上。

综上所述，企业文化的 3 个层次是紧密联系的，物质文化层是企业文化的外在表现和载体，是制度文化层和精神文化层的外在表现形式；制度文化层则约束和规范着物质文化层及精神文化层的建设，没有严格的规章制度与行为规范，企业的文化建设便无从谈起；精神文化层是形成物质文化层和制度文化层的思想基础和灵魂，是企业文化的本质所在，它是企业文化的核心。在表层结构里，资料容易收集到，但往往难以解释，例如，我们可以描述出一个群体“怎样”构造环境，分辨出群体成员的行为方式“是什么”，但常常解释不出行为的内在逻辑，即“为什么”该群体按照这种行为方式活动。为了真正理解文化，更全面地认识群体的价值观和公开行为，有必要进一步研究群体的基本假设，所以必须建设更深层次的企业文化。

解决方案

关于任务一：为什么物流企业要重视企业文化?

企业文化是企业员工群体共同认可的员工行为道德规范和追求，是以该企业拥有的其他物质生产要素为基础的员工世界观、价值观和人生观在企业活动中的具体表现。企业中的员工是企业的第一生产要素，因此在既定的科学技术装备水平下，企业员工的劳动质量和效率决定了企业的产品服务的质量，也决定了企业的生命力。企业文化是影响员工行为的决定因素，因而企业文化是企业健康持续发展的魅力和源泉。

企业文化不是孤立的某个企业的文化，它是受社会文化和社会道德影响的，是需要与社会文化多方交流的，应符合先进社会文化发展的要求；同时，企业文化又是促进企业健康发展的文化，一个不能代表企业总体共同发展愿望的文化，不会得到企业员工的认可。

企业文化存在的另一个关键原因是该文化可以促进员工自身发展和福利的提高，给企业员工个体带来发展的机会和希望，因而具有很强的凝聚力、向心力、号召力、激发力。企业文化虽然是个包罗员工各种行为思想的大系统，但在实践中，它的主要表述形式和层次可以提炼为企业宗旨、企业核心价值观、企业精神、企业经营理念、企业人才观、企业职工行为规范等。

关于任务二：物流企业文化有何功能？

物流活动中最活跃的要素是人，物流文化的作用对象也是人。通过教育转变人的思想认识，进而影响、带动整个物流系统的变革，是物流文化的重要作用。

（1）物流文化具有导向功能。物流文化具有明显的发展指向性，对物流行业具有导向和引领作用。

（2）物流文化具有聚心功能。人气旺则物流兴，物流文化能够凝聚人心。

（3）物流文化具有鼓气功能。物流文化是物流行业长期积累沉淀的精神财富，是千百万物流人传承的不朽精神。

模块二 物流企业文化建设

任务描述

通过培训，小刘对物流企业文化有了深入的了解后，培训部给小刘培训了物流企业文化建设的相关知识，并要求小张完成下列任务。

任务一：物流企业文化建设有什么意义？

任务二：物流企业文化创新体现在哪些方面？

知识链接

企业文化不应是一句口号，不应是企业用来装饰门面的表面文章，也不是办几次活动就能完成的。企业千千万万，情况不尽相同，企业文化也没有定式，关键是联系企业实际情况建设符合企业特征、具有企业独特个性的企业文化。首先要抓住切入点，明确企业文化的内涵和外延，做到有的放矢；其次要做好深化工作，突出个性，因为企业文化贵在个性，企业的生命在于其独特的“魅力”。

在社会主义市场经济体制下，建设具有中国特色的社会主义现代企业文化，不仅是顺应世界管理科学发展的趋势，也是我国建设现代化企业和管理科学现代化的迫切需要。

一、物流企业文化现状

1. 传统文化继续发扬

我国现代物流企业多从传统运输企业转型而来，保持着我国特有的“艰苦奋斗”的传统美德和“振兴中华”的爱国主义精神特色。例如，中远物流在世界各地所雇用的五千多个外国雇员与国内员工一样，都以被评上“中远劳模”为荣。中远物流形成了“尊重劳模、关爱劳模、崇尚劳模、争当劳模”的行动氛围，是我国国企特有的劳模企业文化特色，对国企员工的行为起到了良好的引导作用。

2. 克隆文化有所成效

我国民营物流企业的发展模式各种各样，许多成功的例子是在借鉴国外成功物流企业发展经验的基础上建设而来。例如，在我国快递行业发展迅速的民营企业“宅急送”，就是从日通公司“宅急便”的发展中寻得成功经验。公司从成立到战略目标、市场定位、业务模式、网络结构等，都借鉴了“宅急便”这个原型，同时它也不断吸收了像 UPS、联邦快递、中外运等先进企业的经验。这一模式的成功要点在于，企业发展战略要有前瞻性，在体制上、机制上要确保战略目标的一致性。

3. 品牌建设执行不到位

经过十几年的发展，我国物流企业的发展速度很快。据不完全统计，企业总数已达几十万家，但真正能够在世界上叫得响的牌子屈指可数，而国际上的物流企业，诸如 DHL、UPS、FedEx、TNT 等品牌却在我国市场上已经有了极高的知名度。相较于这些外来品牌，在国内已经经营了几十年的老传统国有企业转型过来的，像中外运、中远物流和中海物流、中邮物流以及新兴的宝供物流等本土品牌，普通民众却对其感到陌生。

4. 文化独创性不强

由于体制、传统的关系，我国的企业，特别是国有企业，市场竞争主体地位不强，企业领导者的主观能动性不高，这就使得我国企业在企业文化建设方面表现出独创性不足，存在企业文化雷同化的问题。

二、物流企业文化建设的原则

企业文化管理是管理学史上的又一大发展，是从见物不见人的重大转折，是发挥人在生产经营管理中的主体作用、实现以人为管理中心的历史化进程。所以，企业文化理论的核心就是以人为中心，尊重人、信任人，把人放在企业管理的主体地位上，强调文化认同和群体意识的作用，反对单纯的强制管理，注重在汲取传统文化精华和先进管理思想的基础上，为企业建立明确的价值观体系和行为规范，以此实现企业目标和个人目标的有机结合，实现企业内部物质、精神、制度的最佳组合和动态平衡。企业文化建设要紧紧抓住上述核心观念开展工作。

企业文化建设的一般原则是指目标原则、价值原则、卓越原则、参与原则、成效原则、亲密原则、公正原则和环境原则等。社会主义企业文化建设的具体原则，是在中国特色社会主义理论的指导下，根据我国国情，结合企业实际情况而形成的。现代物流企业文化建设要坚持以下原则。

1. 紧密联系企业实际的原则

企业文化是一个广义的概念，各个企业之间由于发展历史的差异，以及企业生产类型和经营方式的不同，又形成了各自不同的企业特点。作为植根于不同生产类型的企业文化，无不打上了本企业的烙印。所以，企业文化建设一定要从企业自身特点和实际出发，既要考虑各个企业的传统习惯和管理风格，又要考虑改革开放的时代要求，体现鲜明的国家文化和民族文化的特点，实现时代特点和企业个性的高度统一。

2. 员工主体作用的原则

企业文化建设，必须发挥广大员工的主体作用，强调其主人翁地位。企业文化建设，是塑造以员工为中心的企业文化，要正确处理企业与员工之间的关系，使员工对企业产生一种归属感和亲和感。同时，企业文化又是企业每个员工必须认同和遵守的行为准则，它是以企业的人际关系为基础的。如果企业人心涣散，缺乏向心力，就无法形成企业文化；正确处理好企业中人与人的关系，使他们彼此信任、理解、尊重，营造平等、团结、民主的氛围，这才是塑造企业文化的关键因素。总之，企业员工是企业文化的创造者，员工的生产实践永远是企业文化的源泉。所以，在建设企业文化的进程中，必须始终坚持员工主体作用的原则。

3. 重视政治文化建设的原则

建立社会主义市场经济，是社会主义企业文化建设的根本原则。目前，我国企业文化建设处于创新阶段，人们对它的认识和实践还很肤浅，因此，有识之士正在积极探索，理论界和企业界的专家、学者都在不断地研究和完善。而企业的思想政治工作则不然，它经历了半个多世纪的发展和完善，已形成一套行之有效的理论体系和经验丰富的专业队伍。长期以来的实践证明，企业思想政治工作是我国社会主义建设不可缺少的精神支柱和可靠保证。因此，我们在建设企业文化的同时，不可忽视企业政治文化建设和淡化思想政治工作。事实上，在建设社会主义企业文化中，企业文化建设与企业的思想政治工作是密切结合的有机统一体，不可将两者对立起来，而应在企业文化建设中重视政治文化建设，以保证企业文化建设的社会主义性质。

三、物流企业文化建设的程序和方法

（一）物流企业文化建设的程序

现代企业文化建设可以分为4个程序，其具体构成如下图所示。

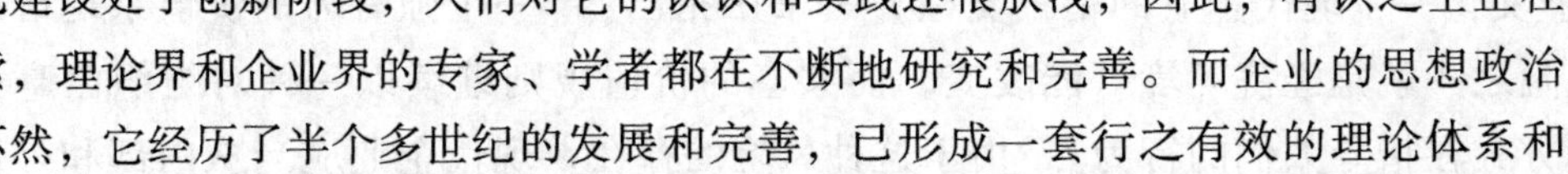

企业文化建设的程序

（1）企业经营战略的制定。即规划企业未来一定时期内所要达到的目标及为实现目标打算采取的基本策略，包括打算进入的业务领域和在竞争中与竞争对手的相对位置等。这是企业文化系统建设的前提和基础。

（2）制定企业文化系统的核心内容——企业价值观念和企业精神，为企业文化的建设设定基本框架和努力方向。

（3）企业文化表层建设。主要指物质层和制度层的建设，从硬件设施和环境因素方面为精神层的建设做准备。

（4）向企业员工进行企业文化深层价值观念的导入和渗透。这是整个建设中最为重要的部分。

（二）物流企业文化建设的方法

物流企业文化建设的方法很多，如示范法、教育法、激励法、灌输法、感染法、引导法等。这里从整体上就上述企业文化建设的 4 个程序中要注意的主要问题简述如下。

1. 分析内外部环境，制定企业经营战略

企业文化建设中应当根据企业战略来决定建设什么样的企业文化。这是因为：首先，对大多数需要制定和构筑企业文化的企业来说，他们的企业文化培育要适应企业发展战略的要求；其次，现代企业文化常常面临过时的风险。肯尼迪和迪尔在《企业文化——现代企业的精神支柱》一书中指出："一个强有力的价值系统最严厉的风险之一就是经济环境可能改变，而共享的价值观则继续以一种对组织已毫无帮助的方式在指导人们的行为。"由于这种风险的存在，现代企业应当从内部和外部环境分析入手，根据自己的竞争策略来确定价值观念。

尽管制定企业战略时也要结合现有的文化观念来进行，但从总体上来说，应当先确定企业的经营战略，然后选择并塑造企业价值观念体系。

2. 企业价值观念的提炼

合理和有效的文化内核一般不会自发地产生，必须进行审慎的选择。在这个过程中，必须注意以下基本原则。

（1）从实际出发的原则。现代企业形形色色，从地区性公司到跨国集团，从单一经营到跨行业的多元化经营，从单一文化背景的员工构成到分布于世界各地的员工都有可能。企业文化价值观体系要结合自身的性质、规模、技术特点、人员构成等因素，从企业实际出发来进行提炼。不结合本企业的特点、千篇一律的企业价值观念和企业精神没有生命力，不具备应有的价值和意义。

（2）一体化原则。企业价值观体系是为了提供一种对员工进行更好的协调和约束的软管理手段，因此良好的价值观必须从企业整体利益的角度出发来考虑问题，更好地融合全体员工的行为，而不是仅从个别部门的利益来考虑问题。企业文化的建设者可以让全体员工进行详细讨论，也可以成立中层管理协调小组来实现价值观的一体化。价值观越是从企业员工的整体心态出发来制定，在以后的实施和向员工的渗透时就越容易、越有效。

（3）激励原则。要实现企业文化的激励功能，价值观体系的设计就要符合激励原则。优秀的价值观凝聚着职工的理想和信念，体现着企业发展的方向和目标，是鼓励企业员工努力工作的精神力量。

（4）体现社会责任原则。现代企业作为国民经济的细胞，是社会的一个单元。现代企业已经逐步摒弃传统的只追求利润最大化的目标，而将实现社会发展也作为自己的任务，具体表现为不少企业已经从营销观念转变成社会营销观念。这就要求企业价值观体系也能体现社会责任感。

3. 企业文化显性层的建设

企业价值观体系确定以后，就要树立具体的企业文化，这包括显性层和隐性层两方面的建设。前者主要指物质层和制度层，后者主要指精神层。相对显性层的建设来说，精神层的深入和确立是一个长得多的过程，因此在企业文化建设的总过程中，一般把显性层的建设放在隐性层的前面，但事实上两者可能是同时进行的。

企业文化显性层的建设与一般的管理活动并无多大差别，都着眼于硬件的管理，因而相对来说较为简单。它包括制定相应的规章制度、行为准则，设计公司旗帜、徽章、歌曲，建造一定的硬件设施（如文娱体育场所、职工教育中心等）。显性层能够为隐性层的建设提供物质上的保证，所以也必须认真地规划和组织建设，以便更好地实现员工价值观念的培育。

4. 企业文化核心观念在全体员工中的培育

企业文化的实质就是员工心中的价值观念。由于人自身的复杂性，人们观念的转变通常要花费较长的时间。

（1）职工的甄选和在职教育。对员工的影响其实从招聘时就开始了。企业可以在选择员工的时候就以自身的价值观来衡量候选人，选择与之相符合的人，从而能够使他们更好地融合到企业中来，为今后的价值观灌输提供方便。同样，个人在企业中的升迁途径也有助于价值观的确立，企业能通过升迁过程中的倾向性来暗示价值观念。如果公司的高层领导大都是从市场部升迁上来的，那么以市场为导向的观念就很容易得到强化和巩固。

此外，对员工的宣传和教育也是建设企业文化的有效手段。例如，上海宝钢集团的新员工都要集中起来，在宝钢学校里接受关于企业历史、目标等内容的教育，以便提高职工对宝钢集团价值观——“不负人民的重托”的认识。企业还通过宝钢报和宝钢电视台向员工宣传宝钢精神。这些以企业的价值观念为出发点和导向的行动对激励宝钢职工努力工作起到了巨大的作用。

通过招聘时的筛选和对在职员工进行培训和教育，能够从事前和事后两个方面来树立企业文化的价值观体系。但仅做到这些还是不够的，企业生产经营的连续性使得员工不可能经常性地集中起来进行系统的学习和教育，所以还必须考虑渗透于日常行为中的方法来强化职工的文化价值观。

（2）模范人物的作用。如果说价值观是企业文化的灵魂，那么模范人物就是价值观的人格化，并集中体现了企业的力量所在，他们是强文化中的中枢形象。企业可以通过树立英雄人物向员工们传达企业文化价值观念。模范人物有振奋人心、鼓舞士气的作用，他们的一言一行、一举一动都体现了企业的价值观念。他们也许不担任高级职位，但他们德高望重，备受人们的尊敬。可以说，模范人物是企业文化的象征者。一方面，英雄人物能够通过自己的行为为企业员工提供样板，告诉大家成功是可望和可及的；另一方面，模范人物在企业内的影响可能持续相当长的一段时间，因而对于长期的企业文化建设具有尤为重要的意义。

（3）礼节和仪式的安排与设计。礼节和仪式可以把企业生活中发生的一些事情戏剧化，有潜移默化地宣传企业价值观的作用。企业文化为员工创造了工作的价值观，而抽象的价值观往往要通过礼节和仪式的体现变为有影响的、可见的、可遵循的东西。礼节和仪式能够使文化观念变得活泼可见、可以直接体会，加深员工对文化观念的理解。

礼节和仪式包括工作仪式、管理仪式（包括各种企业会议）、庆典和奖励仪式、社会交往仪式，甚至各种聚会、聚餐、游玩和文娱活动也可以当作特殊的礼节和仪式。这些特殊的仪式可以在正常工作以外的场合使员工之间进行沟通，实现更好的融合。

管理者通过对企业的各种仪式进行安排与设计，并赋予它们以文化价值观念，让职工在这些看似琐碎的事情和办事方式中得到对企业文化更深层次的理解。

（4）文化网络建设。文化网络是一种强化企业价值观念的有效工具。在企业组织中，信息的传递渠道通常可以分为两种：正式渠道和非正式渠道。前者主要通过正规的群体，即企业中的正式团体，在正式团体之间进行传播，其内容大都是官方信息。而后者由一些消息灵通人士、小道消息传播者，以及一些非正式的领导组成，其传播内容主要是一些非官方的内容。所谓文化网络，就是指信息传递的非正式渠道。非正式渠道在任何组织中都与正式渠道一起存在，因而文化网络的作用不可低估。

文化网络中的信息传播有以下特点：一是传播的信息往往是与职工利益密切相关的，或是企业的重大事件，而那些员工们不感兴趣的信息则会被自动筛选出去；二是这些信息往往直接影响员工的工作积极性和相互间的协调性。

管理者应按如下方式管理文化网络：首先承认文化网络存在的客观必然性，认识到其重要性；然后主动地发展某些重要网络，与它们保持适当联系；接着对文化网络中的信息进行合理的引导，留意与企业价值观相符合的信息并将其传入网络中；同时，对文化网络中信息发布的关键人物进行企业价值观和精神的教育，这样就能使文化网络为企业文化的形成做出贡献。

四、物流企业文化创新

企业文化是塑造非正式的人际关系与企业和谐氛围的主要动力，而且企业文化和现代企业管理密不可分。因此，企业文化创新与现代物流企业的发展和成败息息相关。

1. 塑造一流的企业家

企业文化创新的关键是企业家素质的创新。企业家是企业人格化的象征，在企业组织的经营管理活动中处于最高地位。企业文化是建立在企业家个人对企业整体的特征、价值、形象的理解和认识的基础上的，反映企业家在整个企业经营活动中的价值观念、工作准则及对事业的追求。成功的企业首先必须有优秀的企业家，然后才能有优秀的企业文化。企业家可通过自己的职权，把经营哲学传授给全体职工，通过宣传教育使职工对企业文化有明确统一的认识。企业家通过自身良好的形象，在员工中产生模范效应，促进企业活动的开展。卓越的企业家以自己高尚的人格力量塑造卓越的企业文化。

企业家对企业内各类非正式组织加以引导，使之产生一种健康向上的文化，并与本企业的目标相一致，形成更大的向心力。

为此，物流企业在企业文化创新中，首先要塑造具有良好的思想素质、身体素质、心理素质、能力素质和知识素质的一流企业家。

2. 塑造一流的创新团队

团队是指以互助互利、团结一致为统一目标而坚持奋斗到底的一群人。团队能将个人利益、局部利益和整体利益相统一，从而实现组织的高效运作。所以，组织的领导者应该利用不同的风格、采取正确的策略来有意识地建设团队。

3. 塑造一流的企业形象

企业形象是指企业在社会公众心目中的总体看法、印象和评价。通过企业文化建设，达到优化企业形象的目的，是企业的一项重要任务，也是现代企业经营管理的重要组成部分。在市场竞争激烈的情况下，消费者往往愿意接受有良好企业形象的企业的产品和服务，优秀的企业形象能给消费者一种安全感和依赖感，这就是建设企业文化的意义所在。

解决方案

关于任务一：物流企业文化建设有什么意义？

通过学习，小张掌握了物流企业文化建设的基本内容，物流企业文化建设的意义如下。

1. 匡正物流行为

在没有真正理解物流被称作第三利润或非生产领域第三利润源的真正含义的情况下，有些人便将这种观念接受下来，盲目炒作。一方面，一些管理部门投资热情过分高涨，不经论证便出台发展规划，使重复建设的比率增大；另一方面，一些企业也纷纷介入，在自身评估和对外客观条件了解不足的情况下，便成立物流公司参与运作。

基于此种现实状况，亟须正确的物流文化来澄清观念，减少盲目行为。

2. 改进物流技术

物流业属于技术密集型产业，而我国的物流企业普遍技术水平较低。

在信息技术方面，企业内部物流信息管理和技术手段落后，物流企业与用户之间的沟通和协作较难，直接影响了物流服务质量的提高进程。

在运输、装卸技术方面，除外贸运输以外，难以实现公铁联运、水陆联运和陆桥运输，在技术及组织上与国外差距较大。

在集装箱储运方面，与港口连接的公路、铁路、内河航运等集疏运系统还不完善，制约了集装箱运输的发展。

在包装技术方面，包装标准与运输装备、装卸设备、仓储设施之间缺乏有效的衔接，对各种运输工具的装载率、仓储设施空间的利用率影响较大。

因此，亟须通过物流文化规范对国外先进物流技术的引进行为，鼓励自主研发，提高技术竞争力。

3. 规范物流管理

目前，我国物流总成本占国民生产总值的比重还不足20%，工业企业流动资金和商业流动资金年周转次数也远远低于发达国家，这反映出我国物流管理的粗放与落后。

在物流企业组织规模上，传统的运输和储运等流通企业以及新型的专业化物流企业规模偏小，难以形成网络化经营；在服务方式和服务手段上，众多从事物流服务的企业没有附加服务，只能单纯地提供运输及仓储等服务；在经营管理水平上，多数物流企业普遍对现代物流企业的理念、必要的服务规范和内部的管理规程缺乏深度理解，难以提供规范化的物流服务。

所以，此时就需要物流文化来规范行业行为，搭建网络化管理平台，提高服务质量。

4. 振奋物流状态

我国有些物流企业仍然处于一种低迷的状态。个别地区在物流发展规划中，对于物流需求的培养并没有给予应有的重视。同时，国内企业的物流需求还没有充分培养起来。因此，亟须物流文化正本清源，解决导致物流状态低迷的根本问题，振兴物流事业的发展。

关于任务二：物流企业文化创新体现在哪些方面?

通过学习，小张掌握了物流企业文化建设的基本内容，物流企业文化创新体现在以下几点。

1. 以创新驱动力为着力点

党的十八大明确提出，我国若打算改变经济发展方式，找出最新增长点，就需要实行创新驱动战略；十八届三中全会之后，又对此提出了进一步的要求，把创新放在了一个更高的位置。同时，政府工作报告也将“大众创业，万众创新”列为我国经济增长的重要因素。随着中国经济增速逐渐平稳，在国家大力推进供给侧改革的形势下，物流行业也面临着革新。

只有积极创新才有生存空间。这要求企业从技术、设备、组织形式、信息化、物流金融、专业分工等多方面努力创新。在“互联网 + 物流”的模式下，我国的物流产业发展迅速，取得了瞩目的成就。其中，建设了一批高水平的运作平台，如园区基地平台、电商物流平台，供应链集成平台、协同采购平台、供应链金融平台等，进一步转变了传统物流的运作模式。

2. 培育学习型、素质型的物流企业文化

随着经济新常态的到来，物流企业，特别是中小型物流企业，碰到了前所未有的生存危机。

有的物流企业重视学习型企业文化，特别是企业的中、高层，积极学习新知识，吸收养分；有的企业大力进行改革，扬长避短，提高整体竞争力；也有一些企业抱团取暖或者强强联合。这进一步印证了物流企业的成熟度和文化素质都在提高。

3. 重视人本管理是物流企业文化推进的动力

很多物流企业将调动员工积极性作为调动企业积极性的最重要任务。一些业内人士也认识到，只要把员工的积极性、创造性调动起来，即使有困难，也能够顺利克服，因此，“关爱文化”“和文化”“家文化”等物流企业文化纷纷出台，有些物流企业的职工凝聚力也因此得到提高。

海尔集团首席执行官张瑞敏曾经说：“企业无领导，管理无边界，供应链无尺度，海尔力争把每个员工变成创新中心，这就是一种海尔文化的体现。”

阿里巴巴董事局主席马云被基文聘为联合国贸易与发展会议青年创业与中小企业特别顾问时也曾经说，相比于阿里巴巴的电子商务创新，他更看重阿里巴巴先进的企业文化。

学习指导

学习物流企业文化管理课程，第一，要掌握物流企业文化的含义、内容及作用；第二，学会物流企业文化建设的方法；第三，能初步运用物流企业文化建设的程序；第四，具有物流企业文化创新的思维。

思考题

1. 什么是物流企业文化？
2. 物流企业文化的内容和特征各是什么？

3. 物流企业文化的功能包括哪几方面？

4. 企业文化建设对物流企业的发展有何重要意义？

5. 简述物流企业文化建设的程序。

6. 简述物流企业文化建设的方法。

拓展项目训练

以5人为一个小组，分别深入到当地的物流企业中，调查了解该物流企业的文化建设状况，并撰写一份调查分析报告。

项目十一　物流企业创新管理

学习目标

一、知识目标

1. 了解共享经济与物流
2. 掌握物流共用系统
3. 理解物流共同化
4. 理解电商物流
5. 熟悉智慧物流

二、能力目标

1. 灵活运用所学知识分析案例
2. 初步具备掌握物流行业的理论前沿及发展动态预判能力

三、素质目标

具备利用创新理论知识对物流企业进行分析的基本技能。

本项目包含三个模块：物流企业创新管理概述，电商物流，智慧物流。

导引案例

珠宝首饰物流模式的创新

黄金、钻石、铂金皆为贵重材料，体积小，价值高，所以一直以来，珠宝首饰配送不同于普通商品物流托运，它更类似于银行钞票押运，要特别注重安全。针对珠宝首饰配送和托运的特殊需要，专业珠宝物流正在业界悄然兴起。

深圳水贝是国内主要的黄金珠宝首饰产品生产批发基地，每天都有大量的珠宝首饰产品从这里发往全国各地。按常规模式，量大的货一般由采购商自己带走，或者厂家派业务员取货；如果量少则通过快递公司发货。配送货品产生的费用一般由采购商承担，但无论由谁承担，其配送费用是计入采购成本之中的，而且是采购成本中的重要支出。如果将配送货品这项工作交给一个专业的珠宝物流公司，将会大大降低其采购成本。那么“专业珠宝物流”是如何解决珠宝首饰配送问题的呢?

记者经过深入调查得知，置身于水贝珠宝交易中心的深圳市领先达物流有限公司（以下简称“领先达公司”）是一家专门从事珠宝配送服务的物流公司。据了解，这家物流公司与水贝珠宝交易中心同一时间成立（2006 年），一直服务于深圳珠宝批发商的珠宝配送业务，目前网点已经覆盖北京、成都、郑州等多个城市。

据该公司负责人张某介绍，珠宝物流与普通物流相比，更强调其安全性和快捷性。珠宝首饰为贵重产品，运送中遭遇失窃与抢劫的可能性比一般商品都大，因此安全性是重中之重。黄金、铂金、钻石等珠宝材质价格波动频繁，配送时间越长，商家承担的价格风险也越大。此外，珠宝首饰业是资金高密度产业，配送时间越短，越能提高商家的资金周转率。

针对专业珠宝物流的特殊性，领先达公司有一套特殊的机制和流程，以确保珠宝产品在运送过程的安全和快捷。

首先，人员招聘全部采用内招方式。公司不对外招聘，工作人员必须是通过熟人介绍和担保，无任何犯罪记录、个人档案清晰才能进入公司。这样操作降低了内部作案的可能性，即使发生特殊事件，案情调查也相对简单。

其次，严谨而且环环相扣的工作流程形成了安全保障。在客户发货之前，领先达公司会将取货员的个人档案发给客户，客户验证取货员身份后，才会提货给取货员。接着，取货员将货物在指定的服务中心进行二次打包。二次打包与普通物流公司不同，他们采用木箱重新包装，并用一次性螺钉封装，确保货物到达目的地之前不会发生损坏。

货品发往机场途中，司机和押送员必须按照指定的路线将货物运往机场，并且他们不知道押运车上的取货密码。只有当车到达机场后，驻机场交接员才会收到密码，凭密码开启货柜，取出货品。这样保证了运往机场途中不发生意外。

领先达公司和机场达成了协定，机场为领先达公司开辟了一条专门的货运通道，即无须经过烦琐的安全检查程序，可直接装箱上机，并为其设立了固定的货运仓位。货物到达目的地城市，当地工作人员在机场接收到货物后，会在最短时间内联系收货方，并通过多重验证，让货主安全取到货品。

最后，在装备上，领先达公司采用专业运钞车、全程 GPS（全球定位系统）定位导航，安全检查和防卫设施十分完善，接近银行武装押运的水平。

领先达公司这一专业珠宝物流服务模式，是结合珠宝首饰的特点而创造的新型物流模式，也是物流市场细分的一个趋势。珠宝物流还在不断探索之中，希望能衍生出更多新的服务方式，更好地促进国内珠宝首饰产业的发展。

阅读上面的案例，请思考以下问题。

1. 珠宝物流有何特殊性？

2. 物流市场细分发展趋势如何？

模块一　物流企业创新管理概述

任务描述

小于在某职业学院经济管理系物流管理专业毕业后，通过招聘会被某物流公司选中，招收为市场部的实习生，进行为期3个月的实习，在这期间要进行与岗位相关的培训和学习，如果实习合格则被聘为正式员工。

小于在实习的第一天到市场部报到，然后到培训部进行相关的培训。培训部的老师对小于进行了业务培训，要求小于完成下面的任务。

任务一：为什么物流企业要重视创新？

任务二：物流企业创新的思维有哪些？

知识链接

在《创新与企业家精神》一书中，德鲁克想表达的主要思想是，创新机遇的来源具有不确定性和不连续性，但抓住创新机遇所必备的企业家精神具有系统性和连续性，企业家需要掌握全局的、动态的战略思维，在不确定性中追求确定性，在不连续性中寻找连续性。

《创新与企业家精神》一书主要有3个核心观点（见图11－1）。第一个核心观点是，创新的来源具有不确定性和不连续性，具体包括：意外事件、不协调事件、新知识、流程改进的需要、产业和市场结构变化、人口变化、认知革命。

第二个核心观点是，企业家精神就是企业家面对不确定性和不连续性时，表现出来的用户至上、团队为本、产品主义和市场前瞻等精神。

第三个核心观点是，面对不确定性和不连续性，企业家通常运用4种创新战略抓住创新机遇，具体包括：孤注一掷、攻其软肋、生态利基和生态创新。

一、共享经济与物流

1. 什么是共享经济

私人汽车一般有5个座位，但经常只坐1人。在20世纪70年代的西方国家，汽油短期内涨了几倍，还经常加不到油。于是，一些居住和上班地点都离得较近的人，开

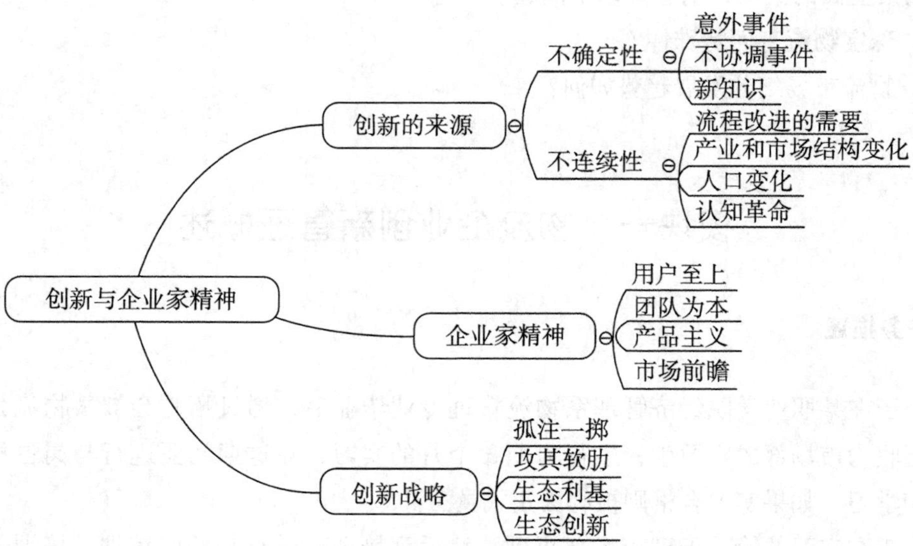

图 11－1　《创新与企业家精神》一书的核心观点

始拼车（Car－pool）上班，这就是一种共享。但这种共享受诸多条件限制，无法形成一种商业模式或产业，还不是共享经济。直到近几年，随着移动互联网络的普及，出现了打车软件和平台，私家车共享才成为一种商业模式。

共享就是私人物品（个人、家庭、企业等机构占有和使用的物品）的公共利用。共享自古有之，但共享经济则是伴随着互联网的普及才出现的。共享物品的所有者，以暂时转让使用权的方式获取报酬或交换他人物品的使用权。共享的客体（对象），除了汽车、自行车、托盘、集装箱、叉车等物品外，也可以是不动产，如仓储空间、生产车间、办公空间、停车位等，还可以是知识、信息等无形资产和人力资源。共享经济中的共享方式通常也采用租赁形式，但和普通租赁不同。普通租赁关系中的承租目的常常是租金较高，租赁期限也较长；共享经济中的承租则是为了便利（随租随还），所需期限也较短。

在共享经济中，由于物品的所有权和使用权分离，会产生不爱惜他人的物品等道德风险，需要在制度和技术上加以防范。例如，对共享参与者实行严格审查的会员制，依靠大数据技术确定共享参与者等。

2. 物流领域中的共享经济

在物流领域中，托盘、集装箱、周转箱、包装容器、装卸设备、车辆、仓储空间、物流中心、物流信息平台等物流资源和物流管理能力（人力资源）都是可以共享的对象。事实上，早在共享经济进入大众视野之前，物流领域就已出现了托盘共用系统、共同配送系统等共享经济模式。目前，物流领域的共享模式除了这两种外，还有卡车资源、仓储资源、人力资源、物流信息等物流资源共享模式，以及入驻物流园区的企业和个体户共享物流基础设施和专业服务等共享模式。这些共享模式，提高了物流设备、物流设施等物流资源的利用率，降低了物流成本。

二、物流共用系统

1. 物流共用系统的概念

在传统物流系统中，托盘、周转箱、集装箱等物流工具都是货主企业或物流企业的私人物品，货物运达目的地后，需用运输工具将空盘、空箱运回，浪费了大量运力，提高了物流成本。而物流共用系统则采用了这样一种共享经济模式：将托盘、周转箱、集装箱等物流工具视作公共物品，在本地租用；运到目的地后，在目的地归还。物流共用系统的推广应用可以节省运力资源，从而降低物流成本。

2. 物流共用系统的实施

物流共用系统中最早实施的是托盘共用系统，采用的共享方式有两种：一是租赁方式，即由一家在区域或全国各地拥有分支机构的大型托盘租赁企业，向货主企业或物流企业出租托盘，运抵目的地后在当地的该租赁企业的分支机构还掉托盘；二是会员制方式，即由多家参与托盘共用系统的会员企业购置一定数量的托盘建立共享型托盘池，货物运抵目的地后，在目的地的会员企业还掉托盘；反之，外地会员企业货物运抵本地后也会将托盘还到本企业（有可能不是同一批托盘）。这两种方式各有利弊：前者投入大，需要建立分布极广的租赁网络，但协调成本低；后者投入少，但会涉及托盘数量、品种及空间分布上的不均衡等协调问题。

托盘共用系统在尝试过程中的主要障碍涉及托盘的标准化以及各区域产业发展不均衡等问题。此外，托盘共用系统具有明显的网络效应，即参与者越多成效越显著。随着移动互联网、物联网等新技术的应用，各区域经济发展趋于平衡，托盘、集装箱共用系统必将得到广泛应用，充分显现共享经济的威力。

三、物流共同化

（一）物流共同化的产生

物流共同化是指由多个企业联合组织实施物流活动，最常见的是共同配送，还包括物流设施与设备利用共同化、物流资源利用共同化和物流管理共同化等。物流共同化的产生源于以下矛盾。

1. 物流效率化与柔性化的矛盾

柔性化是现代物流发展趋势之一。然而，以“多品种、小批量、多批次、短周期”为特征的柔性物流，在没有相应的自动化智能技术和信息技术支持的条件下，必然导致物流成本的上升和效率的下降。物流效率化要求大批量、小批次地输送物品，其解决办法之一是实现物流共同化，在保持物流系统的柔性的同时，又能实现规模效益。

2. 物流的私人成本与社会成本的矛盾

物流活动（尤其是汽车运输）有较显著的外部效应，即随着车辆增加，造成道路堵塞，延长了运输时间，并产生环境污染等公害。为了解决这些问题，政府必须投入大量资金，拓宽公路，治理大气污染。而这些费用并不是全部由运输业者承担的，即运输业者承担的成本（称为私人成本）小于社会成本（包括私人成本以及道路拓宽、交通治理、污染治理等成本）。通过物流共同化，将多批货物集中在一起输送，既提高了单车装载率，又可以减少在途运行车辆，缓解物流对社会产生的负的外部效应。

3. 物流社会化与物流控制权的矛盾

通过发展第三方物流，实现物流社会化，可以解决这个矛盾。但是，物流社会化将会使企业失去对物流的控制权，这对某些企业来说是难以接受的。而且，第三方物流在许多国家和地区尚处于起步阶段，不能完全满足货主企业的要求。在这种情况下，共同物流作为一种折中的办法被一些企业采纳。尤其在一些注重企业关系和控制权的国家和地区，如在日本和我国的台湾地区，共同物流成为一种重要的模式。所以，共同物流可视为介于自营物流与第三方物流之间的一种业态，如图 11－2 所示。

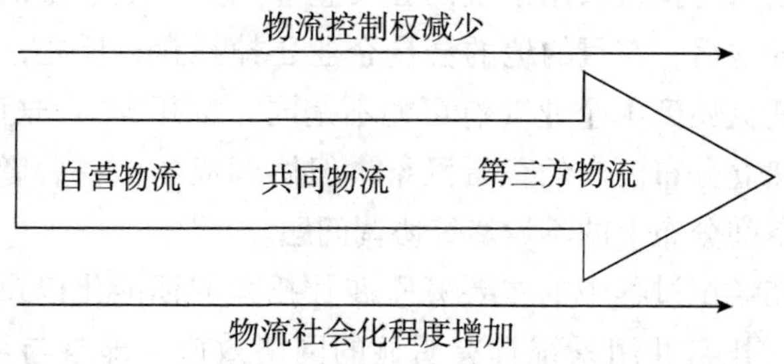

图 11－2　自营物流、共同物流和第三方物流

（二）物流共同化的类型

物流共同化按不同的分类方式可分为不同类型。

1. 按物流共同化的联合方式划分

（1）紧密型（法人型）：参与企业共同出资，建立一个新的共同物流公司，由该公司来协调、运作各货主企业的物流。

（2）半紧密型（合伙型）：由各企业参与形成一个合作管理组织，由该组织在外部寻找并委托一家物流公司，代为从事货主企业的物流。

（3）松散型（合同型）：参与企业通过签订合同，共同使用物流设备、设施或其他物流资源。

2. 按物流共同化参与企业的关系划分

1）横向共同配送

（1）同产业间的共同配送：处于相同产业的生产或经营企业，为了提高物流效益，通过配送中心或物流中心输送货物的一种方式。

（2）异产业间的共同配送：将处于不同产业的企业所生产经营的商品集中起来，通过配送中心或物流中心向顾客输送的一种形式。

（3）共同集配：以大型运输企业为主导的合作型共同配送。

2）纵向共同配送

（1）批发商与制造商间的物流共同化。

（2）零售商与批发商之间的物流共同化。

3. 按供货和送货的形式划分

（1）共同集货型：由几个企业的物流部门组成共同配送联合体，其功能以集货为主，即由联合体的运输车辆，采用"捎脚"的方式向各货主取货（共同集货），但送货仍采取分散向客户送货的方式，如图 11－3 所示。

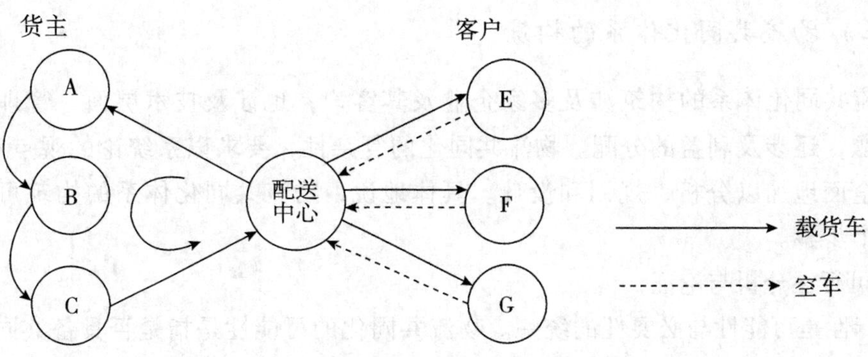

图 11－3　共同集货型

（2）共同送货型：正好与共同集货型相反，共同配送中心从货主企业处分散集货，而向客户送货采用"捎脚"的形式共同送货，如图 11－4 所示。

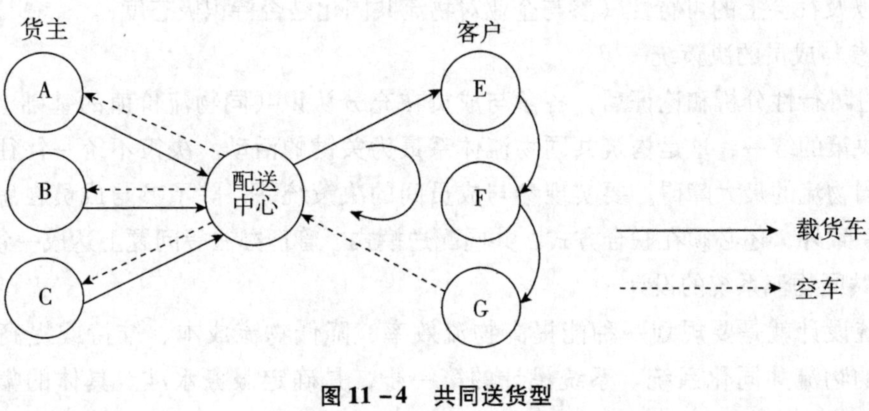

图 11－4　共同送货型

（3）共同集送型：兼有共同集货和共同送货两种方式，能更有效地提高运输效率，是比较理想的共同化配送模式，如图 11－5 所示。

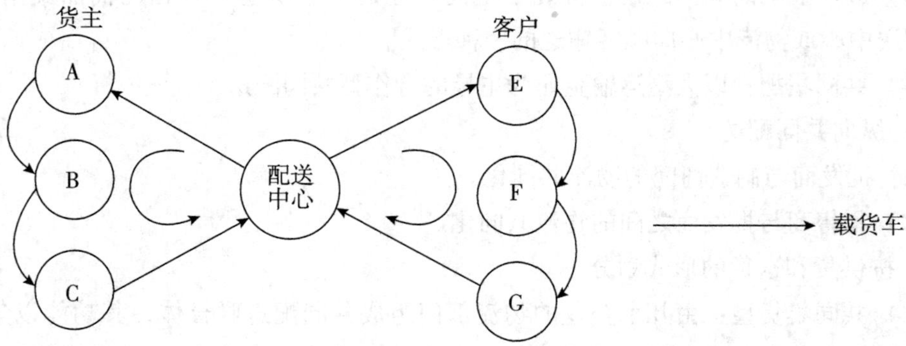

图11-5　共同集送型

（三）物流共同化体系的构筑

物流共同化体系的构筑涉及多家企业及其客户，也涉及技术层面、管理层面的多种问题，还涉及利益的分配。物流共同化的复杂性，要求以系统论的观点和方法，科学、全面地加以分析、规划和设计。具体地说，物流共同化体系的构筑可以分为以下几个步骤。

1. 可行性分析与论证

可行性是可能性与必要性的统一。物流共同化的可能性是指是否具备共同化的条件，包括内部基础条件和外部环境条件，如客户数量与规模、行业惯例、企业设施、技术水平、人力资源等。物流共同化的必要性是指当前是否存在物流设施利用率低、物流成本高等现象。物流共同化的可行性分析，不仅要论证经济上的可行性（即能否产生经济效益），还要论证技术上的可行性（现行信息技术、物流技术能否支持物流共同化）以及社会上的可行性（参与企业对物流共同化是否持积极态度）。

2. 参与成员的决策统一

经过可行性分析和论证后，各参与成员在充分认识共同物流价值的基础上，应做到物流决策的统一，这是构筑共同物流体系最为关键的活动。决策不统一往往是日后开展共同物流的最大障碍。要实现参与成员间的决策统一，除了参与成员在思想认识上达成一致外，还必须在联合方式、共同配送模式、管理办法等问题上达成一致。

3. 共同物流系统的设计

系统设计就是要规划一种能提高物流效率、降低物流成本、维持或提高顾客服务水平的物流共同化系统。系统设计的第一步，是确定服务水准。具体的集配、送货的方式和设施、车辆的调度等都必须以服务水准为出发点来设计。确定服务水准应以原有服务水准或行业平均服务水准为下限，尽可能接近或达到行业最高服务水准。确定服务水准必须有定量化的指标，如反应周期（从收到订单至货送到的时间）、准时率、差错率等。

第二步是设计集货、配送、送货的具体方式和路径，要求在达到服务水准的前提下，以最短的路径、最有效的车辆利用率，达到削减物流成本的目的。在这一设计环节，可以采用一些运筹学最优化模型进行辅助设计。

第三步是确定配送中心设施、车辆设备、人员的配置及共用方式。此外，还要设计与第二、三步相适应的订货处理程序、退货程序等。

4. 系统的建立与运行

系统设计完成并经共同物流联合体审批同意后，即进入系统实施阶段。系统实施包括办理有关行政审批手续、筹集资金、建立相应的机构和管理制度等内容。这些程序完成后，物流共同体系系统即可建立并投入运行。

5. 实施后的检查与完善

共同物流系统实施以后，应定期对其运行情况进行检查，评估其绩效，以便对系统进一步完善。在这一阶段，应当不断检查并注意以下几个问题。

（1）共同物流系统的领导与协调。共同物流系统虽然由多方企业参与组建，但系统建立并运行后，需要有集中统一的领导，否则系统将无法有效地运营。但是，作为一个联合体，又不得不考虑各参与方的要求，而且运行中许多问题在决策统一阶段尚无法预料。所以，运行中的协调作用就显得十分重要，甚至关系到系统的存续。

（2）服务水准的维持。随着时间的推移，应确保服务水准不低于系统设计时的标准。一般来说，服务水准会随着系统运行的正常化和人员配合程度的提高而改善，并趋于稳定。但如果系统设计存在缺陷，或外部环境发生重大变化，可能使实际服务水准达不到设计要求，这时需要对系统进行完善，如扩大配送能力、对员工进行培训等。

（3）确保物流成本上的优势。获得物流成本优势是推进物流共同化的根本动因，只有不断保持这种优势，才能使共同物流系统健康、稳定地运营。需要注意的是，评价共同物流体系的成本不仅要考虑私人成本，也要考虑社会成本；减少物流的外部负效应，也是物流共同化的原因之一。

（4）确保商业机密不泄露。在同产业共同物流体系中，交易条件、客户名单、销售规模等商业机密的泄露，会对企业经营活动产生十分不利的影响。因此，建立预防、监督企业机密泄露的机制与措施，是共同物流系统运行管理的重要内容之一。

（5）有效的库存管理。多家企业商品库存的统一化，使得在库管理、订货方式、缺货管理等方面的问题变得复杂化，易产生摩擦或不协调。在这种情况下，订货信息处理程序、账单、条码等条件的具备与标准化变得十分重要。

（6）共同物流利益的公平分配。虽然在系统决策与设计阶段已考虑到利益分配的机制，但在实施过程中往往会出现新的问题，参与企业应本着公平合理的原则，协商处理利益分配问题，特别是大企业与小企业之间应做到利益上的均衡。

解决方案

关于任务一：为什么物流企业要重视创新？

物流创新是指在实体经济以信息化带动工业化的进程中，凭借先进理论、思维方法、经营管理方式和科学技术手段，对传统物流格局中的商流、物流、资金流和信息流所进行的全面改造和提升，以便全面、系统、大幅度地提高物流的效能，取得最大化的企业经济效能和社会效果。

物流创新是对整个物流过程进行全方位的革新，创新活动融入物流活动的各个方面、各个环节。根据物流创新的内容和作用，可归结为物流制度创新、物流管理创新、物流技术创新3个方面。这3个方面的创新活动各有其特定的内容和特点，又必须紧密相连，才能实现物流活动的高效率和效益。其中物流技术创新是核心，制度创新是前提，管理创新是保障。

1. 提高竞争力的需要

在知识经济的背景下，企业生存与发展越来越取决于其核心竞争力的培育和发挥的程度。对于物流企业来说，高效率、高效益、不断创新的物流服务不仅是工商企业获取利润的基本保障，而且是物流企业有效培育核心竞争力的基本前提。因此物流企业应充分利用专业化优势，坚持持续创新，以创新的理念和服务满足工商企业的物流需求。

2. 经济发展国际化的需要

随着经济全球化的发展，世界范围内的社会分工不断深化，整个物流链的利益主体的空间分布日益分散，工商企业的采购、生产与销售活动的范围也已延伸到世界的每个角落。因此，在大多数工商企业不具备物流创新能力的情况下，市场对物流企业的创新提出了更高的要求，这对物流企业而言既是机遇又是挑战。物流企业必须通过物流创新，提高在全球范围内整合物流资源的能力，为工商企业的全球化战略服务。

3. 物流企业拓展经营的重要途径

通常来看，物流企业拓展经营主要是通过成本、价格或服务的竞争来实现。当一项服务刚推出时，竞争的焦点是服务的特色；当竞争者蜂拥而至时，竞争就转向成本和价格；当竞争不断加剧时，竞争的焦点又转向服务的质量。因此，成本、价格或服务质量都不能为物流企业带来持续的竞争优势和盈利能力，物流企业拓展经营的有效途径就是创新。

关于任务二：物流企业创新的思维有哪些？

1. 渗透性服务

生产经营企业选择物流外包，是经营观念转变的一大方面。其将物流运作纳入专业化竞争市场，一方面是从节约主要物流功能成本出发，让物流环节成本显性化，从而加强控制，拓展盈利空间；另一方面拟通过专业设施及现代物流网络增强物流时效性，从而强化时间成本控制，争取商机，把握市场。从这两点出发，传统物流企业首先要面临的是管理、服务新观念的建立。为适应外包需求，物流客户服务应是渗透性的，主动从节约功能成本、时间成本的角度切入，为客户规划物流方案，变被动的需求服务为主动，把核心客户做专做精。

2. 核心竞争力

核心竞争力体现在企业本身的优势发挥上，任何一个物流企业不可能把所有物流功能都完善，突出资源优势，体现专有功能特点并做强做大，尽显差异化竞争优势，这才是专业物流公司发展的一大核心竞争力。

3. 创造需求

从等待需求转向创造需求，客户所面临的困难是企业寻求商机的切入点。功能业务创新源于发现企业外部的需求。

4. 共赢

物流利益的取得绝不能以客户成本增加为代价，这便要体现共赢、利益共同体合作模式。现代经营模式是在满足合作方需求的运营中生存发展的，只有首先考虑对方利益，让合作者真正获得价值体验，自身才可能长远持续发展。只有客户价值得到体现，物流企业才有可能获得溢价收益，从而增强企业信誉与实力，同时客户对良好服务形成习惯性依赖，有利于促进合作双方稳定长远的目标实现。

5. 品牌依托

人们可以通过产品认识企业，也可以通过企业认可产品。同样的，服务也是品牌，人们一样可以通过服务认可企业，也可通过企业承认服务。因此可创建企业服务品牌，以品牌为依托，将品牌作为物流企业发展的一大诚信因素。客户对品牌选择的自主空间越来越大，这需要企业在服务体系上下功夫。从服务质量管理精细化、品质化方面迎合需求，以更多的方法与形式为顾客服务，而不是以固有模式来等待市场适应自己。

6. 形象展示

树立良好信誉形象，物流企业应重视服务质量体系认证，建立良好企业服务体系。通过认证，可以指导客户选购满意的物流服务，也可以取得客户信任。因此物流企业取得相应ISO标准质量体系的认证是很有价值的。这一工作的开展是物流企业服务质量不断规范化、系统化的过程，同时也是物流企业对外展示服务形象信誉的过程。取得的认证将是物流企业持续发展的金字招牌。

物流服务涉足面广，企业不仅要注重自身经营观念的转变，同时还要不断接受各行业的创新思想观念、管理观念、服务营销观念，以新的观念去营造新的物流企业管理模式，只有这样才能在市场竞争中得以长足发展。

模块二 电商物流

任务描述

通过培训，小于对创新管理有了深入的了解后，培训部给小于培训了电商物流的相关知识，并要求小于完成另一项任务。

任务：电商物流企业的创新发展模式有哪些？

知识链接

互联网时代，大型的电商节日有诱人的折扣力度，常常引爆狂欢。顾客能以极低的价格买到心仪的物品，这是很棒的体验。“6·18”“双十一”期间，往往是商家开怀、用户惊喜，但海量订单的背后是山一般的物流运营压力。尽管近年来中国的快递、配送取得了长足进步，但仍有数量可观的用户咨询、投诉，还存在到达时间迟、商品质量差、退货等问题，给电商物流造成了很不好的影响。

一、认知差异

从事电商物流的人，每天都被各种抱怨和投诉包围着，不满意永远在发生。一个用户投诉，可能会影响一个员工的饭碗。所以电商物流人每天都是小心翼翼，如履薄冰。纵观电商物流发展史，其实就是从业人员与用户关系的磨合过程。从矛盾重重到尽可能互相体谅，这条路走了好几年，还将继续在路上。

寻根溯源，认知差异的核心问题是什么？根源在哪里？

（一）对消费者购物流程的认知差异

线下购物的流程是“浏览（咨询）—选择—支付—带离”；线上购物则是“浏览（咨询）—选择—支付—出库—配送—签收”。也就是说，线下购物的物流配送由消费者自己完成，而线上购物的物流配送交由电商企业或者快递企业完成。当消费者自己“护送”物品的时候，即便不小心损坏了，也只会怪自己粗心大意；但是，当物品在第三方物流配送的时候被损坏了，消费者就会很生气，他们会觉得物流配送公司服务很差。

让我们来看看出了什么问题，为什么用户与物流配送公司之间会出现这种感知的不同？

在用户的感知里，从下单之前的咨询开始，消费行为就已经发生，所有体验、情感变化都被包含在消费行为中。下单之后，用户认为这已经是一次不可撤销的消费行为，情感诉求随之升高。线上购物中的互动体验转移到购物后对快递服务的期待，物流自然成为消费活动中营造良好体验的重中之重。此时，物流的快慢、快递员的语言和态度都影响着消费者的感知和情绪。当消费者收到一件破损的商品时，会下意识地认为是物流人员对其施加了“暴力”，所以他们会很生气。

在消费者意识里，订单付款后，该商品的所有权已经转到了自己手中。这样的想法源于传统零售建立的认知——付出金钱，即可得到商品。比如，在超市商场付款的下一步，往往就是提着购物袋回家。再往深层次考量，用户之所以会认为电商物流配送应该按照要求把商品完好地送到自己手中，是因为电商物流的本质是销售。

电子商务相对于传统的零售业态，更新了陈列形式，丰富了商品品类，具有更大的购买便利性。在消费者为订单付款后，该商品的所有权已经转到了消费者手中。但在传统的交易过程中，只有商品真正交给了用户，交易才算真正完成，因此，在用户的认知中，电商必须履行交易的全部职责，按照订单约定将商品交付给自己。

用户认为，物流配送是消费活动中最后也是最重要的一个环节，而且商品的所有权已经是自己的了，企业负责把商品送上门只是销售的后续环节。而传统物流企业认为，这是一种委托服务；电商企业认为，这是一种附加服务。

可是，物流配送人员，尤其是那些直接与用户面对面的快递员，他们的工作是把货物送达特定的地点，而这些物品与他们没有直接的情感联系。快递员们常常感到委屈的是：“我就送个东西，为什么总被刁难?”

快递员觉得自己只是受委托将与自己不相干的商品送到用户手中，至于商品是什么、对用户是否重要，这些都与自己没关系。因此，我们便可以见到快递员的各种冷漠行为。但是，也有电商的快递员让用户非常满意，原因就在于电商的快递员都知道自己送的快件是自己企业卖给用户的商品，自己必须让用户满意才能让他们再次购买自家的商品，才能让用户更信任自家企业。

（二）对物品所有权的认知差异

快递员一定要尊重用户，当用户下过订单、付完款之后，商品的“所有权”就是用户的了。或者说，在用户的心理认知中，这个商品就是“我”的了。所以用户的问询一般都是：“我的货到哪里啦?”

快递员送的商品不是自己的，也就意味着他们不能像处置自己的商品一样随心所欲，更不能向用户“甩脸子”。如果没有用户的订单，快递员就会失业，因此，快递员必须尊重用户，给他们提供最满意的服务。

但现实往往不尽如人意，快递员认为自己已经做到了最好，但用户还是会有各种不满意。出现这样的认知差异，根源在于电商物流和消费者之间的情感严重不对称。

不同的认知是矛盾的根源，道理浅显，但并非人人都能理解并应用。通常的论调是让双方都多点同理心：用户多体谅快递员的辛苦，快递员也多理解用户的心情，彼此都尽量以好的态度对待对方。这种方案看起来可行，实际非常理想主义，因为它试图对不可控的感性状态进行理性的管理。

物流企业、用户、商家对电商物流，甚至是对电商供应链、电商运营管理都存在诸多认知上的偏差。这些偏差会形成冲突和矛盾，这些矛盾又会演变成现实作业、运营管理中的痛点。

二、电商物流

电商物流要应对的问题，远不止认知上的差异。从认知根源出发，可以扩散出许多的痛点。电商物流本身的链状结构及在流程中所处的位置，决定了其每一个问题都涉及多个点，解决起来往往无从下手，因此有众多“物流之痛”。

（一）电商物流的企业的发展模式

1. 大而全型快递

大而全型是指不仅企业规模大，而且网络健全。此类型的典型代表是中国邮政。中国邮政经过了一百多年的发展，历史积淀出的作业质量、作业规范度、公信度和覆盖面都是最好的，因为它不仅仅是一个快递企业，同时也是一个兼具国家普遍服务职责的国有企业。因此即便到现在，部分物流企业在末端仍然会转发给中国邮政。

2. 自营型快递

自营型快递的典型代表是顺丰，其特点是服务极佳。顺丰纯粹地在业务上追求服务标准和服务质量，从佛山市顺德区向香港辐射，从广东向华北、华东辐射，其管理精髓是“实事求是”。

3. 自营型电商物流

自营型电商物流的典型代表是京东，其优势是专业的服务和极致的体验。自营型电商物流企业对电商物流的管控力强，员工拥有家的归属感，将物流服务看作销售活动的一部分。

4. 加盟型快递

加盟型快递企业的最大优势是可以低成本地实现快速扩张和全国覆盖，但是其不足之处是对加盟商的管控力较弱。加盟型快递的典型代表是“四通一达”，其发展路径是从核心城市快速复制，迅速连接出网络，先覆盖，再去提升服务质量和水平。

然而，迅速做大的蛋糕，存在的问题是根基薄弱。这些年，中国电商物流的高速发展支持和带动了国民经济发展，但同时也面临着一些发展困境。我国电商物流企业虽然已经实现了较全面的人员和网络覆盖，企业不断成长，市场规模不断扩张，但在团队管理、服务、系统、管理理论的研究等方面仍然需要不断提高和完善。

造成这种现象的原因，一方面是国外相关理论和经验对我国电商物流和快递行业的适用性有限；另一方面，国内目前也没有将电商物流当成一个专门的学科去看待和研究，甚至快递类的学术研究和著作也非常少。

（二）电商物流的七大“痛点”

1. 最后一公里的煎熬

最后一公里的主要任务是完成“交付”工作，是整个电商物流整体势能的最后释放，是终极用户检验。最后一公里要面对需求各异的众多用户，同时，投递的商品也是千差万别，但每一个用户都想在第一时间收到订单商品。所以最后一公里难在：尽管各企业的配送成本一直居高不下，但时效一直不能让用户满意，用户体验也难以提升，而且逆向物流频率高，成本难以控制。

2. 过山车式的订单量波动

电商物流的订单量在重大节假日，尤其是在电商节日都会产生较大的波动，如“6·18”“双十一”期间。实际上，不同时段的订单量波动也有一定的规律性，比如下半年通常比上半年高，第四季度通常比其他季度高，星期一是一周小高峰，晚饭到睡前的时间段较一天中的其他时段有显著波动，等等。

过山车式的波动造成的困扰时时刻刻都存在，企业不能按照高峰时的订单量配备人员、设备等，但是又要满足用户体验的要求，那么，电商企业有没有独特的平衡之道？订单量波动对供应链和运营有什么影响？

3. “苛刻”的用户

每一个快递员的性格都不一样，用户也是千人千面，有宽容的，有挑剔的，有严肃的，有和蔼的。商品也是海量，对配送的时间、方式、包装等要求都不一样。

电商物流属于销售，不仅是物流本身，商品咨询、商品价格、商品使用等也会给消费者造成各种各样的困扰。国家在法律层面不断完善对消费者权益的保护，消费者维权意识逐渐增强，这从客观上对电商物流企业的服务提出了更高的要求。电商物流企业普遍存在困惑，如何才能建立良好的用户体验，并在用户体验和成本之间进行平衡？

4. 30 分钟的承诺

谈到物流之痛，速度一定是一个不可忽视的方面。实际上，30 分钟的承诺反映出了激烈的竞争现状，配送速度的标准虽不断提升，但达成率堪忧。

用户对配送速度的要求越来越高，这也将使电商物流企业陷入进退两难的境地：“进”（即提供更快的速度服务），如果企业自己来做，则需要大量投入；如果寻求第三方的帮助，则在管理和用户体验方面又很难加以控制。“退”（即不提供更快的速度服务），一方面，同行业企业都在提速，只有自己不提速，竞争力马上就会消失殆尽；另一方面，消费者已经养成了“快”的消费习惯，有了更快的速度，马上会对慢速心生怨言。

电商物流企业，尤其是O2O（线上到线下）企业，应该一味地迎合用户越来越高的要求，增加投入，提升速度吗？如果是，不同的企业在什么阶段、什么节点应该设定什么样的速度标准呢？

5. “血流不畅”的供应链

在电商物流企业中，常常能看到订单积压、配送延迟、调度混乱等现象。在电商物流系统中，若流程规划不好，就会在众多业务环节形成“山谷”和“高峰”，也就是浪费和瓶颈，会影响环节效能和系统整体顺畅性。如何保证“血管”（供应链）的顺畅？一旦堵塞，又是哪里堵塞？是什么原因导致的？

6. 冤枉的ERP

物流行业中有句玩笑话：上ERP找“死”，不上ERP等“死”。好像企业上了ERP之后所有问题就都是它导致的，而且上也不是，不上也不是。

出现这种情况主要是因为目前并没有普适版的ERP适用于所有的快递企业或电商物流企业，每个企业的组织架构、业务特点、规模都不一样，选择信息系统时必须是个性化、定制化的。同时还要考虑物流信息系统与财务、人资等系统的对接问题。

一个系统稳定运行后，如果出现了新业务和新流程，系统能否很好地适应？这是物流信息系统研发和使用中面临的难题。因此，要开发一个与自身业务相匹配的信息系统并不容易。但是，互联网技术和计算机技术的发展使得商业环境、经济环境等都发生了很大的变化，没有自己的信息系统根本就无法立足当今社会。那么，企业到底怎么做才能开发出独特而又能适合自己的信息系统，而不是无论如何都会致死的ERP系统呢？

7. 遍布大街小巷的员工

有网络的地方就有电商，有电商的地方就有配送，有配送的地方就有快递员。这些快递员要覆盖大城市、小城镇，甚至小山村的每一条街。可想而知，快递员的队伍有多么庞大。对这支遍布大街小巷的团队怎样进行仪表仪态和话术培训？怎样才能保证每个人都是按照同一标准去敲门？怎么监督他们的工作效率？……每一个问题都是让人头大的难题，因为，快递员太分散、太个性，有没有什么好的办法呢？

三、两个层面看电商物流

电商物流就像一辆马车，行驶的主线是速度，方向是战略和规划，效率和成本、用户体验、质量管理好比是车前三匹并行的马，而信息系统平台和企业文化是两个支撑的车轮。电商物流的链状结构从这个形象的比喻中就可见一斑。

速度是贯穿始终的主线。第一，物流服务的效率是以时间来衡量的；第二，营销作业质量、用户体验、成本、效率、系统等运营管理的各个层面都是以时间为基准来匹配的。用户下单后多久订单成立？订单成立后多长时间商品生产完成？耗时多久分拣完？运送到站点花费了多少时间？到最后送达用户手中花了多少时间？这些都是用速度来衡量的，因此速度是主线。

战略和规划是电商物流发展的方向盘，是指电商物流发展的方向是由企业战略决定的，战略决定了业务重心是集中力量降低成本提高效率，还是专注提升用户体验，或是增强质量管理，指导业务层面的落实。效率和成本、用户体验、质量管理都重要，但如果视为同等重要，那企业发展就没有重点，在用户的角度就没有差异化的竞争力，并且企业在不同的发展阶段也需要不同的战略。

那么将效率和成本、用户体验、质量管理看作车前三驾并行的马就不难理解了，三者在战略的驱动下以具体业务去推动企业前行。而信息系统平台和企业文化正如两个支撑的车轮，是基本也是保障。健全的系统和同心的文化能够帮助物流企业规避重大安全风险，支撑企业平稳运转。

这一辆三驾马车是一个有机整体，在物流企业的高效运转中缺一不可。我们可以从内、外两个层面来深刻理解电商物流的内在结构。

（一）“六只眼看物流”，是从外部宏观层面看物流

1. 电商物流是一种服务

服务是用于出售或者是同产品连在一起进行出售的活动、利益或满足感。服务中有服务消费方、服务提供方和服务接触。电商物流不仅符合服务的概念，同时具备了服务的三要素，电商是服务提供方、用户是服务消费方，而物流配送是服务接触阶段。

2. 电商物流是一种产品

产品是指能够提供给市场，被人们使用和消费，并能满足人们某种需求的任何东西，包括有形的物品，无形的服务、组织、观念或它们的组合。

电商物流作为一种服务，属于无形的产品，属于电商的延伸产品，能够提供将商品从电商的仓库交付给用户的服务。在制定电商发展战略的时候，一方面，要了解并满足用户对电商物流的需求；另一方面，要从体验、速度、效率等方面引导并创造需求，建立独有的市场竞争力。

3. 电商物流是一种网络

物流活动是在线路和节点的不同组合方式下进行的，传统的物流是一种点对点的网络，电商物流则是轮辐式的网络（见图11－6）。比如，京东物流网络是依托七大区域轮辐式的综合网络，是落地配公司的网络。快递网络则是由中转中心、站点以及快递员构成的全向型网络。

总体来说，电商物流是由轮辐式网络与全向型网络组成的复杂网络。电商物流轮辐式网络结构的中心是一个站点或快递员，位于一个轮辐服务范围中心的分拣中心将包裹物送到站点或快递员处，然后由快递员交付到各自服务范围内的用户手中。

结构决定功能。由轮辐式结构可知，线路和节点的不同组合方式、不同的配送方式，以及包裹物不同的放置位置，会形成不同的网络结构，进而决定了电商物流在业

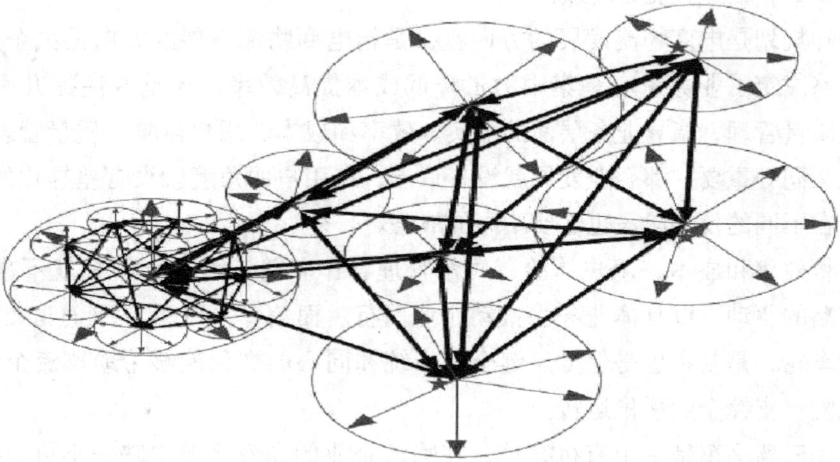

图 11－6　电商物流轮辐式的网络结构

务流程、作业方式、时间要求等方面均不相同。当然，其所表现出来的功能如服务、速度、质量、效率、成本、体验等也都是不一样的。

4. 电商物流是一种生态

生态系统指由生物群落与无机环境构成的统一整体。物流生态则是指物流可持续发展的一种平衡状态，构成物流的各个因素和环节井然有序、互相依存、互相协调，融合为一，形成统一循环发展的物流生态链。

电商物流作为一种生态，其最终目的是以最低的成本、最好的服务质量、最便捷的方式，通过订单生产、运输、配送等业务环节与信息流、商务流、资金流等的有效结合，实现商品安全、快捷的送达，以有限的物流资源实现最好的用户体验。

电商物流生态的构成要素主要有商家、拣货员、打包员、货车司机、快递员、供应商、商品入库、库存控制、订单生产、分拨、运输、分拣、配送、逆向物流，以及相关的人流、商品订单流、体验流、信息流、商务流、资金流等。

当系统达到平衡状态时，系统内各组成部分之间保持一定的比例关系，结构和功能处于相对稳定状态，在受到外来干扰时，能通过自我调节恢复到初始的稳定状态。

生态平衡是一种动态平衡，也是一种相对平衡。电商物流的平衡可以体现为在较长时期内，服务、效率、成本、体验等的稳定性。当系统受到行业竞争的干扰或破坏时，则要启动自我修复功能慢慢恢复，或者转型升级。

5. 电商物流是一种文化

文化是人类在不断认识自我、改造自我，不断认识自然、改造自然的过程中，所创造的并获得人们共同认可和使用的符号与声音的体系总和。电商物流在不断探索、不断成长的过程中也形成了上百万的快递员队伍认可的军队文化、绿林文化、基层文化和家文化。

电商物流文化的核心是服务、责任、忠诚、仗义、协作、家的意识。文化是无形的，但不是可有可无的。电商物流文化可以改变基层队伍文化水平普遍较低所带来的一些问题，同时，也是管理高度分散化的庞大队伍的最好武器。

6. 电商物流是一种系统

系统是由相互作用、相互依赖的若干部分结合而成的具有特定功能的有机整体，而这个有机整体又从属于更大系统。系统具有一定的结构，并具有一定的功能性。电商物流中有人、商品、订单、信息、资金、作业、工具、用户体验等组成要素，且具有一定的网络结构；同时其目的也很明确，即帮助电商企业完成商品交易，为用户提供商品配送服务。因此，电商物流是一个系统。从这一角度来看，强化系统功能就是如何改善电商物流系统（包括实体和软件系统）的转化机制，即不同要素的组合方式，提高对订单商品输入的转换能力和效率，最大化其产出。

（二）“八流合一”，是从企业内部运营的角度看物流

服务、产品、网络、生态、文化、系统是从思想层面对电商物流进行不同维度的分析。从这六个维度来看物流，能够发现企业存在的问题，找出问题所在，但在解决问题时，就要从电商物流系统中存在的八个流束进行具体决策了。

电商物流是一个复杂的系统，在实现商品时间转移的过程中，伴随着一定的速度、相应的工作人员、订单在各个环节的流动、交易资金和支持资金、用户的体验、一定的技术支持和质量保障。好比基础建设的管道，里面有电信的宽带、网通的宽带、移动的宽带，还有各种直线电话，可能还同时承担着煤气、液化气等的运输职能，是多个链条的集合体。不同的链条反映了电商物流不同的业务需求，我们可以从相应的方面落实解决问题的措施，优化整个系统，提升核心竞争力，并挖掘新的竞争优势。

1. 速度流

速度流是指速度的信息流，在电商物流系统中，可以准确地知道每一个作业环节的作业进度、完成情况等，如订单接收、拣货完成、等待揽收、运输、配送等信息。路由时刻表、流程作业时间要求、快递员时间要求、对用户的时间承诺等都是速度在运营体系中的时间反映。这不仅决定了作业效率、系统效能，还影响到用户对企业服务的直观感知。

2. 人力资源流

电商物流是一种服务，其服务的对象是个性各异、需求千差万别的消费者，服务的提供者则涉及流程中每个环节的作业者，有库管员、理货员、拣货员、打包员、司机、快递员等，同时还必须得到供应链各商家等的支持和配合。各环节人员的需求和组织信息能够很好地用于企业作业质量、人员作业效率、流程优化、市场需求预测与管理等运营管理和绩效考评方面。

3. 商品和订单流

在用户下订单之前，电商企业出售的物品是商品，当用户下订单之后，商品则转变为订单，订单信息是驱动所有业务活动开展的原动力。商品和订单流是电商物流系统中的实物流，是电商物流系统的核心。电商物流的服务目标是实现商品从商家到用户手中的时空位移，体现在系统中就是订单的信息流。商品和订单流的流速、流向和流量决定着业务流程、作业效率和资源配置。

4. 资金流

电子商务是用户确认购买商品后，将购物款转移到商家账户，而商品则由商家转移到用户手中的过程。资金流与物流是相伴而生的。但是，电商物流系统中的资金流，不仅包括用户和商家之间的资金往来，还包括电商物流企业每一业务部门、每一作业环节所发生的各种费用和成本支出，以及由于业务活动而发生的资金往来。电商物流的资金流，必须与商流、物流、数据流等统一管理。

5. 体验流

电商物流作为一项服务，消费者的体验和反馈是最重要的向导。在电商供应链中，从 SKU（库存量单位）开始，一直到配送和逆向物流，每一个环节都会影响用户的体验。电商物流企业只有在了解了用户体验的生命周期、用户接触面之后，才能更有针对性地提高用户体验。因此，体验流的战略目标和发展策略，直接影响到其他流束的流动方式和企业品牌的建设。

6. 数据流

电商物流系统内流动着订单、商品、资金、物料、人员、车辆等诸多信息，通过日、周、月、季度相关数据流的分析，为运营管理相关决策提供支持。随着信息技术和大数据技术的迅速发展，我们所说的电商物流数据流不仅包括上述基本信息，还包括协助运营决策的大数据。信息系统和大数据已成为当今企业发展的必备基础，也是抢占市场先机的利器。

7. 技术流

电商物流已逐渐成长为劳动密集型、资金密集型和技术密集型企业。电商物流融合了包装技术、运输技术、储存保管技术、装卸搬运技术、流通加工技术和配送技术等。在电商物流应用相关技术时，必须注意相互之间的匹配性，并非越先进越好，如自动化分拣系统，必须与前端的包装相匹配。电商物流的特点决定了它是先进技术的使用者，而不是先进技术的创造者，如自动分拣设备、机器人分拣和配送、无人机配送等。技术流早已成为电商物流在速度、时间、用户体验等方面竞争的助推器。

8. 质量流

质量是整个系统性能的表现，不仅包括整个系统的质量，还包括单个作业环节的质量。具体来说，每个作业环节都是有质量的，有工作质量、服务质量、体验质量、管理质量等。质量流决定了整个电商物流系统的效能和用户体验。

电商物流系统中的每一流束都以两种形态存在：业务流程中相应的业务操作，以及信息系统中相应的信息流。在这八种流束中，商品和订单流是核心；人力资源流、资金流、数据流、技术流是基础；速度流和质量流是保障；体验流是最终输出的效果表现。八种流束各自独立，又相互影响，是一个整体。不同流束反映的是电商物流系统的不同方面，而且每一个流束都是重要的，不能顾此失彼。

对于物流而言，“六只眼看物流”和“八流合一”内外结合，都对企业的经营管理有着至关重要的影响。运营管理过程中的各种决策，都是在物流的管道里去流通和试验，不管实现的方式和设备怎样，都必须使里面流动的链条能顺畅地进行良性循环。

在电商物流运营过程中，一个细节的不注意，就可能阻碍系统的流动，导致流通不顺，甚至停滞。而想要在电商物流领域表现优异，思考和解决问题的逻辑最好是找出企业的特点，将战略与具体突破口相结合，统筹“六只眼”和“八流”的各个层面和各项要素，找出企业运营的业务流程和管理中存在的问题。这就好比是人体的血管，只有相互配合着正常流动才能维持生命成长壮大。

解决方案

关于任务：电商物流企业的创新发展模式有哪些？

随着电子商务行业竞争的白热化，物流这个电子商务中的瓶颈环节，已经成为电商巨头们决心打造的新的核心竞争力，甚至一度有人喊出“得物流者得天下”的口号。

1. 轻公司轻资产模式

轻公司是指电子商务企业做自己最擅长的，比如平台、数据，而把其他业务，比如生产、物流，都外包给第三方专业企业去做，最终是把公司做小，把客户群体做大。

电商物流中的轻公司轻资产模式，即电商企业着重于管理好业务数据，管理好物流信息，租赁物流中心的地盘，并把配送环节全部外包。这是传统电商企业的传统运作模式，也就是说，电商企业真正实现“归核化”和“服务外包”。

轻公司轻资产模式，减轻了电商企业在物流体系建设方面的资金压力，但对与其合作的第三方依赖度很高，如果第三方的服务出现问题，势必连累电商企业本身。曾有统计数据称，第三方物流的投诉率是电商企业自建物流的 12 倍。因此，这种合作模式需要具备较高的合作风险管控能力。

2. 垂直一体化模式

垂直一体化，也叫作纵向一体化，即是从配送中心到运输队伍，全部由电商企业自己整体建设，这是与轻公司轻资产模式完全相反的物流模式，它将大量的资金用于物流队伍、运输车队、仓储体系建设。典型企业有京东商城、苏宁电器等。

垂直一体化模式，改变了传统电子商务企业过于注重平台运营而轻视物流配送的状况，将较多的资金和精力转投物流体系建设，希望以在物流方面的优势加大在电商业务上的竞争力。

3. 半外包模式

相对于垂直一体化模式的过于复杂和庞大，半外包模式是比较经济而且相对可控的模式，它也被称为半一体化模式，即电商企业自建物流中心和掌控核心区域物流队伍，而将非核心区物流业务进行外包。

这种半外包模式，仍然需要电商企业自己投入大量资金进行物流体系建设。垂直一体化模式也好、半外包模式也好，实际上都是电商企业将业务扩展到了物流领域，不论是被动扩张还是主动扩张。虽然对于做好顾客的物流服务有较高的保障，但是，需要电商企业投入较多的资金和精力，并具备成熟的物流管理经验，而且存在很大的经营风险。

4. 云物流云仓储模式

借鉴目前热门的云计算、云制造等概念，云物流模式，顾名思义，就是指充分利用分散、不均的物流资源，通过某种体系、标准和平台进行整合，实现为我所用、节约资源的目的。相关的概念还有云快递、云仓储。

从理论上讲，云物流实现了“三化”：一是社会化，快递公司、派送点、代送点等成千上万的终端都可以为我所用；二是节约化，众多社会资源集中共享一个云物流平台，实现规模效应；三是标准化，一改物流行业的散、乱，建立统一的管理平台，规范服务的各个环节。

云物流模式，希望利用订单聚合的能力来推动物流体系的整合，包括信息整合、能力整合。但目前，云物流只是提供了一个信息交换的平台，解决了供给能力的调配问题，不能从根本上改变行业配送能力的整合问题、服务质量问题、物流成本及物流效率的控制问题。如何整合和管理好云资源是云计算、云制造面临的共同问题。

换个角度说，如果一个电商企业，把物流服务做成全国老大，那它就可能已经不再是电商企业了。因此，合作才是电商企业和物流企业亘古不变的主题。不在合作中共同发展，就可能在竞争中相继衰落。

模块三　智慧物流

任务描述

通过培训，小于对创新管理有了深入的了解。随后，培训部给小于培训了物流机器人的相关知识，并要求小于完成另一项任务。

任务：举例说明物流机器人在提高物流企业效率方面的作用。

知识链接

一、智慧物流的概念及内涵

智慧物流是指通过智能硬件、物联网、大数据等智慧化技术与手段，提高物流系统分析决策和智能执行的能力，以提升整个物流系统的智能化、自动化水平。

智慧物流通过技术手段解决了传统物流不能处理的问题，为物流行业和电子商务行业的发展提供了更大的机遇。智慧物流系统在平衡产品供需、缩短流通渠道及降低流通成本等方面有较大的作用，能够有效连接用户间的信息、资金等。

智慧物流系统的建立和运行要做到以下三个方面。

（1）搭建系统平台，在这个平台中可以对所有物流资产进行智能识别和个性化处理。

（2）加强建设、发展智慧物流技术，促进智慧物流信息系统不断向前发展，使智慧物流信息系统能实现功能的最大化，保证其思维、感知、学习和自行解决问题的能力得以体现和发展。

（3）需要不断完善相关技术人员和管理人员团队的架构，保证物流信息系统及其公共信息平台的正常有序运行。

二、智慧物流的作用

（一）降低物流成本，提高企业利润

智慧物流能大大降低制造业、物流业等各行业的成本，实打实地提高企业的利润，通过智慧物流使生产商、批发商、零售商三方相互协作、信息共享，物流企业便能进一步节省成本。其关键技术，诸如物体标识及标识追踪、无线定位等新型信息技术的应用，能够有效实现物流智能调度管理，整合物流核心业务流程，加强物流管理的合理化，降低物流消耗，从而降低物流成本，减少流通费用，增加利润。

（二）加速物流产业的发展，成为物流业的信息技术支撑

智慧物流的建设，将加速当地物流产业的发展，集仓储、运输、配送、信息服务等多种功能于一体，打破行业限制，协调部门利益，实现集约化高效经营，优化社会物流资源配置。同时，还可将物流企业整合在一起，将过去分散于多处的物流资源进行集中处理，发挥整体优势和规模优势，实现传统物流企业的现代化、专业化。此外，这些企业还可以共享基础设施、配套服务和信息，降低运营成本和费用支出，获得规模效益。

（三）为企业生产、采购和销售系统的智能融合打基础

随着RFID（射频识别技术）与传感器网络的普及，物与物的互联互通，将给企业的物流系统、生产系统、采购系统与销售系统的智能融合打下基础，而网络的融合必将促使智慧生产与智慧供应链的融合，使得企业物流智慧地融入企业经营之中，打破工序、流程界限，打造智慧企业。

（四）使消费者节约成本，轻松、放心购物

智慧物流通过提供货物源头自助查询和跟踪等多种服务，尤其是对食品类货物的源头查询，能够让消费者买得放心、吃得放心，在增加消费者购买信心的同时促进消费，最终对整体市场产生良性影响。

（五）提高政府部门工作效率，有助于政治体制改革

智慧物流可全程、全方位监管食品的生产、运输、销售，大大减小了相关政府部门工作压力的同时，使监管更彻底、更透明。通过计算机和网络的应用，政府部门的工作效率将大大提高，有助于我国政治体制改革，从而通过精简政府机构、裁汰冗员，削减政府开支。

（六）促进当地经济进一步发展，提升综合竞争力

智慧物流集多种服务功能于一体，体现了现代经济运作的特点，即强调信息流与物质流快速、高效、通畅地运转，从而降低社会成本，提高生产效率，整合社会资源。

三、智慧物流的核心技术

智慧信息技术的支持是智慧物流信息系统建立并运行的有效保证。目前，随着各类技术的不断发展，大数据、物联网、云计算、人工智能等新兴技术及装备开始广泛融入物流行业，保证智慧物流行业的快速发展。

（一）云计算技术

云计算是一种计算方式，该技术具有非常强的计算能力和处理能力。

云计算技术在智慧信息系统中的应用主要体现在，利用分布式储存和计算技术，将物流系统中各个流程包含的数据、机械、人力等进行连接整合，使它们进行高效的协同合作，完成某一个或者多个特定的任务，并根据其间产生的大量数据的分布式储存和分析结果，进一步调整物流管理过程。

目前，云计算技术已经被广泛应用于各类物流活动中，特别是物流信息系统中建立的各类平台，如云仓储平台、云营销平台、云信息平台等。

云计算技术改变了传统物流系统的基本运营模式，建立了一个基于云的完整的供应链系统，形成了一种“云物流”。通过云物流的建立，形成一种集社会化、节约化、规范化等标准于一体的物流运营、管理模式，进一步提升物流产业的持续性，促进良性循环。

（二）物联网技术

物联网技术是以互联网为基础发展起来的新兴技术，在当今的智慧物流行业中应用十分广泛，其能够对物品进行智能识别定位、跟踪和管理。

在物流业不断发展的过程中，运输的物资和运输路线的数量不断增加，为了适应这种变化，物联网技术不断与物流运输相融合，使相关工作开展更加简单方便。

通过有线以及无线的信息网络，处于物流流程中的货物信息在网络中可实现同步，并通过网络进行实时信息共享，同步企业、用户之间的物流信息，有效地实现了物流产业和其他产业的沟通和融合，逐步形成了一体化服务，从而满足顾客的多元化需求。

（三）智能化装备相关技术

从智能物流信息系统的具体运作流程来看，为了满足系统的信息化、高效化的要求和适应大数据技术对数据收集的需求，智能物流信息系统同样还需要一批相适应的智能化装备，如智能包装设备、智能储存设备、智能搬运设备、智能配送设备、智能分拣设备等。

如今较为红火的与物流相关的无人装备有顺丰、菜鸟致力研究的无人机和无人车，以及京东投入研发的无人仓库等。无人化不仅仅是智能配送设备的发展趋势，也指引着智慧物流可能的发展方向。

目前这类技术在实际操作中已经展示了其开创性。无人车能够根据目的地自主规划和实时调整路径，在保证自身和货物安全的前提下，高效地完成运输工作，其在仓储、运输、分拣和配送环节都有着出色的表现。

（四）系统集成技术

系统集成技术是实现云物流平台的技术保证之一，而云物流平台的建立可以保证物流企业只需使用一台电脑就能管理全部的物流业务。

系统集成是将各种彼此分离的设备和功能通过物流集成网络、数据流集成系统、信息集成系统和物流业务流程集成技术集成到统一、互联的系统中，实现资源贡献，从而实现高效、统一、便利的管理。

系统集成技术其功能的核心是，在未来给用户提供更加便利和个性化的物流服务，围绕物流流程的业务活动、任务和对象进行信息输入输出和服务种类划分。

解决方案

关于任务：举例说明物流机器人在提高物流企业效率方面的作用。

在制造物流行业，有很多新应用都可以在 AGV（装有自动导引装置的运输车）中得到体现，例如，在固定的托盘拉伸包装设备上配备 AGV，这样就不需要再安装托盘传动带，从而使工厂安全性得到了提升，减少了劳动成本，并消除了人为过失造成的产品损坏。

AGV 仓储机器人的应用将工人从无效的烦琐事件中解脱出来，极大地提高了工作效率，并且 AGV 仓储机器人可以自动充电，能够完全实现24 小时全天候工作，这是人工无法代替的。仓储物流使用 AGV 仓储机器人平均可节省 2.6 个人工，不但给企业节省了人工成本，而且还提高了生产效率和质量，减少了出错率。

企业最看重的是效率，动进 AGV 小车机器人是提升企业生产效率的最佳选择，智能无人运输搬运工具淘汰了传统手动叉车和人工运输，通过人工工资的节省、生产效率的提升，双管齐下推动企业转型。

使用 AGV 有诸多优势，例如：改善物流管理、可靠的调度能力、防止货物损伤等。科技的神奇之处就在于不断提高效率，将节省下的时间投入到主流事务上去。

学习指导

学习物流企业创新管理课程，第一，要掌握创新管理的思维；第二，理解电商物流的基本内容；第三，熟悉智慧物流的应用领域；第四，了解创新机遇的来源是不确定和不连续的，如果想要成为一名企业家，需要拥有掌握全局的和动态的战略思维，在不确定性中追求确定性，在不连续性中寻找连续性。

思考题

1. 简述《创新与企业家精神》的核心观点。
2. 如何理解共享经济？
3. 物流共同化产生的原因有哪些？
4. 物流共同化的类型有哪些？
5. 简述电商物流的七大痛点。
6. 简述智慧物流的作用
7. 简述智慧物流的核心技术。

拓展项目训练

以 5 人为一个小组，分别深入到当地的物流企业中，调查了解该当地物流企业的创新管理状况，并撰写一份调查分析报告。

参考文献

[1] 缪兴锋，覃忠健，别文群．现代物流装备与技术［M］．北京：中国人民大学出版社，2018.

[2] 冯巧根．风险管理与内部控制［M］．北京：人民邮电出版社，2019.

[3] 马阳．企业合同管理实用大全［M］．北京：民主与建设出版社，2012.

[4] 李卫东，张秀青．配送管理实务［M］．北京：中国人民大学出版社，2017.

[5] 于宝琴，李晓龙，杨宝祥，等．现代物流企业管理［M］．2 版．北京：北京大学出版社，2010.

[6] 董千里，陈树公，王建华，等．物流运作管理［M］．北京：北京大学出版社，2010.

[7] 潘永刚，余少雯，张婷．重新定义物流：产品、平台、科技和资本驱动的物流变革［M］．北京：中国经济出版社，2019.

[8] 路江涌．图解创新管理经典［M］．北京：机械工业出版社，2018.

[9] 邱小平，谭海燕．物流企业文化［M］．北京：经济管理出版社，2013.

[10] 王自勤．现代物流管理［M］．3 版．北京：电子工业出版社，2018.